LE LEADERSHIP DU BRÉSIL EN AMÉRIQUE DU SUD

De la contestation à l'émergence d'une hégémonie consensuelle

Recherches Amériques latines

Collection dirigée par Denis Rolland et Joëlle Chassin

La collection *Recherches Amériques latines* publie des travaux de recherche de toutes disciplines scientifiques sur cet espace qui s'étend du Mexique et des Caraïbes à l'Argentine et au Chili.

Dernières parutions

Javier PEREZ SILLER et Jean-Marie LASSUS, *Les Français au Mexique, XVIIe-XXIe siècle (vol. 1), Migration et absences*, 2015.

Javier PEREZ SILLER et Jean-Marie LASSUS, *Les Français au Mexique, XVIIe-XXIe siècle (vol. 2), Savoirs, réseaux et représentations*, 2015.

Angelica MONTES-MONTOYA, *La représentation du sujet noir dans l'historiographie colombienne. Le cas de Carthagène des Indes (1811-1815)*, 2015.

Hélène FINET et Francis DESVOIS, *Chili 1973-2013. Mémoires ouvertes*, 2014.

Pénélope LAURENT, *L'œuvre de Juan José Saer. Unité, cohérence et fragmentations*, 2014.

Françoise LESTAGE et Maria-Eugenia OLAVARRIA, *Adoptions, dons et abandons au Mexique et en Colombie. Des parents vulnérables*, 2014.

Bernard GRUNBERG et Julian MONTEMAYOR, *L' Amérique espagnole (1492-1700). Textes et documents*, 2014.

Clara ALVAREZ, *Les petits cultivateurs de coca et de pavot en Colombie. Entre illusion et misère*, 2014.

Alain KONEN, *La mano de Orula*, 2014.

Lucia OZORIO, *Penser les périphéries, une expérience brésilienne. Pour un nouveau type de politique publique de construction du commun*, 2014.

Robert CABANES, *Economie morale des quartiers populaires de São Paulo*, 2014.

Tamar HERZOG, *Rites de contrôle et pratiques de négociation dans l'Empire espagnol. Dialogues distants entre Quito et Madrid (1650-1750)*, 2014.

Guyonne BLANCHY, *Le vignoble argentin de Mendoza et l'influence française, XIXe-XXIe siècle*, 2014.

Jose Maria TAVARES DE ANDRADE, *Une mythologie brésilienne*, 2014.

German A. DE LA REZA, *En quête de la confédération. Essais d'intégration des républiques hispano-américaines au XIXe siècle*, 2014.

Alexandra ANGELIAUME-DESCAMPS, Elcy CORRALES, Javier RAMIREZ, Jean-Christian TULET (dir.), *La petite agriculture familiale des hautes terres tropicales. Colombie, Mexique, Venezuela*, 2014.

Marcio de Oliveira, *Brasilia entre le mythe et la nation*, 2014.

Bruno MUXAGATO

LE LEADERSHIP DU BRÉSIL EN AMÉRIQUE DU SUD

De la contestation à l'émergence d'une hégémonie consensuelle

Préface d'Yves SAINT-GEOURS

L'Harmattan

5-7, rue de l'École-Polytechnique ; 75005 Paris
http://www.harmattan.fr
diffusion.harmattan@wanadoo.fr
harmattan1@wanadoo.fr
ISBN : 978-2343--06459-8
EAN : 9782343064598

PRÉFACE

Émergent, membre du G20, B de BRICS, acteur global… le Brésil a changé de statut dans les quinze dernières années. Cette évolution a été permise par la consolidation démocratique (une alternance politique de Fernando Henrique Cardoso à Lula, puis une continuité paisible de Lula à Dilma Rousseff), par la stabilité financière définitivement établie avant la fin du siècle dernier, par une politique économique qui a su concilier ouverture extérieure sachant profiter de cours élevés des matières premières et de liquidités internationales pouvant s'investir, et conquête du marché intérieur à partir d'une vigoureuse aide à la consommation intérieure (programmes sociaux comme *bolsa familia*) qui a fait sortir de l'extrême pauvreté près de 40 millions de Brésiliens.

Désormais plus puissant, c'est-à-dire non seulement par son immensité (la 5e du monde) ou sa population (la 5e aussi), le Brésil fait aujourd'hui partie d'un club extrêmement restreint : plus de 8 millions km^2, plus de 200 millions d'habitants, plus de 2 000 milliards de dollars de PIB, à côté des États-Unis et de la Chine. Quels que soient les avatars que puissent connaître la croissance et le développement du pays, le Brésil est aujourd'hui « émergé », même s'il reste, par ses inégalités sociales et spatiales, un État qui continue d'appartenir à la fois au Nord et au Sud, si ces mots ont encore un sens dans le monde global.

Il est bien naturel que ce changement de statut, ces nouvelles capacités aient eu une influence sur la politique extérieure du Brésil, dans le monde où, par ailleurs, les choses changent rapidement avec l'avènement de la Chine, mais aussi dans son environnement latino-américain où le différentiel de puissance s'est rapidement accru par rapport à des pays qui, comme le Mexique, et surtout l'Argentine, avaient pu être considérés comme des leaders dans le continent.

C'est à cet environnement latino-américain que Bruno Muxagato consacre cet ouvrage, à partir d'un ambitieux travail de thèse qui analyse les relations du Brésil avec le monde. Et c'est l'Amérique du Sud qui assure au Brésil le premier et indispensable échelon de sa nouvelle influence dans les relations internationales.

Plus fort, le Brésil a fait évoluer sa politique extérieure sans en changer les fondamentaux, fondés sur la critique d'un ordre international gouverné par les puissances installées, sur les principes de souveraineté et de non-ingérence, sur le souci constant de l'arbitrage et, de ce point de vue, sur la promotion du multilatéral dont on attend toujours que les règles changent. Par une diplomatie économique aussi, toujours soucieuse de veiller aux intérêts du pays. Mais il a dû, d'une part, prendre de nouvelles initiatives pour se projeter au dehors, avec la souriante et active diplomatie tous azimuts de Lula, particulièrement vers l'Afrique, et avec le souci d'être présent sur les théâtres pour lesquels une action multilatérale pouvait être attendue : Haïti ou le nucléaire iranien par exemple, dans deux ordres d'idée bien différents.

Parallèlement, le Brésil lutte pour accroître sa place dans l'ordre international, avec la revendication de la réforme du Conseil de sécurité de l'ONU ou des institutions financières internationales (FMI, Banque Mondiale), et consolide son influence pour le traitement des questions globales comme le climat, dont il détient une des clefs pour la planète. Ce nouveau rôle est difficile car il implique, pour un pays prudent, pacifique et toujours soucieux de souveraineté, des prises de responsabilité dans un monde en crise, voire en convulsion. Or ces actions, quelles qu'elles soient, ne sont vraiment possibles que parce que le Brésil a dû, d'autre part, assurer son hégémonie, ou tout au moins sa suprématie, à son entour, par le jeu composé du mille-feuille des intégrations auxquelles participent les États d'Amérique latine. Après les premières structures intégrées d'Amérique centrale et du Pacte andin dans les années 1970, le Brésil a été au cœur de la première tentative vraiment structurée, le MERCOSUL, dont il est, depuis sa création en 1991, la puissance dominante, mais très asymétrique, et dont les difficultés ont peu à peu réduit le rayonnement et l'efficacité interne. Dans ces conditions, Bruno Muxagato montre bien comment et pourquoi le Brésil a été, à partir de 2000 et après l'échec provoqué de la Zone de Libre échange des Amériques (ZLEA) sous emprise des États-Unis, le promoteur de l'UNASUL (Union des Nations d'Amérique du Sud) qui s'avère être la véritable et naturelle zone d'influence du pays, celle où peut se développer une intégration flexible, autour de la sécurité collective (Conseil de défense) et de divers projets, dont ceux d'infrastructures. Cela n'empêche nullement le Brésil de s'intéresser à la poursuite du MERCOSUL ou à la création de la CELAC, l'association panaméricaine (hors États-Unis et Canada) en 2010. Mais c'est effectivement sur l'UNASUL que le Brésil peut mettre en œuvre ses principes d'« hégémonie consensuelle », comme dit l'auteur, faite de concessions et de recherches d'accords.

Or cette hégémonie ne va pas sans problèmes, car les autres pays d'Amérique du Sud ne voient pas le Brésil comme un leader naturel, aussi fort et gros soit-il. Il s'agit donc d'une œuvre en construction, liée aux aléas de l'insertion de ces pays dans la mondialisation, de la capacité du Brésil à relever ses propres défis, dans une Amérique latine pacifique et démocratique. C'est ce que montre et démontre bien Bruno Muxagato.

Yves SAINT-GEOURS

INTRODUCTION

L'une des caractéristiques de la politique étrangère du Brésil avec le Parti des Travailleurs (PT) au pouvoir – après les victoires aux élections présidentielles de Luiz Inácio Lula da Silva en 2003 et 2006, et celles de Dilma Rousseff en 2010 et en 2014 – est le développement et la consolidation des relations dites « Sud-Sud ». Dans le contexte de cette stratégie tournée vers les pays en développement, l'Amérique du Sud figure comme un espace prioritaire et concentre une partie significative de l'effort diplomatique brésilien. En plaçant le sous-continent à l'ordre du jour de sa politique étrangère, le Brésil cherche de nouveaux moyens qui doivent lui permettre de construire son statut de puissance régionale à partir d'un ensemble d'interventions et de projets qu'il propose à ses voisins. Pour les stratèges brésiliens, l'intérêt national doit dans une certaine mesure se confondre avec l'intérêt régional afin de renforcer la position du Brésil en Amérique du Sud et de conforter ses ambitions mondiales.

L'Amérique du Sud fait partie des régions du monde où les processus intégrationnistes sont les plus dynamiques : Marché commun du Sud (MERCOSUL) ; Communauté andine des nations (CAN) ; Alliance bolivarienne pour les peuples de notre Amérique (ALBA) ; Union des Nations sud-américaines (UNASUL)[1]. Il s'agit d'un régionalisme à multiples facettes à l'image des autres processus en cours dans d'autres régions du monde et qui se sont multipliés depuis la fin de la Guerre froide et le développement de la mondialisation : « L'intégration progresse quand il y a convergence de préférences, due le plus souvent à une adaptation à la globalisation[2] ».

Le Brésil, qui possède une frontière commune avec l'ensemble des pays sud-américains, à l'exception du Chili et de l'Équateur, est devenu le moteur de ce régionalisme[3]. Les autorités brésiliennes considèrent que l'Amérique du Sud est à la fois une pièce fondamentale pour le développement économique et social de leur pays, et un facteur favorable à sa projection internationale. Une densification des relations intra-régionales s'est alors opérée, ce qui a favorisé l'émancipation de l'Amérique du Sud vis-à-vis des

---

[1] Soulignons également les initiatives intégrationnistes au-delà du sous-continent américain : Association latino-américaine d'intégration (ALADI) ; Organisation des États sud-américains (OEA) ; Communauté des États latino-américains et caribéens (CELAC). Nous utiliserons tout au long du développement les acronymes en portugais.

[2] Olivier Dabène, « Approches théoriques. Intégrations régionales », Observatoire politique de l'Amérique latine et des Caraïbes – SciencePo, juin 2009. Disponible sur : http://www.sciencespo.fr/opalc/content/approches-theoriques (consulté le 13 juin 2013).

[3] Olivier Dabène et Frédéric Louault, *Atlas du Brésil*, Paris, Éditions Autrement, 2013, p. 84-85.

États-Unis et a contribué à ne plus rendre tabou l'idée d'un leadership régional brésilien. L'action volontariste brésilienne a en particulier bénéficié du charisme et de l'action personnelle de l'ex-président Lula, ce dernier étant, de plus, issu d'un parti qui a toujours encouragé le rapprochement avec les voisins sud-américains au nom du principe d'autonomisation vis-à-vis des puissances extérieures.

La stratégie régionale du Brésil se fonde sur un modèle d'action politique qui entend rechercher un large consensus sur le plan domestique : « Le nouveau modèle ne pourra pas être le résultat de décisions unilatérales du gouvernement [...]. Il sera le fruit d'une large négociation nationale qui doit conduire à une véritable alliance dans le pays, à un nouveau contrat social, capable d'assurer la croissance et la stabilité[1] ». Il s'agit, en conséquence, d'aboutir à une large coalition dans l'ordre interne, avec des bases d'appui provenant du Parti des Travailleurs et de ses alliés, du secteur économique, de la société civile, mais également des forces armées. L'ensemble de ces acteurs doit contribuer à maximiser la politique régionale du Brésil, en agissant chacun dans son domaine pour le développement des échanges et des coopérations intra-régionaux.

L'intégration physique fait partie des axes majeurs du processus de régionalisation impulsé par Brasilia, avec notamment la réalisation d'investissements massifs en matière d'infrastructures de transport, et cela dans le but d'interconnecter les différents espaces sud-américains (en particulier entre la façade atlantique et la façade pacifique[2]). L'objectif est à la fois de développer les flux intra-régionaux et d'insérer pleinement l'Amérique du Sud dans les dynamiques de la mondialisation et les échanges transcontinentaux. Comme le souligne Olivier Dabène, la région « est entrée dans une phase d'affirmation d'autonomie » via des projets d'intégration post-hégémoniques et le Brésil, en particulier, envisage « de façon très pragmatique de produire des biens publics régionaux, tels que les infrastructures[3] ».

C'est la Banque nationale de développement économique et social du Brésil (BNDES) qui est devenue l'un des principaux leviers de l'intégration physique du sous-continent et qui, dans le même temps, a constitué un vecteur stratégique pour l'internationalisation des entreprises brésiliennes. De fait, pour pérenniser sa croissance, il convient au Brésil d'utiliser l'arme commerciale en trouvant le bon équilibre entre le développement du marché domestique et l'ouverture de marchés extérieurs. L'intégration régionale doit

[1] Luiz Inácio Lula da Silva, *Carta ao Povo Brasileiro*, avril 2002. Disponible sur : http://www.iisg.nl/collections/carta_ao_povo_brasileiro.pdf (consulté le 27 mars 2013).
[2] Concept de la « bi-océanité » développé par les géopoliticiens brésiliens depuis les années 1960-1970.
[3] Olivier Dabène, « Les Amériques - Le retour du latino-américanisme », *Le Devoir*, 15 mai 2012.

dès lors jouer un rôle essentiel pour l'accroissement des flux commerciaux et des investissements. La région est ici perçue comme un outil au service du développement brésilien, avec une coopération stratégique entre l'État et les forces du marché[1].

Toujours dans le cadre de la dynamique intégrationniste, mais cette fois-ci dans le domaine spécifique de la sécurité et de la défense, le Brésil a fait en sorte de créer les conditions nécessaires pour la mise en place d'un complexe régional de sécurité, destiné à préserver la stabilité dans l'espace sud-américain (notamment à travers l'UNASUL et son Conseil de défense). En mettant en place un agenda et des mécanismes de coopération dans ce domaine traditionnellement sensible, il s'agit aussi de développer la confiance mutuelle intra-régionale et, une nouvelle fois, d'éviter les immixtions d'acteurs extérieurs.

L'activisme régional brésilien dépasse également les frontières sud-américaines puisque le Brésil a accepté le commandement de la mission de paix des Nations unies en Haïti (MINUSTAH). D'un côté, l'initiative vise l'affirmation du leadership régional brésilien en incorporant des partenaires sud-américains dans la mission onusienne. De l'autre, cette opération extérieure donne plus de poids au pays sur la scène internationale dans sa quête d'un statut d'acteur global. En faisant le choix de commander une importante force de maintien de la paix, le Brésil a opéré une révision des préceptes traditionnels de sa politique extérieure non interventionniste.

C'est la situation sur le plan interne, marquée par une relative stabilité politique et économique, la diminution de la pauvreté, le renforcement des institutions et de la démocratie, qui a permis aux autorités brésiliennes de proposer une politique régionale volontariste[2]. De même, le contexte politique des années 2000 en Amérique du Sud, avec l'arrivée massive de gouvernements de gauche, a également créé un environnement favorable au rapprochement régional. En dépit de leurs relatives diversités idéologiques, ces gouvernements ont facilité les négociations régionales et l'établissement d'un agenda commun d'intégration. L'ensemble des pays sud-américains converge en effet sur plusieurs principes et objectifs : la priorité donnée aux questions de développement économique et social ; l'idéal démocratique ; l'émancipation du sous-continent ; la primauté donnée au dialogue et à la résolution pacifique des conflits. Mais, dans le même temps, ces mêmes

[1] Pedro Silva Barros et Felippe Ramos, « O Novo Mapa da Integração Latino-Americana: balanço e perspectiva da estratégia da política externa brasileira para a região (2003-2013) », *Revista do IMEAUNILA*, vol. 1, n° 2, 2013, p. 12.

[2] Bien qu'il faille relever la parenthèse des années 2008-2009, qui correspond à l'apogée de la crise économique mondiale. Période durant laquelle l'agenda politique du gouvernement brésilien s'est focalisé sur des thèmes domestiques de relance économique.

gouvernements de gauche, qui se trouvent être pour la plupart également nationalistes, ont été à l'origine de fortes tensions diplomatiques qui ont pu mettre à mal l'intégration.

En dépit des difficultés, c'est bien le Brésil qui a donné l'impulsion pour la création de mécanismes de concertation et de coopération inter-gouvernementaux avec des objectifs et des niveaux d'institutionnalisation différents. La dynamique intégrationniste créée par la puissance lusophone entend construire un pôle régional politiquement et économiquement coordonné sous son égide, en concertation étroite avec les autres acteurs de poids dans la région : l'Argentine et le Venezuela. L'axe Brasilia-Caracas-Buenos Aires doit faire en sorte de dépasser les rivalités traditionnelles qui ont toujours constitué un frein aux différentes tentatives de rapprochement régional.

La densification et l'institutionnalisation des relations régionales du Brésil s'inscrivent donc dans cette volonté d'affirmation de la puissance lusophone dans son espace géopolitique immédiat. Cela induit nécessairement pour Brasilia la construction d'un leadership régional qui serait non pas fondé sur une action agressive et dominatrice mais plutôt sur une hégémonie consensuelle.

Les notions d'hégémonie et de leadership à l'échelle régionale

La fin de la Guerre froide a donné la possibilité à un certain nombre de puissances régionales de jouer un rôle prépondérant dans leur voisinage. Il s'agit pour ces acteurs de façonner un ordre sous-systémique leur permettant de consolider leur influence et qui serait en adéquation avec leurs intérêts. La région est donc perçue comme une pièce fondamentale à leur insertion internationale.

Ce qui caractérise foncièrement une puissance régionale est son « aspiration au leadership[1] ». Le concept de leadership est particulièrement complexe à définir, en raison de la pluralité de ses significations possibles et de son caractère multidimensionnel[2]. D'après Margaret Hermann, le leadership comporte de fait plusieurs éléments : le leader ; ses suiveurs ; la nature des relations entre eux ; et le contexte dans lequel ces relations s'inscrivent[3]. Le leadership ne se décrète pas et est avant tout un processus

---

[1] Detlef Nolte, « How to compare regional powers: analytical concepts and research topics », *Review of International Studies*, vol. 36, 2010, p. 883.

[2] Reinaldo Alencar Domingues, *O perfil do Brasil como potência regional sul-americana no governo Lula (2003-2010)*, mémoire de master en Relations internationales, Universidade de Brasília, 2013, p. 18.

[3] Margaret Hermann, « Leaders, Leadership, and Flexibility: Influences on Heads of Government as Negotiators and Mediators », *Annals of the American Academy of Political and Social Science*, vol. 542, 1995, p. 148.

social collectif, dans lequel le leader a pour fonction « d'inspirer, d'impulser, de stimuler ou de construire un mouvement de groupe[1] ». C'est donc la capacité de mobilisation et d'attraction du leader potentiel autour d'un projet collectif, ainsi que la perception de son action par les suiveurs et leur degré d'adhésion, qui doivent être prises en compte pour définir le leadership. C'est là qu'intervient la notion de légitimité qui est une condition *sine qua non* à l'exercice du leadership : « La légitimité existe quand un ordre politique se fonde sur le consentement mutuel. Elle émerge lorsque les États secondaires acceptent les règles et les normes de l'ordre politique comme une question de principe, et pas simplement parce qu'ils y sont forcés[2] ».

Une autre notion proche du leadership, bien que différente, est celle d'hégémonie. Cette dernière renvoie traditionnellement aux idées de domination et d'asymétrie en termes de puissance. Il s'agit ainsi de qualifier une situation objective de déséquilibre d'un agent par rapport à d'autres, fondée sur une supériorité en ressources et en capacités matérielles. La suprématie de l'hégémon incite généralement ce dernier à mettre en place des relations de type dominant/dominé. Mais certains auteurs ont souhaité aller au-delà de cette interprétation quelque peu rigide en proposant les concepts d'« hégémonie coopérative[3] » ou encore d'« hégémonie consensuelle[4] ». L'intérêt est de rendre compatibles ces concepts avec celui de leadership, puisque dans les deux cas ils s'entendent comme l'action d'une puissance proposant à ses voisins régionaux un projet de coordination politique, censé respecter les intérêts de l'ensemble des participants. L'ordre régional créé sous l'égide de l'hégémon, sans domination coercitive apparente ni unilatéralisme, a vocation à maximiser les intérêts et l'insertion internationale des pays intégrant cet espace coopératif et consensuel[5].

Cette dernière décennie, le Brésil a clairement manifesté une volonté de leadership - qui paraît somme toute naturelle au vu de sa dimension territoriale et de son poids démographique et économique - au risque d'agiter les rivalités régionales. Il convenait alors d'agir en tant que leader mais sur des bases consensuelles. La puissance lusophone ne s'est donc pas comportée comme un hégémon au sens que le réaliste John Mearsheimer lui

[1] Reinaldo Alencar Domingues, *op. cit.*, p. 19.
[2] John Ikenberry, « The Future of International Leadership », *Political Science Quarterly*, vol. 111, n° 3, 1996, p. 396.
[3] Thomas Pederson, « Cooperative hegemony: power, ideas and institutions in regional integration », *Review of International Studies*, vol. 28, n° 4, 2002, p 677-696.
[4] Sean Burges, « Consensual Hegemony: Theorizing Brazilian Foreign Policy after the Cold War », *International Relations*, vol. 22, 2008, p. 65-84.
[5] Nous verrons plus loin dans le développement que le concept d'hégémonie consensuelle renvoie également aux notions d'identité et d'intérêt, l'hégémon faisant en sorte de diffuser des idées qui modifient la perception qu'ont les États suiveurs de leurs propres intérêts. Par l'institutionnalisation de ces idées, les intérêts individuels de l'hégémon deviennent les intérêts collectifs de l'ordre régional créé. Voir Sean Burges, *op. cit.*, p. 66.

donne, à savoir un acteur si puissant qu'il domine de manière écrasante un système d'États[1], mais plutôt comme un chef de file coopératif exerçant une certaine influence, notamment à travers les projets intégrationnistes.

Le leadership économique et politique brésilien en Amérique du Sud vise en particulier à contrer l'influence des États-Unis. Cela passe à la fois par le processus intégrationniste, mais également par un rôle stabilisateur. La diplomatie brésilienne a ainsi multiplié les initiatives en s'appuyant en particulier sur les deux piliers que constituent le Marché commun du Sud (MERCOSUL) et l'Union des nations sud-américaines (UNASUL). L'intégration est perçue comme un instrument stratégique devant servir la projection internationale brésilienne, et non comme une fin en soi. À travers la difficile construction de son leadership dans le cadre de l'action intégrationniste (loin d'être reconnu et accepté unanimement), le Brésil réaffirme son ambition de participer plus activement aux grandes décisions mondiales, en véhiculant l'image d'une puissance régionale capable de modeler son espace géopolitique immédiat suivant ses intérêts.

Toutefois, le Brésil est confronté à des critiques régionales à son encontre et, dans ce contexte, le géant lusophone court de grands risques, ses projets pouvant être associés à une forme d'expansionnisme hégémonique classique. De fait, Brasilia doit véritablement assumer les responsabilités qu'implique son statut de puissance régionale, ce que l'administration Lula a été la première à reconnaître, étant disposée à utiliser sa diplomatie pour faciliter la résolution des crises régionales dans lesquelles le Brésil était impliqué, mais aussi celles qui ne le concernaient pas directement. Par ailleurs, Brasilia a commencé timidement à assumer les coûts de l'intégration, en particulier en investissant dans d'importants projets d'infrastructures régionales.

On comprend bien que l'exercice du leadership régional brésilien ne dépend pas exclusivement des moyens matériels dont le pays dispose, puisqu'il doit également avoir la capacité de convaincre ses partenaires du bien-fondé de son projet régional[2]. Or cette entreprise ambitieuse repose, entre autres, sur sa faculté aussi bien à mobiliser un corpus de principes et de valeurs communes qu'à construire une identité partagée.

---

[1] John Mearsheimer, *The Tragedy of Great Power Politics*, New York, W. W. Norton & Company Inc., 2001, p. 40

[2] Nous verrons plus précisément dans le développement (chapitre I) les critères et les déterminants du leadership d'une puissance régionale à travers le cas brésilien, selon notamment les modèles proposés par Detlef Nolte et Daniel Flemes.

Une approche réaliste et identitaire du processus intégrationniste

Contrairement à une vision libérale classique, et en accord avec l'approche intergouvernementaliste[1], la régionalisation souhaitée par les stratèges brésiliens est avant tout guidée par l'impératif de l'intérêt national. Ce dernier résulte d'un jeu à deux niveaux entre d'une part les pressions domestiques (de la part des divers groupes sociaux) et, d'autre part, les contraintes extérieures systémiques[2]. Il revient au final aux dirigeants politiques de prendre en compte ces deux réalités, interne et externe, pour définir précisément l'intérêt national et formuler une politique étrangère en conséquence.

L'État adopte dès lors un comportement rationnel en cherchant à maximiser ses intérêts nationaux, et cela à travers ses choix de politique extérieure qui sont formulés suivant un calcul stratégique coûts/bénéfices. Dans ce cadre, l'intégration régionale n'altère en rien les intérêts nationaux, ni le caractère fondamentalement égoïste des États y participant. C'est de manière pragmatique qu'un État, tenant compte de la réalité du développement de l'interdépendance sur la scène internationale, peut choisir d'engager ou d'adhérer à un processus intégrationniste. La coordination intra-bloc qui en résulte est en effet susceptible d'être plus efficiente qu'une action unilatérale et, au final, plus favorable aux intérêts de l'État[3]. L'intégration reste en conséquence une construction avant tout déterminée par la convergence des préférences nationales et le pouvoir relatif des États membres. Dans les années 1970, David Puchala faisait d'ailleurs référence à l'intégration comme « un système de concordance » destiné à trouver un compromis entre l'ensemble des intérêts nationaux[4]. Un pays freinera ou bloquera invariablement le processus intégrationniste dès lors que ses intérêts vitaux sont compromis, en particulier en matière économique ou sécuritaire. Il s'agit alors avant tout d'une stratégie opportuniste reposant sur des relations « instrumentalisables » et sur une logique de maximisation de la puissance.

Toutes ces considérations font nécessairement intervenir la notion de puissance, à savoir la capacité d'un agent à influencer le comportement d'un autre[5]. Mais on peut aller au-delà de cette définition classique et la considérer également comme l'aptitude d'un État à se doter d'une liberté

---

[1] Andrew Moracvsik, « Preferences and Power in the European Community: A Liberal Intergovernmentalist Approach », *Journal of Common Market Studies*, vol. 31, 1993, p. 473-524.
[2] *Ibidem*, p. 481.
[3] Marcelo Mariano et Karina Mariano, « As teorias de integração regional e os Estados subnacionais », *Impulso*, n° 31 2002, p. 63.
[4] David Puchala cité par Olivier Dabène, « intégrations régionales », Observatoire politique de l'Amérique latine et des Caraïbes – Science Po, juin 2009. Disponible sur : http://www.sciencespo.fr/opalc/content/definitions (consulté le 6 juin 2013).
[5] Raymond Aron, *Paix et guerre entre les nations*, Paris, Calmann-Lévy, 2004 (1962), p. 58.

d'action et de marge de manœuvre suffisante au sein du système international. Puissance et autonomie sont donc deux concepts intimement liés.

Pour que la puissance étatique s'exerce pleinement, les décideurs politiques doivent mobiliser de manière consciente un ensemble de ressources à travers divers instruments, liés au *hard power* ou au *soft power*, qui permettent à l'État de façonner son environnement international. Il s'agit concrètement de facteurs matériels (force militaire, économie, ressources naturelles, niveau de développement, situation démographique, configuration territoriale), mais d'autres éléments entrent en jeu tels que le rayonnement culturel, le niveau de cohésion nationale, la force de la structure institutionnelle de l'État, ou encore la compétence, le degré de volontarisme et le charisme des dirigeants politiques. À ces facteurs immatériels s'ajoutent des critères idéationnels qui reposent notamment sur la perception, interne et externe, du rôle que doit jouer l'État dans les relations internationales. Pour évaluer la puissance étatique, il convient donc de prendre en compte l'ensemble de ces capacités et facteurs de projection.

Cette interprétation essentiellement réaliste de l'intégration s'oppose sensiblement aux théories fonctionnaliste[1] et néofonctionnaliste[2] qui adoptent une analyse mécaniste et déterministe, en considérant que les processus intégrationnistes jouissent d'une certaine autonomie à travers le phénomène de *spillover*[3] et l'effacement tendanciel des souverainetés nationales classiques. Dans les années 1970, Ernst Haas était ainsi convaincu que les intégrations régionales annonçaient le déclin de l'État-nation au profit d'entités supranationales et, qu'en conséquence, les dynamiques de régionalisation échapperaient au contrôle des États. Force est de constater que ces théories, avant tout eurocentrées, sont loin d'être universellement applicables et que la situation actuelle de la construction européenne elle-même contredit quelque peu leurs postulats.

Dans le cas sud-américain, si les Brésiliens donnent l'impulsion à l'intégration, ces derniers restent attentifs à la préservation de leur souveraineté et de leur autonomie décisionnelle. L'intérêt de l'intégration pour Brasilia, au-delà de la maximisation des ses intérêts politiques et économiques, réside dans une volonté d'institutionnaliser et de conforter sa supériorité régionale en empêchant toute redéfinition des rapports de force. Pour reprendre un terme réaliste, le Brésil se comporte comme un « État

[1] David Mitrany, *A Working Peace System*, Chicago, Quadrangle Books, 1966 (2e éd.), 221 p.

[2] Ernst Haas, *The Uniting of Europe: Political, Social and Economic Forces 1950-1957*, Stanford, Stanford University Press, 1968, 552 p.

[3] La dynamique de l'intégration se fonderait sur un processus naturel dans lequel une coopération dans un domaine technique aboutit graduellement à une coopération poussée dans la sphère politique, via des transferts de souveraineté toujours plus importants et irrémédiables.

statu quo[1] » soucieux de maintenir sa position avantageuse au sein du sous-système sud-américain.

Un autre courant théorique propose un schéma explicatif de l'intégration régionale plus sociologique mais qui peut être complémentaire avec la perspective réaliste. Le constructiviste Karl Deutsch donne ainsi un « sens de communauté » à l'intégration[2]. Or l'émergence d'une communauté régionale induit la construction sociale d'une identité collective. Cette idée est particulièrement bienvenue dans le cas sud-américain où le Brésil, en tant que moteur intégrationniste, mêle dans sa stratégie régionale des éléments réalistes et identitaires.

La définition de la relation entre identité et intégration régionale varie sensiblement selon les courants théoriques des relations internationales. Suivant une approche réaliste classique, la construction d'une identité régionale signifie une remise en cause des valeurs, de la culture voire de la souveraineté d'un État au profit d'une autre entité. Pour leur part, les libéraux perçoivent l'identité régionale comme un facteur favorisant le dialogue et la coopération. Enfin, dans la logique constructiviste, puisqu'il n'existe pas de réalité objective, l'identité régionale est une construction sociale au même titre que l'identité nationale. Suivant cette dernière interprétation, tout n'est que le résultat d'un processus d'interaction entre acteurs sociaux. Une identité collective repose aussi bien sur des facteurs historico-culturels que sur des valeurs partagées par une « communauté imaginée[3] ». Cette identité n'est pas figée et peut être modifiée par les agents, en particulier ceux qui ont une réelle capacité d'action et d'influence au sein de la communauté créée[4].

C'est en particulier à travers le projet de l'Union des nations sud-américaine (UNASUL) que s'est illustré le souhait brésilien de forger une identité collective sud-américaine[5]. La difficulté était alors de faire émerger une identité cohérente dans un ordre régional marqué par l'asymétrie et l'hétérogénéité – notamment sur le plan économique, idéologique, ou encore linguistique – des pays qui le composent. Cette construction identitaire de

---

[1] Suivant le courant réaliste, une politique de *statu quo* repose sur une politique étrangère conservatrice visant le maintien de la distribution de la puissance qui existe à un moment particulier. Voir Randall Schweller, « Neorealism's Status-Quo Bias: What Security Dilemma? », *Security Studies*, vol. 5, 1996, p. 155.

[2] Karl Deutsch, *Political Community and the North Atlantic Area*, Princeton, Princeton University press, 1957, p. 5

[3] Voir Benedict Anderson, *Comunidades Imaginadas: Reflexões sobre a Origem e a Difusão do Nacionalismo*, São Paulo, Companhia das Letras, 2008, 336 p.

[4] Thomas Risse-Kappen, *A Community of Europeans?: Transnational Identities and Public Spheres*, Ithaca, Cornell University Press, 2010, p. 9

[5] Isabel Meunier et Marcelo de Almeida Mediros, « Construindo a América do Sul: Identidades e Interesses na Formação Discursiva da Unasul », *Revista de Ciências Sociais*, vol. 56, n° 3, p. 675.

l'Amérique du Sud a largement été le fait des leaders politiques de la région, avec toutefois une implication plus prononcée de la part du président Lula.

De fait, et pour faire le lien avec notre réflexion développée précédemment, une interconnexion existe entre la maximisation des intérêts nationaux, les processus intégrationnistes et la construction d'une identité commune. Il revient alors aux leaders politiques de mettre en place les instruments d'interaction et de socialisation adéquats pour donner corps à cette communauté. C'est notamment l'internalisation de normes et règles communes par les agents qui permet à une identité collective transnationale de se forger sur une base consensuelle[1]. En amont de ce processus, le discours identitaire régional et l'action proactive des décideurs politiques ont également leur importance, en particulier lorsqu'il s'agit de définir le « nous » communautaire par rapport à l'« autre » extérieur[2]. À une autre échelle, c'est à ce même rapport à l'« autre » que Jean-Baptiste Duroselle fait référence lorsqu'il traite du concept d'« étranger », qui peut être perçu comme un ami ou un ennemi[3]. Or c'est ce qu'ont cherché à faire les autorités brésiliennes en promouvant l'identité propre sud-américaine au détriment du concept d'Amérique latine et en opposition à l'« autre » nord-américain.

D'un point de vue institutionnaliste, les institutions multilatérales (notamment à l'échelle régionale) peuvent contribuer à la création d'un sentiment de communauté au-delà de l'État-nation. Ces structures sont capables d'équilibrer et de concilier des intérêts divergents de gouvernements nationaux. La communauté institutionnalisée permet par la suite aux agents de partager des expériences et de fournir des normes sociales communes. Cette situation, additionnée à l'augmentation de l'interdépendance et des flux intra-communautaires, peut alors faire en sorte d'altérer les perceptions des agents et favorise la confiance mutuelle. La communauté a vocation à générer au final des intérêts collectifs, s'amalgamant ou se superposant aux intérêts nationaux, qui sont le fruit de l'identification d'un destin commun[4]. Dans le cas contraire, la perception par les agents d'intérêts antagonistes remettrait en cause la pérennité de la communauté.

L'intégration de l'espace sud-américain résulte donc de ce processus complexe fondé sur un schéma réaliste, idéationnel et institutionnel. Il s'agit

[1] Jeffrey Checkel, « International Institutions and Socialization in Europe: Introduction and Framework », dans Jeffrey Checkel (org.), *International Institutions and Socialization in Europe*, Cambridge, Cambridge University Press, 2007, p. 187.

[2] Stuart Hall, « Who Needs Identity », dans Paul du Gay, Jessica Evans et Peter Redman, *Identity : A Reader*, Londres, Sage, 2000, p. 15-30.

[3] Voir Jean-Baptiste Duroselle, *Tout empire périra : Théorie des relations internationales*, Paris, Armand Colin, 1992, 346 p.

[4] Isabel Meunier et Marcelo de Almeida Medeiros, « Construindo a América do Sul... », *op. cit*, p. 684-685.

certes de construire une communauté sud-américaine dans laquelle les États partageraient une identité collective – sur des bases civilisationnelles, culturelles, d'idéaux démocratiques et de justice sociale – sans pour autant faire disparaître les identités et les intérêts nationaux. La difficulté pour le Brésil consiste alors à faire émerger un pôle sud-américain solidaire, respectant la pluralité des perceptions et des visions nationales. Il serait en effet vain d'imposer une identité singulière ou homogène au sein du bloc régional.

Questions centrales, hypothèses et cadre de recherche

L'une des questions centrales de notre réflexion porte sur le rôle joué par la puissance brésilienne dans la structuration de son espace régional et la manière dont elle participe à la construction d'un nouveau schéma intégrationniste. Dans ce cadre, quelles sont les visées des choix stratégiques des gouvernements brésiliens en direction de l'Amérique du Sud ? Quel est le sens des interactions coopératives plus ou moins institutionnalisées mises en œuvre et quels en sont les déterminants ?

Il s'agira aussi pour nous de comprendre la place occupée par le sous-continent dans la stratégie d'insertion internationale du Brésil. Il conviendra sur ce point d'analyser l'action régionale du géant sud-américain pour savoir, notamment, s'il se comporte comme un leader ou comme une simple puissance hégémonique, et si cela s'inscrit dans un dessein plus large de construction d'un statut d'acteur majeur de la nouvelle scène mondiale multipolaire. Dans ce cadre, il sera nécessaire de s'interroger sur la perception des voisins sud-américains quant au projet régional et aux ambitions internationales du géant lusophone.

Pour répondre à l'ensemble de ces questions, nous envisageons une série d'hypothèses :

1) Jusqu'au début des années 1990, l'Amérique du Sud était caractérisée par une situation d'équilibre entre les puissances brésilienne et argentine. Il s'agissait là d'une situation imposée par la structure du sous-système régional mais aussi admise par les élites politiques et militaires des deux pays. Mais depuis vingt ans, un fossé s'est creusé entre ces deux acteurs régionaux avec un accroissement des asymétries, principalement en termes économiques. Nous sommes actuellement dans une situation régionale transitoire, avec une affirmation croissante de l'hégémonie brésilienne. Cette configuration semble encore loin d'être parfaitement définie, mais représente une tendance de fond, accentuée notamment par la fin de la bipolarité argentino-brésilienne.

Le sous-système sud-américain actuel est donc caractérisé par une unipolarité de fait. Mais cet ordre est contesté par un certain nombre d'États souhaitant un rééquilibrage (*Balancing*), et cela en dépit de leurs carences en termes de capacités matérielles. Un pays comme l'Argentine a déjà souligné le problème posé par les « gains relatifs » dans le cadre de la coopération au sein du MERCOSUL avec le Brésil. Ce pays redoute que la puissance brésilienne soit le seul véritable gagnant de l'intégration. Une situation qui ne ferait qu'amplifier l'inégale distribution de la puissance en Amérique du Sud.

2) Le sous-système sud-américain est certes marqué par l'unipolarité mais la puissance brésilienne ne se comporte pas pour autant comme un acteur hégémonique au sens classique du terme. Par ailleurs, étant donné que son leadership n'est pas accepté par l'ensemble des pays de la région, il résulte de cette situation que l'Amérique du Sud jouit d'une stabilité précaire. En effet, l'ordre sud-américain n'est fondé ni sur la stabilité hégémonique ni sur l'équilibre des puissances mais se situe au milieu de ce spectre.

3) L'intégration régionale dépend en partie de la configuration structurelle du sous-système sud-américain. Or Le Brésil est la seule véritable puissance de la région ayant des capacités systémiques pour structurer son environnement immédiat. Il y a ainsi un lien direct entre le dynamisme constaté depuis les années 2000 dans le cadre des processus intégrationnistes et la montée en puissance du géant lusophone. « Intégration » et « puissance » sont donc deux notions qui peuvent être compatibles. C'est parce qu'il augmente sa puissance relative que le Brésil entend projeter son influence dans la région pour maximiser ses intérêts.

4) La politique régionale proactive du Brésil, en plus d'être déterminée par la situation du pays dans la structure du sous-système sud-américain et ses capacités matérielles, est intimement liée au volontarisme politique des gouvernements brésiliens, ces derniers ayant eux-mêmes le soutien des forces armées et du secteur économique sur la base d'une convergence d'intérêts. La transition démocratique, initiée dans les années 1980 et confirmée dans les années 1990, a permis un décloisonnement entre État et société. Les gouvernements brésiliens ont progressivement été plus réceptifs aux demandes domestiques, en particulier celles provenant du secteur économique, et ont fait en sorte de les traduire en politiques publiques. Des canaux de communication se sont ainsi mis en place entre les différents groupes sociaux et les autorités, facilitant l'ascension internationale du Brésil.

5) L'intégration régionale sous l'égide brésilienne correspond donc à une stratégie concertée des élites politiques, économiques et militaires. Sur le plan politique, l'intérêt est de préserver une certaine stabilité pour ne pas freiner l'ascension mondiale du géant sud-américain. Pour le secteur économique, l'objectif est de s'ouvrir de nouveaux marchés, d'assurer le contrôle des matières premières et de conserver des avantages comparatifs dans la production de biens manufacturés. Enfin, du point de vue des militaires, il importe d'autonomiser le sous-continent en matière de sécurité et de défense et d'éviter toute immixtion en Amérique du Sud de la part d'une puissance extra-régionale. Le Brésil instrumentalise par conséquent ses relations avec la région afin de maximiser sa projection de puissance et de défendre ses intérêts en termes politique, économique et sécuritaire. Pour cela, le géant sud-américain fait en sorte de contrôler et manipuler à son profit le développement de l'interdépendance régionale.

6) Les institutions régionales existantes sont ainsi avant tout dominées par la puissance brésilienne et servent de plates-formes pour la production d'influence et la projection des intérêts du géant lusophone. Les dirigeants brésiliens veillent à ce que l'intégration conserve un caractère strictement intergouvernemental et un bas niveau d'institutionnalisation, en accord avec les principes autonomistes et la nécessité de préserver une marge de manœuvre internationale. Le développement de l'intégration ne doit pas signifier une remise en cause de la souveraineté brésilienne.

7) Pour faciliter la structuration d'un ordre sud-américain sous l'égide du Brésil, et en adéquation avec ses intérêts, il est préalablement nécessaire de construire avec les partenaires régionaux une identité commune et un sens de communauté. Il s'agit de faire émerger une véritable communauté régionale, sous le leadership consensuel du Brésil, poursuivant des objectifs géopolitiques (autonomisation du sous-continent, promotion du multilatéralisme et d'un système multipolaire), économiques (pérenniser la croissance et favoriser l'insertion de la région dans les dynamiques de la mondialisation), sociaux (amélioration du niveau de vie des populations) et politico-sécuritaires (défense de la démocratie et renforcement de la stabilité régionale). Cela induit aussi d'amalgamer, dans une certaine mesure, intérêts individuels brésiliens et intérêts collectifs sud-américains.

Au vu de ces hypothèses, notre modèle théorique se fonde sur les postulats réalistes et néoréalistes à la fois pour expliquer l'action proactive du Brésil dans l'espace sud-américain – fondée en partie sur les ressources matérielles et la position objective de l'agent dans le sous-système régional – et lorsqu'il s'agit de faire référence à l'instrumentalisation de la coopération et de l'intégration dans une optique de maximisation de la puissance, de production d'influence et de projection internationale. Le cadre néoréaliste est en particulier pertinent pour analyser la stratégie spécifique des autorités brésiliennes sur le plan régional, par rapport à leur action extra-régionale, qui tient à des différences structurelles entre le système mondial et le système sud-américain. Le Brésil se comporte en effet comme un « État révisionniste » au niveau mondial et comme un « État *statu quo* » en Amérique du Sud, et cela pour préserver sa suprématie dans l'ordre régional.

La perspective constructiviste sera également mise à contribution, d'une part pour traiter la perception par les élites brésiliennes du rôle que doit jouer leur pays en Amérique du Sud et, d'autre part, pour s'interroger sur la reconnaissance, ou non, de la part des voisins sud-américains de l'exercice du leadership régional par la puissance brésilienne. Le cadre constructiviste servira par ailleurs à comprendre les notions d'identité et de communauté sud-américaines en tant que constructions sociales et d'idées partagées.

C'est donc sur la base d'un fort appui domestique, et en tenant compte de la configuration structurelle du sous-système sud-américain que les autorités brésiliennes ont été encouragées à adopter une politique étrangère dynamique axée sur la production d'influence via, notamment, la coopération et l'intégration régionales. Le projet régionaliste brésilien est à la fois ambitieux, pragmatique et réaliste tout en restant en adéquation avec le contexte géopolitique et géoéconomique sud-américain. Le dénominateur commun de l'ensemble des initiatives intégrationnistes, qui reposent sur la formation de cercles concentriques, reste l'objectif d'autonomisation et d'émancipation de l'Amérique du Sud, voire de l'Amérique latine, vis-à-vis principalement de la puissance hégémonique américaine.

La politique régionale brésilienne a par conséquent deux objectifs : d'une part la formation d'une identité communautaire régionale et, d'autre part, la création d'un bloc multiplicateur de puissance dans le cadre de la projection internationale du Brésil. La formation identitaire de l'Amérique du Sud est en effet en partie instrumentalisée de manière stratégique par les autorités brésiliennes, et cela pour être intégrée dans un schéma plus global où le Brésil se construit en tant qu'acteur mondial.

Concrètement, l'insertion internationale du Brésil se réalise suivant différentes étapes complémentaires. Les autorités brésiliennes ont ainsi jugé nécessaire de créer en priorité un pôle de stabilité politique et de prospérité économique sud-américain, sous le leadership de leur pays. L'affirmation régionale du géant lusophone constitue une condition indispensable pour prétendre au statut d'acteur mondial et pour légitimer un nouveau rôle international. L'Amérique du Sud est dès lors considérée comme une « vitrine diplomatique » pour les aspirations mondiales brésiliennes.

Pour éviter toute accusation d'impérialisme, le Brésil a ainsi cherché à construire une « hégémonie consensuelle » dans le sous-continent en assumant en partie les coûts du leadership, et cela par le biais de différentes actions illustrant un rôle de *paymaster* régional. C'est notamment à travers les processus intégrationnistes qu'il entend attirer les voisins sud-américains dans sa zone d'influence politique et économique. L'intégration régionale doit donner au pays une force négociatrice qu'il ne pourrait avoir individuellement.

Sur les questions plus spécifiques de défense et de sécurité, il y a eu une remise en cause de l'absolu pacifisme du pays. Le Brésil cherche à devenir une puissance militaire moyenne pour se « crédibiliser » au sein du système international. Il a ainsi adopté le concept de *smart power*[1], visant à combiner stratégiquement la diplomatie et la force militaire, pour se doter d'un instrument de projection de puissance et d'influence plus efficient. L'ambition de Brasilia induit un renforcement des capacités militaires du pays, afin que les forces armées puissent être mises à disposition de l'État pour la réalisation de ses objectifs en matière de politique extérieure.

Le Brésil a, en outre, flexibilisé sa posture traditionnelle strictement non interventionniste en adoptant le concept de « non-indifférence », et cela dans le but d'être reconnu comme un acteur capable d'apporter sa contribution à la résolution des conflits régionaux. Il s'agit d'affirmer son leadership et son pouvoir de médiation en Amérique du Sud et, dans le même temps, de donner plus de poids à sa candidature à un siège au Conseil de sécurité de l'ONU. Le pays sud-américain compte ainsi apparaître comme une puissance stabilisatrice qui, bien qu'elle ne possède pas l'arme nucléaire, peut légitimement prétendre siéger en tant que membre permanent au sein de l'organisme restreint onusien. L'efficacité de la projection brésilienne dépend donc aussi de la bonne articulation entre la politique extérieure et la politique de défense.

Il s'agira pour nous *in fine* de démontrer si la puissance brésilienne se comporte comme un véritable leader régional, ayant la capacité de structurer l'ordre sous-régional sud-américain, et si l'Amérique du Sud constitue un tremplin efficient pour les ambitions mondiales brésiliennes. Pour cela, nous procéderons à une analyse empirique des différentes initiatives du Brésil à la fois en tant que promoteur de l'identité sud-américaine, moteur intégrationniste et agent stabilisateur.

[1] Ce concept a été développé par Suzanne Nossel à la suite de l'invasion de l'Irak, en 2003, et en réaction à l'unilatéralisme belliqueux de la politique extérieure néoconservatrice durant les administrations de Georges W. Bush. Voir Suzanne Nossel, « Smart Power », *Foreign Affairs*, mars-avril 2004.

CHAPITRE I

LA CRÉATION D'UN PÔLE SUD-AMÉRICAIN SOUS LE LEADERSHIP BRÉSILIEN

L'ex-président Lula avait fait de l'Amérique du Sud la grande priorité de sa politique étrangère dès son arrivée au pouvoir. Il s'agissait d'une décision importante car, depuis le début du XXe siècle, le Brésil cherchait à être reconnu comme un pays prépondérant dans le système international, sans se préoccuper des assises régionales de son projet. Or il est apparu aux yeux des gouvernements Lula que l'affirmation internationale du pays exigeait au préalable le développement et la consolidation de son statut de puissance régionale.

Dans ce contexte, l'intégration de l'Amérique du Sud était devenue un objectif stratégique de la politique extérieure brésilienne et a continué de revêtir une grande importance avec l'arrivée au pouvoir de Dilma Rousseff. L'accroissement des relations politiques et économiques entre les pays sud-américains doit contribuer au développement socioéconomique de l'Amérique du Sud et à la préservation de la paix dans la région ; au développement du marché interne sud-américain et à l'augmentation de la compétitivité des pays de la région sur le plan mondial ; et, enfin, au renforcement de la capacité d'action du Brésil dans les fora internationaux[1]. Le projet régionaliste de Brasilia entend ainsi marquer une étape fondamentale dans l'insertion internationale du pays, en contribuant à la formation d'un pôle politique et économique sud-américain au sein d'un système multipolaire.

Par ailleurs, il transparaît dans les discours officiels une forte volonté de travailler sur le thème de la défense des intérêts régionaux (et nationaux) au sein du système international, en particulier en ce qui concerne les aspects économiques et politiques des relations avec les pays développés. Parallèlement, les autorités brésiliennes se sont employées à dissiper les craintes des partenaires sud-américains vis-à-vis de leur propre pays, en démontrant leur intention de prendre en compte les asymétries régionales.

[1] Miriam Gomes Saraiva, « Brazilian foreign policy towards South America during the Lula administration: caught between South America and Mercosur », *Revista Brasileira de Política Internacional*, vol. 53, 2010, p. 161.

1. Le Brésil primus inter pares en Amérique du Sud

La promotion de la « sud-américanité » et l'affirmation vis-à-vis de la puissance nord-américaine

Depuis les années 1990, l'Amérique du Sud est devenue le principal espace régional de référence de l'identité internationale du Brésil. Le sous-continent est la première plate-forme à partir de laquelle le pays se lance sur la scène internationale, devenant ainsi une priorité dans la politique extérieure brésilienne, principalement à partir des années 2000. De « Latino-Américain », le Brésil se définit désormais comme « Sud-Américain »[1]. Bien que l'Amérique du Sud ait une signification géographique, l'intégration du sous-continent reste encore à construire sur de nombreux aspects, notamment pour l'émergence d'une véritable identité régionale.

Le président Lula et son ministre des Relations extérieures, Celso Amorim, ont grandement participé à la promotion de l'identité sud-américaine. L'expression « Amérique du Sud » était en effet régulièrement présente dans leurs discours de politique étrangère. Un autre élément qui symbolise cette nouvelle importance accordée au sous-continent fut la création, en 2003, du sous-secrétariat général de l'Amérique du Sud (SGAS), au sein de l'*Itamaraty*[2].

En promouvant l'Amérique du Sud plutôt que l'Amérique latine comme entité régionale de référence, le Brésil a tiré implicitement une ligne jaune suivant laquelle la sphère d'influence américaine devait s'arrêter aux États d'Amérique centrale. La revendication du Brésil de son rôle de puissance stabilisatrice, et de leader de l'Amérique du Sud, y est simultanément liée[3]. Il convient toutefois de préciser que, paradoxalement, l'affirmation du leadership brésilien dans le sous-continent ne s'oppose pas forcément aux intérêts stratégiques de Washington. Ces dernières décennies, la stratégie mondiale des États-Unis a consisté à créer des alliances avec des puissances régionales disposées et capables d'assumer les coûts de la stabilité dans leurs régions respectives. Dans les années 2000, l'administration de George W. Bush a tenté un rapprochement avec le Brésil de Lula dans cette optique. L'idée de Washington est que le Brésil peut jouer un rôle de puissance régionale stabilisatrice, permettant ainsi de réduire l'interventionnisme américain dans la région, qui est par ailleurs de plus en plus mal perçu.

---

[1] Leandro Freitas Couto, « Política externa brasileira para a América do Sul. As diferenças entre Cardoso e Lula», *Civitas*, vol. 10, n° 1, janvier-avril 2010, p. 23.

[2] Adilson Santana de Carvalho, *A evolução da política brasileira de integração regional: do MERCOSUL à UNASUL*, mémoire en Relations internationales, Universidade de Brasília, 2009, p. 53.

[3] Daniel Möckli, « Le Brésil : puissance économique à se profiler en politique étrangère », *Analyses du CSS*, n° 93, mai 2011.

Une autre raison expliquant l'importance accordée par le Brésil à son action stabilisatrice dans le sous-continent tient au fait que les facteurs d'instabilité régionale peuvent compromettre ses intérêts politiques et économiques. Mais au-delà de cet aspect, cette instabilité doit également être combattue afin de ne pas attirer l'attention des États-Unis sur la région, et d'éviter que ce dernier trouve un prétexte pour intervenir[1]. Toujours dans le cadre de l'émancipation vis-à-vis des États-Unis, parmi les objectifs implicites de la politique extérieure de Lula figurait « l'implosion de la ZLEA[2]». L'expression a été plusieurs fois employée par le président lui-même, par son ministre des Relations extérieures et par le secrétaire général des Relations extérieures, Samuel Pinheiro Guimarães, grand pourfendeur du projet nord-américain. L'échec de la ZLEA[3] a ainsi été considéré comme un premier succès dans la bataille contre le concurrent du Nord, « laquelle devait être gagnée à tout prix[4] ».

Au-delà d'une volonté d'assurer un leadership régional en s'opposant à l'influence de Washington, l'intégration hémisphérique a été combattue par Brasilia du fait de l'impact négatif probable qu'elle aurait eu sur l'ensemble des économies en développement sud-américaines. De plus, le protectionnisme américain, en particulier dans le domaine agricole, constituait un important sujet de désaccord entre les deux plus grandes puissances du continent. C'est dans ce cadre que les autorités brésiliennes ont progressivement défendu l'autonomisation du sous-continent. À ce propos, Celso Amorim affirmait :

> Avec les autres pays latino-américains en développement, nous n'avons pas besoin de la ZLEA pour négocier. Nous pouvons faire de grandes choses indépendamment de la ZLEA, comme la Communauté andine des nations ou encore l'approfondissement du MERCOSUL. Si nous arrivons à négocier avec l'Afrique du Sud, nous pouvons également le faire avec les Caraïbes et l'Amérique centrale. Nous pouvons aller plus loin dans l'intégration physique

---

[1] L'interventionnisme américain pour la résolution des crises sud-américaines a d'ailleurs été combattu par le Brésil à travers la création de l'UNASUL, permettant de court-circuiter l'utilisation de l'OEA qui était l'organe traditionnel de règlement des différends en Amérique latine.

[2] Projet des États-Unis d'une « Zone de libre-échange des Amériques ».

[3] Lorsque les autorités américaines ont saisi que les rapports de force ne penchaient plus en leur faveur, elles ont cherché à établir des accords bilatéraux avec des pays sud-américains dans une stratégie de fragmentation du sous-continent. Voir Samir Perrone de Miranda, « A integração da América do Sul como prioridade da política externa brasileira: uma análise do discurso do governo Lula », Congrès de l'Association des études latino-américanistes (LASA), Rio de Janeiro, juin 2009.

[4] Paulo Roberto de Almeida, « La diplomatie de Lula (2003-2010) : une analyse des résultats », dans Denis Rolland et Antonio Carlos Lessa (coord.), *Relations internationales du Brésil : Les chemins de la puissance*, Paris, L'Harmattan, vol. 1, 2010.

régionale avec des pays de même niveau de développement, que celle que nous pourrions avoir avec les États-Unis[1].

Cette argumentation suggère les effets négatifs de l'intégration lorsque celle-ci dépend d'acteurs présentant des niveaux de développement différents. Il existe en particulier le risque que les importantes asymétries provoquent un processus de spécialisation productive dans les pays en développement, en fonction des demandes des partenaires développés. Avec la ZLEA, dans une logique de libre concurrence avec la première puissance mondiale, le dynamisme de l'économie nord-américaine aurait pu avoir comme conséquence « la désindustrialisation profonde des pays sud-américains[2] ».

L'éloignement des États-Unis des affaires sud-américaines était donc nécessaire pour affirmer le leadership brésilien dans le sous-continent. Pour cela, il était indispensable que les autorités de Brasilia coordonnent leur position avec celles des voisins régionaux. Il convenait alors de développer les plates-formes de discussion réservées exclusivement aux pays du sous-continent.

La construction d'un leadership dans une optique de projection internationale

C'est dans la nouvelle configuration géopolitique mondiale post-Guerre froide que le Brésil a cherché à se positionner. Le souhait brésilien d'assurer pleinement un leadership régional est aussi lié à la nouvelle structure systémique. La fin du système bipolaire a permis l'émergence de puissances régionales et l'affirmation croissante de leurs leaderships dans leurs espaces géopolitiques respectifs, notamment par l'intermédiaire des intégrations régionales. Traditionnellement, dans tout mécanisme d'intégration, il existe un fort leadership d'un ou deux pays (un axe) pour viabiliser le processus régional[3].

On peut définir le concept de « leadership » comme la capacité d'une puissance à représenter les intérêts d'un ensemble de nations sur la scène internationale, et à se présenter comme un médiateur légitime dans les conflits opposant les pays se trouvant dans sa sphère d'influence. Certains

---

[1] Celso Amorim, « Brasil tem opções diferenciadas para a integração », *Gazeta Mercantil*, 3 septembre 2003. Toutes les citations qui étaient à l'origine en portugais ont été traduites librement en français par l'auteur.

[2] Samir Perrone de Miranda, « A integração da América do Sul como prioridade da política externa brasileira... », *op. cit.*

[3] Voir Amitai Etzioni, *Political unification: a comparative study of leaders and forces*, New York, Praeger Co., 1965, 368 p.

auteurs ont cherché à définir plus précisément cette notion. D'après Detlef Nolte, cinq critères caractérisent le leadership d'une puissance régionale : 1) être accepté par la plupart des pays de la région en tant que puissance capable de représenter la région ; 2) assumer le coût d'une supériorité régionale, notamment en aidant les pays les plus faibles de la région ; 3) posséder des ressources matérielles, institutionnelles et idéologiques, accompagnées d'une projection de puissance dans la région ; 4) exercer effectivement une grande influence sur tous les sujets d'ordre régional ; 5) s'engager dans une stratégie à long terme en vue d'institutionnaliser la région[1]. Pour sa part, Daniel Flemes définit une puissance régionale au moyen de quatre critères essentiels : 1) la formulation du désir de leadership ; 2) la possession des ressources nécessaires pour exercer ce leadership ; 3) l'utilisation intensive des instruments de politique internationale ; 4) l'acceptation de son rôle de leader par les autres pays de la région[2]. Enfin, pour Thiago Galvão, le concept de leadership se compose plus simplement de trois éléments : 1) la perception de l'autre ; 2) la volonté de jouer le rôle social de leader ; 3) les moyens d'assurer le leadership[3].

Selon les critères avancés par ces auteurs, plusieurs éléments semblent converger pour définir le Brésil en tant que leader de l'Amérique du Sud. Ainsi, les dimensions du géant sud-américain le conduisent à assumer un leadership naturel dans la région. Son importante population, d'environ 200 millions d'habitants (la moitié de l'Amérique du Sud), lui garantit un grand marché de consommation. De plus, le PIB brésilien représente plus de la moitié du PIB sud-américain et se place parmi les six plus importants au monde. D'autres facteurs ont favorisé l'exercice du leadership brésilien, comme l'explosion des exportations agricoles, la diversification des produits manufacturés et les importantes réserves de pétrole et de gaz.

La diplomatie brésilienne a également fait en sorte ces dernières années d'assumer en partie le coût de ce leadership. À ce propos, Sean Burges soutient que le régionalisme sud-américain a besoin d'un leader qui exerce le rôle de *paymaster*[4]. Cela s'est vérifié à travers l'action du Brésil pour diminuer, certes modestement, les asymétries dans l'espace sud-américain[5], ou encore lorsque le pays a mis fin par la voie diplomatique à certaines tensions avec les pays les plus modestes de la région en faisant des

[1] Detlef Nolte, « How to compare regional powers: analytical concepts and research topics », German Institute of Global and Area Studies (GIGA), mai 2007.

[2] Daniel Flemes, « Conceptualising Regional Power in International Relations: lessons from the South African case », German Institute of Global and Area Studies (GIGA), juin 2007.

[3] Thiago Gehre Galvão, « América do Sul: construção pela reinvenção (2000-2008) », *Revista Brasileira de Política Internacional*, n° 52, 2009, p. 73.

[4] Voir Sean Burges, « Bounded by the reality of trade: practical limits to a South American region », *Review of International Affairs*, vol. 18, n° 3, octobre 2005, p. 437-454.

[5] Exemple du FOCEM dans le cadre du MERCOSUL (voir Chapitre II).

concessions unilatérales[1]. Dans un discours prononcé en janvier 2003, le président brésilien éclaircissait les paramètres de l'exercice du leadership de son pays :

> Ces 20 derniers jours, j'ai rencontré le président de l'Argentine, le président de l'Uruguay, le président du Paraguay, le président de la Bolivie, le président du Chili, le président de l'Équateur, le président du Venezuela et le président de la Colombie. J'ai été impressionné de constater que presque tous ces pays souhaitent que le Brésil assume un rôle de leader en Amérique du Sud, parce qu'ils ont du respect pour le Brésil, du fait de ses dimensions et de son potentiel économique. C'est justement parce que le Brésil est la plus importante économie de notre continent qu'il a la plus grande extension territoriale de notre continent et la plus importante population de notre continent [...] qu'il se doit d'être généreux [...] Le Brésil doit effectivement assumer [son rôle de leader], non pas comme un leader cherchant à asservir les autres, mais le Brésil doit devenir un partenaire qui défend les intérêts de l'Amérique du Sud, celui qui élabore des projets en commun avec les pays de l'Amérique du Sud, celui qui défend les intérêts de l'Amérique du Sud, celui qui pense à l'intégration de l'Amérique du Sud et celui qui pense au développement de l'Amérique du Sud[2].

Selon le président brésilien, c'était sur une base économique et politique que devait se forger le leadership brésilien dans le sous-continent. Pour cela, Lula, dès le début de son mandat, a démontré que sa politique extérieure ferait en sorte d'approfondir les relations avec le Venezuela d'Hugo Chavez et de renforcer les liens avec l'Argentine, son principal partenaire du MERCOSUL, et que l'intégration de l'Amérique du Sud était la première des priorités. Cela induisait aussi bien l'augmentation des échanges commerciaux qu'un dynamisme diplomatique accru[3].

---

[1] Exemple avec la Bolivie à la suite de la nationalisation des hydrocarbures, remettant en cause les intérêts de Petrobras, et lors de la révision du traité du barrage d'Itaipu avec le Paraguay, le Brésil acceptant de payer plus pour l'énergie non consommée de son voisin régional.

[2] Luiz Inácio Lula da Silva, *Discurso do Senhor Presidente da República na Cerimônia de Transmissão do Cargo de Diretor-Geral Brasileiro da Itaipu Binacional, do Engenheiro Antônio José Correia Ribas para o Engenheiro Jorge Miguel Samek*, Curitiba, 23 janvier 2003.

[3] Luiz Alberto Moniz Bandeira, « O Brasil como potência regional e a importância estratégica da América do Sul na sua Política exterior », *Espaço Acadêmico*, 24 août 2010.

Figure 1. Les échanges commerciaux du Brésil avec les pays sud-américains entre 2003 et 2010 (en milliards US$)

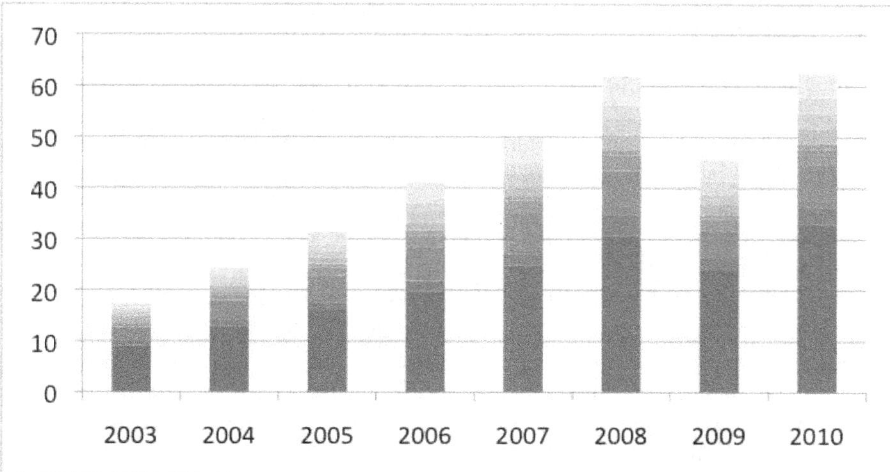

Source : élaboré par l'auteur suivant les données ministère du Développement, de l'Industrie et du Commerce extérieur.

Mais comme nous l'avons déjà abordé, le leadership dépend surtout des ressources traditionnelles de pouvoir (économique, technologique, militaire) et la manière dont elles sont utilisées (*hard power*, *soft power* et *smart power*). Il a parallèlement besoin de légitimité pour être exercé, d'où la nécessité pour la puissance d'engager un processus de « socialisation » afin d'obtenir l'approbation des agents. Selon Thiago Glavão, « c'est la perception de l'autre qui marque la différence entre l'hégémonie et le leadership[1] ».

Par ailleurs, la volonté d'assurer un leadership va de pair avec le prestige international et la régulation de l'ordre international. Ainsi, avoir sa force reconnue par les autres nations permet d'atteindre des objectifs sans avoir besoin de l'utiliser[2]. C'est notamment la possibilité de détenir un large pouvoir normatif sur le plan international qui incite une puissance à exercer un leadership. Ce pouvoir apparaît essentiel si un agent compte exercer un contrôle et obtenir des avantages sur d'autres agents[3]. Alors que les « États communs » suivent des règles préétablies, les États les plus puissants les créent afin de préserver au mieux leurs intérêts nationaux. Sur ce thème de la

---

[1] Thiago Gehre Galvão, « América do Sul: construção pela reinvenção (2000-2008) », *op. cit.*, p. 73.
[2] Martin Wight, *A política do poder*, Brasilia, Editora da UnB, 2002, p. 87-90.
[3] Nicholas Onuf, « Constructivism: a user's manual », dans Vendulka Kubalkova, Nicholas Onuf et Paul Kowert, *International relations in a constructed world*, New York, M.E. Sharpe, 1998, p. 59-64.

maximisation de la puissance et de l'influence du Brésil via l'affirmation du leadership régional, le diplomate de l'*Itamaraty*, Felipe Cunha, affirme :

> Il est vrai que nous considérons que le Brésil sera plus fort avec une Amérique du Sud forte. Du fait de son importance économique, démographique et territoriale, le Brésil se doit d'être à l'initiative d'actions visant le développement de l'intégration physique de l'Amérique du Sud. Le Brésil a besoin de s'affirmer dans sa propre région pour construire une légitimité en tant qu'acteur global. Le pays veut être reconnu comme une puissance ayant la capacité d'influer sur son espace géopolitique immédiat avant de jouer un rôle plus prépondérant dans les grandes instances multilatérales. Il y a cette nécessité de prouver que le Brésil peut être un moteur pour le développement économique de l'Amérique du Sud mais aussi une puissance stabilisatrice pour la région et au-delà. Néanmoins, sur certains thèmes de son agenda international, le Brésil ne fait pas appel au soutien de ses voisins sud-américains. Son action au sein de l'OMC est le meilleur exemple prouvant que le Brésil peut parfois adopter une stratégie individualiste qui obéit à la défense de ses intérêts nationaux[1].

Un autre diplomate, Leandro Estevão, précise pour sa part le lien existant entre le contexte interne brésilien et la volonté de projection internationale via l'exercice du leadership régional :

> Le Brésil cherche à renforcer sa position internationale notamment à travers son action sur le plan régional. Le pays possède des atouts du point de vue économique, territorial et démographique pour être le principal acteur dans la région. Le Brésil a fait en sorte d'affirmer son influence régionale afin de pouvoir agir plus légitimement au niveau mondial. Le leadership régional est une condition indispensable à la projection internationale du pays. Mais notre action en Amérique du Sud n'a été possible que parce que le Brésil a pu d'abord agir efficacement sur le plan interne : contrôle de l'inflation, développement du marché intérieur. C'est à travers sa solidité économique mais aussi en raison de sa stabilité politique que le Brésil a pu jouer le rôle de chef de file régional. Toutefois, le pays doit encore résoudre de nombreux problèmes domestiques pour que ces derniers ne soient pas un frein à son action internationale : inégalités, corruption, insécurité, trafic de drogue, éducation, santé, etc. Malgré ces défis à relever, il est incontestable que le Brésil doit assurer son leadership dans la région. Le leadership personnel du président Lula a également été fondamental. La diplomatie présidentielle a permis d'avancer grandement sur le plan international[2].

---

[1] Felipe Cunha, entretien avec l'auteur, ministère des Relations extérieures – division UNASUL, Brasilia, 2 décembre 2010.

[2] Leandro Zenni Estevão, entretien avec l'auteur, ministère des Relations extérieures – division intégration régionale, Brasilia, 20 octobre 2010.

Le rapprochement avec les voisins sud-américains est donc perçu comme un moyen pertinent pour une meilleure insertion internationale du Brésil, en permettant au pays de réaliser tout son potentiel et en contribuant à former un bloc régional autonome. Les stratèges brésiliens partent du postulat que pour devenir une puissance mondiale ayant une certaine influence, il est nécessaire au préalable que cette même puissance s'affirme et soit respectée dans sa sphère régionale[1].

L'activisme brésilien dans la région peut aussi être analysé dans le cadre plus large de l'instrumentalisation de l'Amérique du Sud en vue des négociations multilatérales avec les acteurs extrarégionaux. Le Brésil a généralement œuvré pour être reconnu comme un pays qui ne parle pas en son nom seul, mais en celui de l'ensemble des pays de la région. Ainsi, les autorités brésiliennes disent (certes de manière tacite) représenter l'Amérique du Sud quand il s'agit, par exemple, d'argumenter sur la nécessité d'une réforme du Conseil de sécurité des Nations unies et de l'obtention d'un siège de membre permanent pour le Brésil[2]. Sur ce thème, il convient de souligner que le principal obstacle rencontré par Brasilia se trouve précisément dans sa région avec les oppositions argentine et colombienne[3]. Jean Daudelin résume les difficultés que rencontre le Brésil à représenter l'Amérique du Sud en ces termes :

> L'énorme prégnance du Brésil en Amérique du Sud en fait certes une puissance incontournable et incontestée, mais pas un leader régional. On accepte toujours les invitations du Brésil, on rejoint les sommets et les organisations qu'il met sur pied, et sa médiation est presque toujours la bienvenue [...] Mais on n'accepte pas ses prétentions à une quelconque représentation de la région, pas plus qu'on appuie ses entreprises d'affirmation de son statut d'acteur et de puissance globale[4].

De fait, afin de réaliser ses objectifs sur le plan international, le gouvernement Lula a cherché à passer du prudent leadership *soft* de l'époque de Fernando Henrique Cardoso à un leadership plus explicite, revendiqué

[1] Voir Matias Spektor, « Ideias de ativismo regional: a transformação das leituras brésileiras da região », *Revista Brasileira de Política Internacional*, n° 53, octobre 2010, p. 25-44.

[2] João Augusto Vargas, « Persuadir e legitimar: a argumentação brasileira em favor da reforma do Conselho de Segurança », *Cena Internacional*, vol. 10, n° 2, 2008, p. 131.

[3] Non seulement l'appui de certains de ses voisins est peu enthousiaste, mais l'opposition de l'Argentine demeure farouche. Née des circonstances historiques, la compétition entre les deux pays se manifeste avec force sur le plan diplomatique. Au modèle brésilien de réforme du CSNU, l'Argentine oppose une augmentation du nombre de sièges non permanents et un système de rotation entre un plus grand nombre d'États. En fait, Buenos Aires peine à reconnaître l'importance économique, démographique et politique acquise par Brasilia ces dernières années. Surtout, l'Argentine constate que l'éventuelle entrée du Brésil en tant que membre permanent au CSNU signifierait une rupture du fragile équilibre stratégique sud-américain.

[4] Jean Daudelin, « Le Brésil comme puissance : portée et paradoxes », *Diploweb*, 8 octobre 2010.

ouvertement, quitte à subir les critiques de ses partenaires régionaux. Du point de vue des relations avec les voisins, cette nouvelle attitude s'est traduite par un comportement paradoxalement moins collectif (le Brésil dans un rôle de *primus inter pares,* mais acceptant de se soumettre aux règles et délibérations communes), et plus affirmatif, la région étant vue comme un instrument de l'ambition globale brésilienne.

Le Brésil médiateur dans les crises régionales

Selon Tullo Vigevani et Gabriel Cepaluni, pour « capitaliser » la plate-forme diplomatique sud-américaine il convient au Brésil de veiller à éviter toutes les situations potentiellement conflictuelles dans la région[1]. Le pays doit donc à la fois être le moteur de l'intégration régionale et jouer le rôle de médiateur lors des conflits régionaux, afin de préserver ses intérêts de puissance et de maximiser le potentiel politique et économique sud-américain. Pour cela, le gouvernement Lula a fait évoluer certains principes régissant la politique extérieure brésilienne, en faisant évoluer le concept de « non-intervention » vers celui de « non-indifférence[2] ». Il s'agissait, selon Celso Amorim, de trouver le juste milieu entre la non-intervention et l'ingérence dans les affaires politiques des autres pays, dans le but d'aider « des pays amis » à résoudre des crises politiques et sociales graves[3]. La nouvelle doctrine brésilienne a été confirmée dans un discours que le président Lula a prononcé lors d'un déplacement en Chine en 2004 :

> Du fait de la consolidation des relations du Brésil avec ses voisins, l'instabilité que connaissent les pays de la région requiert un accompagnement plus important de notre part. Le Brésil obéit au principe de non-intervention mais également à une attitude de non-indifférence[4].

Lula ajoutait, la même année, à la tribune de l'Assemblée générale de l'ONU :

> Nous n'acceptons pas l'interférence extérieure dans les affaires strictement internes, mais nous ne pouvons pas nous permettre, pour autant, de nous

---

[1] Tullo Vigevani et Gabriel Cepaluni, « A política externa de Lula da Silva: a estratégia da autonomia pela diversificação », *Contexto Internacional*, vol. 29, 2007, p. 324.
[2] Voir Chapitre V sur la MINUSTAH.
[3] Celso Amorim, « Política Externa do Governo Lula: os dois primeiros anos », *Análise de Conjuntura (OPSA)*, mars 2005, p. 8.
[4] Luiz Inácio Lula da Silva, *Conferência do presidente da República na Universidade de Pequim: "Política Externa Brasileira no Século XXI e o Papel da Parceria Estratégica Sino-Brasileira"*, Pékin, 25 mai 2004.

réfugier dans l'omission et l'indifférence face aux problèmes qui affectent nos voisins[1].

Le rôle régional du Brésil a été particulièrement visible lors des crises politiques qui se sont multipliées dans les années 2000. Avant même sa prise de pouvoir, Lula dénonce ainsi le bref coup d'État dont est victime Hugo Chavez en 2002, alors que dans le même temps les États-Unis et l'Espagne restent silencieux. Dans le même pays, une année plus tard, le président brésilien envoie son conseiller diplomatique, Marc Aurélio Garcia, pour mettre en place un « Groupe d'amis du Venezuela » incluant, en plus du Brésil, le Chili, le Mexique, le Portugal et l'Espagne. Il s'agit alors d'œuvrer pour mettre en place un dialogue constructif entre l'opposition et le gouvernement de Caracas. En 2004, Brasilia décide de l'envoi d'un important contingent à la mission de maintien de la paix de l'ONU en Haïti et d'en assumer le commandement. Par ailleurs, le gouvernement brésilien incite ses partenaires sud-américains à participer à la mission. En 2005, le ministre des Affaires étrangères Celso Amorim se pose en médiateur dans le conflit interne bolivien, opposant les partisans du président Evo Morales et les autonomistes des régions productrices de gaz de l'est du pays. En 2008, de nouvelles tensions apparaissent dans ce pays entre le pouvoir central et l'opposition, tensions auxquelles il est mis fin en grande partie grâce à l'action du Brésil dans le cadre de l'UNASUL. Par la suite, entre 2008 et 2009, la diplomatie brésilienne tente de désamorcer la crise politique opposant la Colombie à ses voisins équatoriens et vénézuéliens, consécutive à la violation de la frontière équatorienne par des troupes colombiennes et à la signature d'un accord permettant l'usage de bases aériennes colombiennes par des troupes américaines. Enfin, en 2009, après le renversement du président Zelaya au Honduras, le Brésil condamne vivement le coup d'État et exige le retour de l'ordre constitutionnel avec le rétablissement de Manuel Zelaya à la tête du pays. Le gouvernement brésilien entame alors diverses actions diplomatiques pour faire pression sur le pays centraméricain en rupture avec l'ordre démocratique (demande de soutiens dans les instances sud-américaines pour dénoncer collectivement le « putsch » ; demande d'exclusion provisoire du Honduras de l'OEA ; non-reconnaissance du nouveau gouvernement)[2].

Tout en confortant le leadership régional brésilien, ces actions diplomatiques ont démontré la capacité du Brésil à dialoguer avec l'ensemble des pays de la région, même dans des contextes de fortes tensions. Il est indispensable pour les autorités brésiliennes d'instaurer un

---

[1] *Idem, Discurso do presidente da República na 59ª Assembléia-Geral da ONU*, New York, 21 septembre 2004.
[2] Jean Daudelin, « Le Brésil comme puissance : portée et paradoxes », *op. cit.*

dialogue permanent avec les voisins sud-américains, afin de créer un climat favorable à leur projet régional, à savoir la création d'un pôle politique et économique sud-américain.

2. L'Amérique du Sud intégrée en tant que pôle de puissance

La plate-forme diplomatique sud-américaine dans le cadre d'un ordre mondial multipolaire

Dans le contexte mondial multipolaire, l'intégration régionale a commencé à prendre un caractère stratégique pour l'insertion internationale et l'augmentation des capacités de projection des pays. D'après la théorie néoréaliste, le processus de coopération régionale serait, de plus, une manière de se défendre face à un système international anarchique. Kenneth Waltz précise ainsi que les relations entre les nations peuvent être expliquées à travers la place qu'occupent les États au sein de ce système. Ainsi, du fait d'une distribution de la puissance asymétrique au sein du système, il existe des agents qui cherchent à modifier l'ordre en vigueur, alors que d'autres considèrent qu'il en va de leur intérêt de le maintenir. Ces États sont respectivement appelés « États révisionnistes » et « États *statu quo* »[1]. En ce qui concerne le scénario sud-américain, le Brésil est favorable à un maintien de l'ordre interne, ce qui rapprocherait le pays du concept d'État *statu quo*. L'intérêt du Brésil dans la région consiste à affirmer son leadership à travers une rhétorique de paix, de démocratie et de coopération. Au niveau extra-régional, le Brésil et les autres pays de la région peuvent, au contraire, être considérés comme révisionnistes, ces derniers cherchant à augmenter leur participation dans les processus décisionnels mondiaux.

Suivant une vision réaliste classique, c'est plus généralement la recherche d'une maximisation de sa puissance qui incite un État à s'engager dans un processus de coopération plus ou moins développé[2]. Or, dans le contexte post-Guerre froide, l'État cherche à se positionner dans le système multipolaire via notamment les blocs politico-économiques. Dans ce nouvel ordre mondial, l'Amérique du Sud se trouve devant trois options possibles :

---

[1] Voir Kenneth Waltz, *Theory of International Politics*, New York, McGraw Hill Higher Education, 1979, 250 p.

[2] Fabricio Brugali Dreger, *Integração na América do Sul : A UNASUL e o Conselho de Defesa Sul-Americano*, mémoire en Relations internationales, Universidade Federal do Rio Grande du Sul, 2009, p. 17.

l'intégration régionale, la désintégration ou l'absorption hémisphérique[1]. Samuel Pinheiro Guimarães précise à ce sujet :

> Les pays sud-américains se trouvent devant un dilemme. Ils peuvent soit choisir de s'unir et de former un grand bloc de 17 millions de kilomètres carrés pour défendre leurs intérêts, à savoir le développement économique, la préservation de leur autonomie et de leur identité culturelle, soit opter pour être absorbés comme de simples périphéries par les autres grands blocs[2].

Ainsi, la création d'un bloc régional puissant sous le leadership brésilien doit permettre de démocratiser les relations internationales en participant à la consolidation du système multipolaire, tout en procurant au Brésil des bénéfices individuels en termes politiques et économiques pour sa projection internationale.

Le système capitaliste actuel est marqué par un jeu des intérêts et la recherche des avantages comparatifs par les États. Or l'État va d'abord chercher ces avantages dans son espace régional, en actionnant ses capacités de puissance de manière à obtenir une domination stratégique dans les domaines économique et politique. Ainsi, d'après Amado Cervo :

> Lorsque le Brésil réalise son objectif de faire de l'Amérique du Sud sa plate-forme de projection politique et économique, il cherche à générer de nouvelles capacités de pouvoir. Il se passe la même chose lorsque son gouvernement résiste à la mise en place de la ZLEA qui obéit à un modèle renforçant, sans réciprocité réelle, les capacités de pouvoir des États-Unis, et remettant en cause à la fois la vocation industrielle du Brésil et la projection économique du pays dans son voisinage[3].

Comme nous l'avons mentionné précédemment, le Brésil considère l'Amérique du Sud comme la composante régionale de son identité internationale depuis les années 1990. Cependant, la « sud-américanité » a commencé à être instrumentalisée principalement à partir des années 2000, avec une série d'initiatives lancées par les gouvernements Cardoso et Lula. Brasilia, à travers sa politique régionale, entend conduire la consolidation du MERCOSUL et la formation de l'UNASUL vers un système économique et

---

[1] Voir Paulo Fagundes Vizentini, « O Brasil e a integração sul-americana: força et fragilidade de um gigante periférico », dans Paulo Fagundes Vizentini et Marianne Wiesebron (coord.), *Neohegemonia americana ou multipolaridade? Polos de poder e sistema internacional*, Porto Alegre, Editora de UFRGS, 2006, 240 p.

[2] Samuel Pinheiro Guimarães, « O desafio da integração: o mundo multipolar e a integração sul-americana », *Carta Maior*, 2008.

[3] Amado Luiz Cervo, *Inserção internacional: formação dos conceitos brasileiros*, São Paulo, Saraiva, 2008, p. 200.

politique unifié. Ce nouveau pôle régional doit devenir une réalité concrète pour intégrer un système mondial fortement compétitif[1]. L'intérêt de la région pour le Brésil repose donc essentiellement sur le fait que le pays a besoin d'une Amérique de Sud intégrée et forte, afin de l'utiliser comme un bloc multiplicateur de puissance. L'objectif est le renforcement du pouvoir d'influence brésilien, notamment dans le cadre des négociations extra-régionales face aux pays industrialisés. Aux dires de Celso Amorim :

> Même un pays aussi grand que le Brésil peut être dans le même temps un petit pays dans ce monde [...] nous n'avons pas la capacité de parler seuls [...] Je crois que le Brésil ne peut avoir une pleine existence sans une union de l'Amérique du Sud[2].

Le géant sud-américain souhaite tirer parti de ce que le système régional peut lui offrir tout en cherchant, parallèlement, à le remodeler dans le but de maximiser ses intérêts de puissance[3]. En ce sens, les décideurs brésiliens souhaitent une projection active du Brésil sur la scène régionale, en particulier à travers l'intégration qui est perçue comme un moyen d'accéder aux marchés étrangers, de renforcer la force négociatrice du pays et de projeter l'industrie brésilienne dans la région[4].

Comme l'explique Marcelo Coutinho, la « sud-américanisation » de la politique extérieure brésilienne ne doit pas être considérée comme une formule de défense destinée à éviter les coalitions anti-brésiliennes dans la région, mais bien comme une volonté de créer une base régionale pour les ambitions mondiales du Brésil. L'insertion du pays dans un système, comprenant désormais plusieurs pôles de puissance, ne peut se faire « sans une Amérique du Sud forte politiquement et économiquement[5] ». Pour atteindre cet objectif, le Brésil doit faire en sorte de se comporter comme « une puissance douce », sans être violent ou impérialiste, tout en assumant un leadership. L'important est alors de véhiculer un esprit de communauté, et l'image d'« un partenaire et non d'un patron », afin de ne pas éveiller la méfiance des voisins sud-américains[6].

Dans ce cadre, la diplomatie « luliste » a mis en place un cadre complexe de coopérations avec ses voisins. Les investissements dans la région et les

---

[1] Luiz Alberto Moniz Bandeira, « o Brasil como potência regional... », *op. cit.*
[2] Celso Amorim, *Discurso na III Reunião de chanceleres da Comunidade Sul-Americana de Nações*, Santiago du Chili, 24 novembre 2006.
[3] Maria Regina Soares de Lima, « A economia política da política externa brasileira: uma proposta de análise », *Contexto Internacional*, n° 12, janvier 1990, p. 7-28.
[4] Miriam Gomes Saraiva, « Brazilian foreign policy towards South America... », *op. cit.*
[5] Marcelo Coutinho, « A América do Sul na política externa brasileira », *Valor Econômico*, 17 août 2009.
[6] *Ibidem.*

financements des travaux d'infrastructures ont ainsi sensiblement augmenté, notamment avec la participation de la Banque Nationale de développement économique et social brésilienne (BNDES). La coopération technique a aussi été développée dans les secteurs de l'éducation, de l'agriculture, des sciences et technologies, ainsi que de la santé. Ces initiatives ont contribué à un rapprochement entre les partenaires régionaux, en dehors de la sphère commerciale, et ont renforcé le processus de régionalisation du sous-continent[1]. Néanmoins, bien que le Brésil ait œuvré pour l'institutionnalisation des relations régionales, l'architecture qui en a résulté continue d'être minimaliste et relativement faible, en grande partie en raison du souverainisme brésilien.

L'ensemble des initiatives de Brasilia, qui ont visé à consolider l'intégration du sous-continent, ainsi que le leadership régional brésilien ne doivent donc pas être considérés comme une fin en soi. La priorité octroyée à l'Amérique du Sud fait partie de la stratégie globale de la diplomatie brésilienne de production d'influence. La politique régionale apparait dès lors comme un instrument qui favorise la projection internationale du géant lusophone et qui participe à la dynamique d'expansion de la puissance relative du pays au niveau mondial.

La création d'un bloc régional à travers le processus intégrationniste

Lors de son premier discours en tant que chef de l'exécutif, en janvier 2003, le président Lula a parlé de l'intégration comme étant « la grande priorité de la politique extérieure brésilienne[2] ». Cela s'est matérialisé aussi bien à travers l'élargissement et l'approfondissement du MERCOSUL que par la création de l'UNASUL.

Selon Letícia Pinheiro, la politique extérieure brésilienne en direction de l'Amérique du Sud repose traditionnellement sur le concept d'« institutionnalisme pragmatique[3] ». L'idée est que les décideurs brésiliens souhaitent conserver une forte autonomie dans la définition de la stratégie d'insertion internationale de leur pays, notamment en ce qui concerne l'action du Brésil dans les instances régionales. L'objectif consiste donc à institutionnaliser l'intégration régionale jusqu'à un certain niveau qui ne compromette pas la souveraineté brésilienne. Si cette logique est respectée,

---

[1] Miriam Gomes Saraiva, « Integração regional na America do Sul: processos em aberto », *Análise de Conjuntura (OPSA)*, n° 7, juillet 2010.

[2] Luiz Inácio Lula da Silva, *Discurso do Senhor Presidente da Repúblicana Sessão de Posse, no Congresso Nacional*, Brasilia, 1er janvier 2003.

[3] Letícia Pinheiro, « Traídos pelo desejo: um ensaio sobre a teoria e a prática da política externa brasileira contemporânea », *Contexto Internacional*, vol. 22, n° 2, 2000, p. 318-326.

[3] *Ibidem.*

plus la présence du Brésil dans le système international à travers les institutions est importante, plus le pays consolide son autonomie d'action. Dans la poursuite de ce même objectif, sur le plan régional, la diplomatie brésilienne admet que le développement des relations intra-régionales et le maintien d'un bas niveau d'institutionnalisation sont nécessaires[1].

Concernant le risque encouru en cas d'institutionnalisation trop poussée des instances régionales, Paul Pierson considère que les gouvernements nationaux, lorsqu'ils délèguent des fonctions déterminées à des institutions communautaires, tendent à perdre au fil du temps le contrôle du processus intégrationniste au profit de ces mêmes institutions. Avec la consolidation de la légitimité des organes communautaires, il devient plus difficile aux gouvernements de freiner l'intégration. Progressivement, la dynamique intégrationniste fait en sorte de transférer l'essentiel du pouvoir décisionnel à des institutions supranationales, les rendant ainsi toujours plus autonomes vis-à-vis des États nationaux[2]. On saisit ainsi les réticences brésiliennes quant au renforcement institutionnel des organisations régionales et la défense constante du modèle intergouvernemental, Brasilia ne concevant pas la possibilité de perdre la maîtrise du processus intégrationniste.

Une institutionnalisation minimaliste est toutefois nécessaire pour que le Brésil puisse affirmer son leadership sur un véritable pôle régional. Avec un sous-continent présentant un niveau d'intégration peu consolidé, la construction d'une Amérique du Sud unie sous la bannière brésilienne doit par conséquent être considérée sur le long terme. C'est d'ailleurs ce que reconnaissait le président Lula lors d'un discours à l'Institut Rio Branco :

> Il n'y a pas d'autres chemins pour l'Amérique du Sud que celui de la construction d'un espace économique, politique et social intégré. Nous sommes en train de construire un projet à long terme qui dépendra grandement de l'engagement des générations futures. Nous ne devons pas nous arrêter aux intérêts immédiats ou aux difficultés conjoncturelles, mais l'intégration ne peut pas non plus être asymétrique. Elle ne sera effective que si nous cherchons des solutions qui répondent aux attentes de tous, notamment celles des moins favorisés[3].

Le Brésil du gouvernement Lula a ainsi opéré un changement significatif dans le processus de rapprochement régional. La dynamique de l'intégration a cessé d'être essentiellement fondée sur le principe du régionalisme ouvert,

---

[1] Voir Paul Piesron, « The path to European integration: a historical-institutionalist analysis », *Comparative Political Studies*, vol. 29, n° 2, avril 1996, p. 123-162.

[2] Luiz Inácio Lula da Silva, *Discurso do Presidente da República, Luiz Inácio Lula da Silva, na cerimônia de formatura da turma 2004-2006 do Instituto Rio Branco*, Brasilia, 2 mai 2007.

[3] *Ibidem*.

avec une stricte logique néolibérale, pour évoluer vers un régionalisme structurel[1]. La priorité était alors de renforcer l'intégration à travers une coopération en matière d'infrastructures régionales et une forte participation des États[2]. C'est dans ce cadre que le gouvernement brésilien a pris des initiatives, en particulier à travers l'action de la BNDES, afin de réaliser des investissements essentiels pour les avancées de l'intégration physique de la région[3].

Au final, deux logiques coexistaient en termes d'intégration pour le gouvernement Lula. Sur le plan économique, la consolidation d'un espace sud-américain intégré devait permettre la réalisation des intérêts économiques et commerciaux du Brésil, avec une large ouverture des marchés de la région, notamment pour les produits brésiliens à haute valeur ajoutée. Par ailleurs, le processus intégrationniste était envisagé pour favoriser la diversification des investissements brésiliens dans des domaines non traditionnels, mais aussi pour rechercher une plus grande sécurité énergétique. Sur le plan politique, il s'agissait de maximiser les capacités négociatrices du Brésil par l'intermédiaire d'une plus grande concertation et d'une plus grande coordination sud-américaine. Enfin, les autorités brésiliennes entendaient veiller à la stabilité régionale afin d'éviter tout risque d'interventionnisme extérieur[4].

Intégration, mondialisation et expansion de l'économie brésilienne

Il existe une relation de causalité entre les processus intégrationnistes et la mondialisation. L'émergence de blocs régionaux plus ou moins institutionnalisés constitue en effet une étape à l'avancée de la mondialisation dans le sens où l'intégration régionale est un pas vers une véritable ouverture internationale, ainsi qu'un complément indispensable au développement de relations plus ambitieuses au niveau mondial. Toutefois, l'intégration peut aussi être considérée comme une alternative et, en même temps, comme une menace pour la mondialisation, puisqu'elle tend à la « fragmenter » avec le développement de blocs régionaux rivaux[1]. Maria Regina Soares de Lima et Marcelo Vasconcelos Coutinho se rangent derrière

---

[1] Maria Regina Soares de Lima et Marcelo Vasconcelos Coutinho, « Uma versão estrutural do regionalismo », dans Eli Diniz (coord.), *Globalização, Estado e desenvolvimento: dilemas do Brasil no novo milênio*, Rio de Janeiro, FGV, 2007, p. 125-151.

[2] Idée se rapprochant de celle d'Amado Cervo et de son concept « d'État logistique ».

[3] Mathias Luce, *O subimperialismo brasileiro revisitado : a política de integração regional do governo Lula (2003-2007)*, mémoire en Relations internationales, Universidade Federal do Rio Grande do Sul, 2007, p. 85-86.

[4] Carlos Aurélio Pimenta de Faria, « A Política Sul-Americana do Brasil: Razões e percalços do "institucionalismo da semiperiferia" », *Análise de Conjuntura (OPSA)*, n° 4, avril 2007.

[1] Voir Carlos Nahuel Oddone, *La red de mercociudades: globalización, integración regional y desarrollo local*, Valencia, Instituto de Iberoamérica y el Mediterráneo (IBM), Universidad Politécnica de Valencia (UPV), 2008, 223 p.

cette deuxième interprétation, en considérant que les processus intégrationnistes sont une forme d'instrument de défense dans un système contemporain mondialisé toujours plus agressif[1]. L'émergence de blocs régionaux serait donc la résultante de diverses initiatives politiques visant à former un « bouclier » protecteur contre certains éléments incontrôlables du capitalisme mondial[2]. Cette dynamique de défense des pays face à un processus historique puissant permet de réduire leurs vulnérabilités extérieures tout en les rendant plus compétitifs. Avec l'intégration, la politique et l'économie s'organisent suivant un schéma régional qui donne la possibilité de répondre plus efficacement à la concurrence mondiale[3].

À la logique défensive s'ajoute pour les Brésiliens une logique offensive de l'intégration. Cette dernière est vue par Amado Cervo comme un moyen permettant au Brésil d'internationaliser ses entreprises et d'accélérer son développement économique. La politique extérieure visant l'intégration régionale serait alors directement liée au concept de « l'État logistique ». Selon ce concept, l'État doit avoir un rôle d'appui mais aussi d'orientation à la dynamique de l'économie. Ainsi, d'après Felipe Cunha, « il ne faut pas voir l'intégration régionale comme un simple instrument de projection diplomatique du Brésil. Il y a surtout pour le pays d'énormes intérêts économiques immédiats dans la région[4] ». De fait, l'Amérique du Sud constitue la principale destination des investissements des entreprises brésiliennes à l'étranger. Le sous-continent est l'espace d'expansion par excellence de la production du géant sud-américain. Cette situation est favorisée par la proximité géographique, les affinités culturelles et la multiplication des accords commerciaux. Le Brésil a ainsi commencé à développer, au cours des années 2000, un plan stratégique d'investissements, visant à promouvoir une plus grande synergie des différents marchés de la région et à approfondir l'intégration productive.

---

[1] Maria Regina Soares de Lima et Marcelo Vasconcelos Coutinho, « Globalização, regionalização e America do Sul », *Análise de Conjuntura (OPSA)*, n° 6, mai 2005.
[2] Matias Spektor, « Ideias de ativismo regional... », *op. cit.*, p. 32-34.
[3] Maria Regina Soares de Lima et Marcelo Vasconcelos Coutinho, *op. cit.*
[4] Felipe Cunha, entretien avec l'auteur, *op. cit.*

Figure 2. Les investissements brésiliens en Amérique du Sud entre 2003 et 2009 (en millions US$)

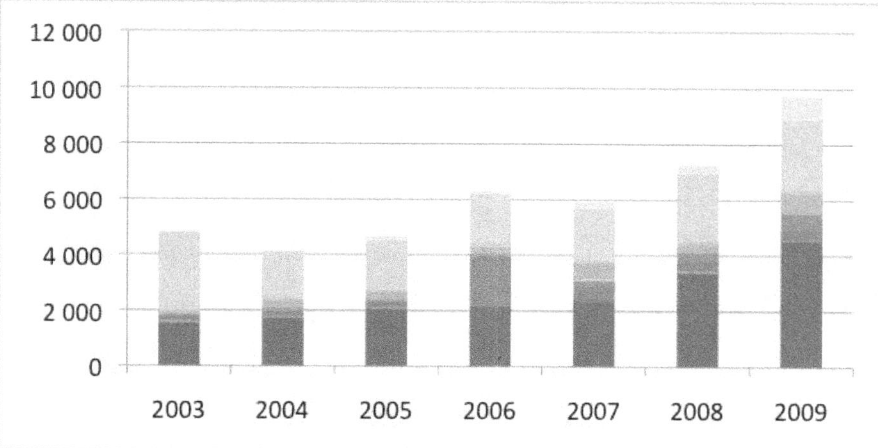

Source : élaboré par l'auteur suivant les données de la Banque centrale brésilienne.

L'intégration sud-américaine est également un facteur de développement du commerce intra-régional. Durant la période 2003-2010, le volume des exportations brésiliennes en direction des pays d'Amérique du Sud est passé de 10,1 milliards US$ à 37,1 milliards US$, soit une augmentation de 267 %. En 2010, les exportations du Brésil vers le sous-continent représentaient 18,4 % de ses exportations totales. Quant au volume des importations brésiliennes en provenance des pays sud-américains, ce dernier est passé de 7,6 milliards US$ en 2003 à 25,9 milliards US$ en 2010, soit une augmentation de 240 %. En 2010, ces importations représentaient 14,2 % du total des importations brésiliennes. Le Brésil a par ailleurs enregistré un solde commercial largement positif vis-à-vis de la région ces dernières années, puisque celui-ci a fait un bond de 348 %, en passant de 2,5 milliards US$ en 2003 à 11,2 milliards US$ en 2010[1].

[1] Données du ministère du Développement, de l'Industrie et du Commerce extérieur.

Figure 3. Les importations et les exportations du Brésil avec l'Amérique du Sud entre 2003 et 2010 (en milliards US$)

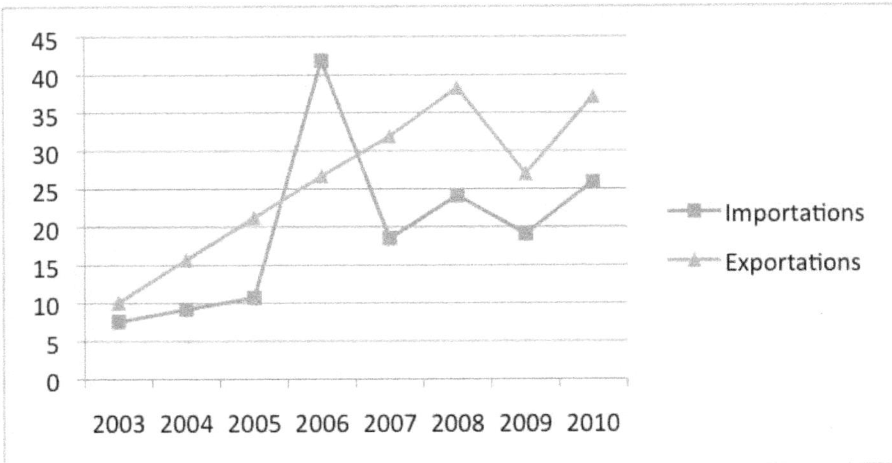

Source : élaboré par l'auteur suivant les données du ministère du Développement, de l'Industrie et du Commerce extérieur.

Nous constatons ainsi que le processus intégrationniste constitue un instrument stratégique majeur pour les décideurs brésiliens dans le cadre de l'insertion internationale de leur pays. Il s'agit de projeter la puissance politique et économique du Brésil en Amérique du Sud, afin de défendre les intérêts nationaux brésiliens au moyen du levier régional, dans un contexte international toujours plus compétitif. Néanmoins, nous verrons que la politique régionale brésilienne a continué d'être perçue avec méfiance par certains partenaires sud-américains, ce qui a obligé Brasilia à agir de manière prudente dans le sous-continent afin de ne pas heurter les susceptibilités de ses voisins.

3. Les obstacles à la politique régionale brésilienne

Les accusations de « sous-impérialisme »

L'Amérique du Sud est loin d'être une région homogène et les asymétries y sont particulièrement importantes, en particulier sur le plan économique. Le produit intérieur brut du Brésil s'élevait, en 2010, à 2025 milliards US$, alors que la somme des PIB des onze autres pays sud-américains était la même année d'environ 1 600 milliards US$[1]. Par ailleurs, le Brésil représentait, il y a quatre décennies, 28 % du PIB de l'Amérique du Sud et l'Argentine 25 %. En 2010, le Brésil atteignait 55 % du PIB sud-américain alors que l'Argentine ne représentait plus que 11 %. Le Venezuela est passé

[1] Central Intelligence Service, *CIA- The World Factbook*, 2011.

de 15 % en 1970 à 11 % en 2010, et la Colombie de 6 % à 8 % sur la même période[1]. Il s'agit là de l'un des principaux points de déséquilibre entre le Brésil et ses voisins sud-américains.

D'autre part, le géant lusophone, par l'immensité de son potentiel économique mais aussi par sa différence culturelle, suscite depuis toujours la méfiance de ses voisins hispanophones. Comme le souligne Alain Rouquié, « son expansion, depuis l'époque coloniale, est une réalité qui inquiète ses voisins désunis. Ses intentions sont toujours suspectées[2] ». Aujourd'hui, avec la montée des sentiments nationalistes en Amérique du Sud, certains partenaires régionaux accusent parfois le géant lusophone de « sous-impérialisme » et exigent d'importantes concessions économiques. En 2006, la nationalisation du pétrole et du gaz boliviens par le gouvernement d'Evo Morales a eu de lourdes conséquences pour le Brésil et sa compagnie Petrobras. De même, la pression exercée par le gouvernement de Fernando Lugo au Paraguay, pour une révision du traité binational du barrage d'Itaipu, démontre que le Brésil est désormais considéré comme l'acteur principal devant corriger les déséquilibres régionaux[3].

L'affirmation du leadership régional brésilien entraîne donc la méfiance des pays voisins, ces derniers craignant une stratégie de domination hégémonique. Les partenaires sud-américains s'interrogent notamment sur le projet intégrationniste du Brésil. Ainsi, certains y voient un mécanisme destiné à étendre le pouvoir brésilien, Brasilia utilisant la région comme une simple plate-forme de développement de son économie et de son influence politique. À l'opposé, des analystes considèrent que le Brésil n'a pas les capacités nécessaires pour exercer une telle hégémonie régionale. En effet, étant un pays en développement conservant un certain nombre de carences sur le plan domestique, le Brésil pourrait difficilement adopter une politique de domination pour obtenir l'adhésion de ses voisins régionaux à son projet d'intégration[4].

Le concept de « sous-impérialisme brésilien » est apparu dans les années 1970, avec l'auteur Ruy Mauro Marini[5]. Ce dernier commence sa réflexion à partir de la théorie marxiste pour définir la politique extérieure du Brésil de l'époque, principalement vis-à-vis de ses voisins. Selon l'auteur, le sous-

---

1 Fonds monétaire international, *FMI World Economic Outlook Database*, 2011.

2 Alain Rouquié, *Le Brésil au XXIe siècle : naissance d'un nouveau grand*, Paris, Fayard, 2006, p. 326.

3 Miriam Gomes Saraiva, « Brazilian foreign policy towards South America during the Lula administration… », *op. cit.*, p. 162.

4 Bruna Kunrath, *A construção da liderança brasileira e a integração regional sul-americana no século XXI: subimperialismo ou cooperação*, mémoire en Relations internationales, Universidade Federal do Rio Grande do Sul, 2010, p. 44.

5 Ruy Mauro Marini, « La acumulacion capitalista mundial y el subimperialismo », *Cuadernos Politicos*, n° 12, avril-juin 1977, p. 20-39.

impérialisme serait une reproduction de l'impérialisme par une puissance moyenne, cette dernière maintenant des liens de dépendance avec les pays centraux du système international. Ainsi, le Brésil aurait cherché à étendre son influence en Amérique du Sud, en ouvrant en particulier des marchés pour ses industries et en établissant une division du travail avec les pays voisins. Le pays exporterait alors des produits manufacturés et importerait des produits primaires[1].

Un autre auteur, Mathias Luce[2], reprend les grandes lignes de l'analyse de Ruy Mauri Marini pour comprendre la stratégie « sous-impérialiste » du Brésil au XXIe siècle. D'après Mathias Luce, on observe aujourd'hui l'expansion des grandes entreprises brésiliennes qui investissent fortement dans les ressources naturelles de la région, et cela dans le but d'en assurer le contrôle. Ce dessein se matérialise à travers une politique de fusions, d'acquisitions et d'investissements directs, ce qui permet, en outre, de réduire les coûts d'importation des matières premières. L'État brésilien soutient cette stratégie adoptée par le secteur économique à travers son activisme visant à développer les investissements en matière d'infrastructures régionales, en particulier celles concernant les transports. Par ailleurs, d'après l'auteur, deux facteurs conjoncturels ont favorisé ces dernières années le sous-impérialisme brésilien : la hausse du prix des matières premières (du fait principalement de l'augmentation de la demande chinoise) ; et l'intérêt commun du secteur économique et de la diplomatie à voir le Brésil renforcer son statut de grande puissance exportatrice de produits primaires, puisque cela va dans le sens des intérêts politiques et économiques immédiats du Brésil. Mathias Luce finit son analyse en soulignant que le sous-impérialisme brésilien ne contribue nullement à améliorer les conditions de vie des Brésiliens les plus modestes :

> Ces dernières années, le Brésil est devenu le principal exportateur mondial de viande et, pourtant, au Brésil des centaines de milliers de personnes souffrent de malnutrition ; les [20 % des Brésiliens les plus riches] consomment six fois plus de viande que les [20 %] du bas de l'échelle des revenus. Les entreprises de BTP brésiliennes réalisent jusqu'à 75 % de leurs profits à l'étranger, ce qui inclut les mégaprojets de l'IIRSA, alors que les travailleurs des métropoles brésiliennes ne disposent pas d'un système de transport de qualité. Le Brésil est le premier exportateur mondial de soja alors qu'il importe du blé, ce qui provoque la hausse du prix du pain et du panier de la ménagère[3].

---

[1] Bruna Kunrath, *op. cit.*, p. 44-45.
[2] Mathias Luce, « Le sous-impérialisme brésilien en Bolivie et en Amérique latine », *Boletin del Servicio de Noticias Ambientales*, n° 83, octobre 2010.
[3] *Ibidem.*

Le processus intégrationniste actuel, suivant cette logique, serait donc utilisé avant tout comme un instrument d'expansion de l'économie du Brésil. Aujourd'hui, les entreprises brésiliennes[1] contrôlent des secteurs économiques stratégiques des autres pays sud-américains, à travers en particulier l'action internationale offensive de grandes entreprises telles que Petrobras, Vale, Votorantim, Oderbrecht et Gerdau. Ces multinationales profitent en outre d'une politique gouvernementale bienveillante à leur égard. Odebrecht, ainsi que d'autres entreprises du secteur des travaux publics, comme Andrade Gutierrez y Camargo Correa, ont largement bénéficié des grands projets d'infrastructures de l'IIRSA, ces derniers dépendant en grande partie de la volonté politique de Brasilia.

Par ailleurs, d'après Mathias Luce, la fameuse « intégration généreuse » proposée par le gouvernement Lula, ne devait servir qu'à « consolider la division du travail en Amérique du Sud, avec une spécialisation accrue des échanges commerciaux entre pays sud-américains[2] ». Il s'agissait d'une simple reproduction de la tentative d'intégration initiée par les États-Unis, destinée à promouvoir le libre-échange et à favoriser les groupes exportateurs. Le sous-impérialisme brésilien menacerait ainsi les pays voisins « d'un processus de désindustrialisation, en transformant les partenaires sud-américains en simples fournisseurs de matières premières et d'énergie[3] ». Le Brésil serait alors le centre industriel de la région et, les autres partenaires sud-américains, « la périphérie » productrice de produits primaires.

Si cette analyse décrivant une projection prédatrice de la puissance brésilienne sur le plan régional a le mérite de mettre en lumière la maximisation de ses intérêts économiques dans une perspective réaliste, elle omet, toutefois, de mentionner les efforts déployés par le Brésil pour affirmer son hégémonie sur des bases consensuelles.

Le concept « d'hégémonie consensuelle »

Dans sa conception originelle, l'impérialisme présuppose une domination à travers l'usage de la force. Le Brésil, en tant que pays en développement ayant notamment des ressources militaires limitées, ne peut et ne souhaite pas exercer cette domination de manière coercitive. Le pays aurait donc fait en sorte de façonner un ordre régional sur la base d'une « hégémonie

[1] Voir Annexe II.

[2] Il est vrai que les exportations brésiliennes dans la région sont dominées par les produits manufacturés, les autres pays exportant vers le Brésil principalement des produits primaires. Parallèlement, ces mêmes pays rencontrent des difficultés pour accéder au marché brésilien, ce qui est la base de la critique de l'Uruguay et du Paraguay au sein du MERCOSUL.

[3] Mathias Luce, *O subimperialismo brasileiro revisitado*..., *op. cit.*

consensuelle ». Il s'agit pour les Brésiliens de persuader les voisins sud-américains qu'il existe un bénéfice à tirer de l'adhésion à leur projet régionaliste.

Le concept d'hégémonie consensuelle a été développé par Sean Burges[1] qui s'est inspiré du théoricien marxiste Antonio Gramsci, ce dernier mettant au second plan l'aspect coercitif dans la construction d'une hégémonie[2]. Sean Burges reprend cette idée pour le cas du projet d'intégration de l'Amérique du Sud sous le leadership brésilien. Le Brésil n'ayant pas les capacités pour assumer le rôle d'une puissance hégémonique classique, son leadership reposerait alors sur l'idée d'inclusion et de cooptation par la création d'un ordre consensuel, dans lequel la partie dominante formule un modèle de relations politiques, économiques et sociales. Un tel ordre engage subtilement les parties subalternes à préserver l'hégémonie du leader, car celles-ci s'identifient à ce projet régional censé défendre leurs propres intérêts en plus de ceux de la partie dominante[3]. L'intérêt national de l'hégémon devient ainsi l'intérêt général. Ce qui remplace l'aspect coercitif dans cette situation est le coup que devraient payer les pays cooptés s'ils choisissaient de mettre fin à leur participation au système intégrationniste promu par l'État hégémonique[4].

De fait, même si les ressources de puissance du Brésil dépassent très largement ses voisins régionaux en termes économique, démographique et territorial, l'hégémonie consensuelle contribue à ce que le projet intégrationniste brésilien ne soit pas perçu comme une tentative d'institutionnaliser une domination sans partage. Mais pour que Brasilia obtienne l'adhésion volontaire des pays sud-américains à son projet régional, des concessions unilatérales sont nécessaires. Dans le cas contraire, sans hégémonie consensuelle, l'usage d'une stratégie agressive, arrogante et individualiste aurait pour conséquence la recherche par les pays tiers d'un système régional alternatif[5].

Le gouvernement Lula a précisément fait le choix d'exercer une grande tolérance vis-à-vis de ses voisins les plus modestes au nom de la construction d'un espace collectif. Il s'agissait de reconnaître les asymétries régionales et de donner la primauté à la coopération et à l'intégration sur des bases plus solidaires, sans pour autant porter atteinte à l'intérêt national.

---

[1] Sean Burges, « Consensual Hegemony: Theorizing Brazilian Foreign Policy after the Cold War », *International Relations*, vol. 22, n° 1, 2009, p. 65-84.
[2] Robert Cox, « Gramsci, Hegemony and International Relations: an Essay in Method », dans Stephen Gill, *Gramsci, Historical Materialism and International Relations*, Cambridge, Cambridge University Press, 1994, p. 92.
[3] Sean Burges, *op. cit.*, p. 66.
[4] Bruna Kunrath, *A construção da liderança brasileira...*, *op. cit.*, p. 49.
[5] *Ibidem*, p. 52.

Brasilia a ainsi pris des mesures importantes afin d'obtenir le soutien politique de ses partenaires en assumant une partie des coûts de l'intégration régionale. Le Brésil est donc devenu « un *paymaster* régional soucieux de trouver des formes de compensation pour ses partenaires, en adoptant une logique distributive[1] ».

Le leadership brésilien sous la présidence de Lula s'écartait ainsi d'une quelconque stratégie de domination agressive. Il paraît dès lors peu pertinent de parler d'une véritable politique sous-impérialiste, visant notamment la spoliation des ressources naturelles des pays voisins, puisque le Brésil a besoin du soutien de ces derniers pour que son projet régional soit pérenne. C'est la raison pour laquelle Brasilia n'a cessé de mettre l'accent sur la réduction des asymétries, en défendant une rhétorique d'« intégration généreuse », entraînant des bénéfices mutuels. Nous verrons que ponctuellement le discours a été suivi d'actes concrets, bien que l'action « généreuse » du Brésil reste limitée.

Les exemples de la nationalisation des hydrocarbures en Bolivie et de la renégociation de l'accord du barrage binational d'Itaipu

La décision de la nationalisation des ressources énergétiques boliviennes, prise le 1er mai 2006 par le président Evo Morales, avait « réveillé au Brésil une vague d'opinions patriotiques[2] » qui exigeaient de leur gouvernement une réaction ferme contre une atteinte manifeste aux intérêts brésiliens. La diplomatie brésilienne et le président Lula ont ainsi fait l'objet de dures attaques pour avoir été trop complaisants avec les autorités de La Paz, en reconnaissant notamment le « droit souverain » de la Bolivie sur ses ressources naturelles. Une partie de l'élite politique, économique et intellectuelle brésilienne réclamait des sanctions contre l'expropriation de Petrobras, qui avait investi près de 1,5 milliard US$ dans le pays voisin. Les activités de l'entreprise brésilienne représentaient, en 2006, 18 % du produit intérieur brut, 20 % des IDE, 24 % de la recette des impôts, 95 % du raffinage des hydrocarbures, 23 % de la distribution des produits dérivés, 46 % des réserves de gaz et 40 % du pétrole de la Bolivie[3]. L'indignation contre le comportement bolivien reposait aussi sur la crainte de voir une

---

[1] Samir Perrone de Miranda, « A integração da América do Sul como prioridade da política externa brasileira... », *op. cit.*
[2] Mario Osava, « La nationalisation des hydrocarbures : le "sous-impérialisme" brésilien », *Dial*, mai 2006.
[3] *Ibidem.*

augmentation du prix du gaz bolivien, qui répondait à près de la moitié de la demande brésilienne[1].

Après des mois de pourparlers, un accord fut trouvé entre Brésiliens et Boliviens le 28 octobre 2006, soit le dernier jour du délai imposé par La Paz pour la renégociation de l'ensemble des contrats conclus avec les compagnies étrangères. Suivant les termes de l'accord, Petrobras consent à devenir un simple prestataire de services de la compagnie publique bolivienne Yacimientos Petrolíferos Fiscales Bolivianos (YPFB) et accepte une augmentation des taxes sur la production de 50 % à 82 %. Petrobras a parallèlement accepté de recevoir la somme de 112 millions US$ en échange de ses raffineries en Bolivie[2]. Par ailleurs, la compagnie brésilienne garde ses contrats d'achat de gaz naturel jusqu'à leur expiration en 2019, mais elle a annoncé qu'elle n'achèterait plus par la suite de gaz bolivien[3]. Pour le pays andin, l'initiative prise par le gouvernement Morales était particulièrement risquée, si on prend en compte des capacités techniques limitées dont dispose la Bolivie pour la gestion des installations[4].

La question de l'énergie a aussi mis à l'épreuve les relations entre le Brésil et le Paraguay. L'ex-président paraguayen Fernando Lugo avait en effet insisté, et cela dès sa campagne électorale début 2008, sur sa volonté de renégocier le traité bilatéral du barrage d'Itaipu[5] pour obtenir plus d'argent du Brésil[6].

Le traité d'Itaipu fut ratifié en 1973 par le Brésil et le Paraguay, qui étaient alors sous les dictatures respectives d'Emilio Médici et d'Alfredo Stroessner. L'accord bilatéral prévoit le partage à parts égales de la production hydroélectrique annuelle de la centrale. Il prévoit en outre que l'énergie non consommée par l'une des parties doit être vendue à titre exclusif à l'autre partie. Dans les faits, le Paraguay consomme moins de

---

[1] 75 % pour le seul État de São Paulo où se trouve le principal parc industriel national. Le Brésil importait chaque jour 27 millions de mètres cubes de gaz bolivien.
[2] Bernardo Pestana Mello Duarte, Thiago Carvalho Saraiva et Rosemarie Bröker Boné, « Impacto na relação Brasil-Bolívia, com a nacionalização dos hidrocarbonetos bolivianos em 2006 », *Indicadores Econômicos FEE*, vol. 36, n° 1, 2008, p. 94.
[3] Jessica Domingues Mouro, « La diplomatie de l'énergie et l'intégration sud-américaine à la croisée des chemins », *RISAL*, août 2007.
[4] *Ibidem.*
[5] Il s'agit de la deuxième plus grande centrale hydroélectrique du monde après le barrage des Trois Gorges en Chine. Elle est située sur le fleuve Paraná à la frontière des deux voisins sud-américains, flanquée du côté brésilien de la ville de Foz de Iguaçu et, du côté paraguayen, de Ciudad del Este. Son premier générateur est entré en fonction en 1984 alors que deux nouveaux ont été mis en service en 2006, afin de porter la capacité de production du barrage à 14 000 mégawatts. Voir le site internet du barrage : http://www.Itaipú.gov.br/index.php?q=node/157&foto=geracao.jpg (consulté le 22 octobre 2011).
[6] Valérie Fournier-L'Heureux, « Relation Brésil-Paraguay : la montée des tensions », *La Chronique des Amériques*, n° 5, juin 2009, p. 4.

10 % des 50 % de l'énergie qui lui est dévolue[1]. Il s'agissait donc dès le départ pour le Brésil de s'octroyer l'électricité paraguayenne à un prix en dessous de celui du marché. Le géant sud-américain, pour sa part, absorbe plus de 90 % de l'électricité produite, ce qui permet de répondre à environ 20 % de sa consommation interne[2].

Au nom de la « souveraineté énergétique » du Paraguay, les autorités d'Asunción ont exigé une révision du traité trentenaire afin que leur pays puisse vendre au prix du marché son électricité inutilisée, notamment à d'autres pays que le Brésil. Suivant des estimations faites par les Paraguayens, le pays enclavé sud-américain pourrait obtenir quelque 4 milliards US$ annuellement de son énergie non consommée, alors qu'il ne recevait qu'environ 120 millions US$ de la part du Brésil. Afin de faciliter les négociations, le gouvernement paraguayen a assoupli ses revendications en n'exigeant que 1,5 milliard US$ à 2 milliards US$ annuellement de la part des Brésiliens, ce qui représente néanmoins une augmentation de 500 à 700 %[3].

Dans un premier temps, le gouvernement Lula a été particulièrement réticent à l'idée de renégocier le traité le liant au Paraguay, qui plus est dans un contexte faisant suite à l'épisode de la nationalisation du gaz bolivien. Mais c'est la menace d'un règlement devant les juridictions internationales qui a incité la partie brésilienne à s'asseoir à la table des négociations[4]. À la suite de diverses rencontres bilatérales, les Brésiliens ont finalement accepté de payer plus cher pour l'excédent énergétique paraguayen, mais sont restés fermes quant à leur droit d'exclusivité, tout du moins jusqu'en 2023[5]. Concrètement, la somme payée par le Brésil, annuellement, est passée de 120 millions US$ à 360 millions US$ en 2011[6].

La renégociation, même partielle, du traité d'Itaipu, tout comme le consensus recherché à la suite de la nationalisation du gaz bolivien viennent confirmer la stratégie brésilienne consistant à « ménager » les voisins sud-américains, en particulier les plus fragiles. Il était essentiel d'aboutir à des accords afin que le projet régional brésilien ne soit pas compromis par des

---

[1] Notons que le Paraguay, troisième exportateur d'électricité dans le monde grâce à ses deux centrales hydroélectriques, Itaipu et Yacyreta, est l'un des rares pays d'Amérique du Sud à jouir d'un solde énergétique positif. La Bolivie avec son gaz naturel et le Venezuela avec son pétrole sont les deux autres États de la région à détenir ce privilège. Le Paraguay est cependant l'unique pays de la région à exporter des excédents hydroélectriques.

[2] Cécile Lamarque, « Le traité d'Itaipú entre le Paraguay et le Brésil : un scandale qui a trop duré », Comité pour l'annulation de la dette du Tiers Monde, 17 décembre 2008.

[3] Valérie Fournier-L'Heureux, « Relation Brésil-Paraguay : la montée des tensions », *op. cit.*, p. 5.

[4] *Ibidem*, p. 6.

[5] L'accord bilatéral sur la révision du traité d'Itaipu a été signé le 25 juillet 2009, à la suite du sommet des chefs d'État du MERCOSUL d'Asunción.

[6] « Paraguay quer mais do Brasil em Itaipu », *Folha de São Paulo*, 13 mai 2011.

obstacles d'ordre bilatéral. Il s'agissait, par ailleurs, d'envoyer des signaux forts aux autres pays sud-américains dans le cadre de la construction d'un leadership bienveillant du Brésil sur la région. L'adhésion de l'ensemble du sous-continent était fondamentale pour faire émerger une hégémonie consensuelle, favorable aux intérêts brésiliens.

Toutefois, nous verrons que d'autres obstacles à la stratégie régionale brésilienne sont apparus, en particulier à travers l'activisme diplomatique du Venezuela d'Hugo Chavez.

Le projet concurrent bolivarien

Le Venezuela est devenu un acteur important sur la scène régionale. L'activisme vénézuélien repose sur ses considérables réserves d'hydrocarbures, son importante croissance économique (fruit de la hausse du prix du pétrole), mais tenait surtout à l'action personnelle de l'ex-président Hugo Chavez. Ce dernier a notamment été à l'origine de nouveaux projets politiques comme « le socialisme du XXIe siècle », ou encore « le bolivarisme[1] » qui proposent une nouvelle conception de l'intégration régionale. À travers ces initiatives, Chavez a fait en sorte d'affirmer une forme de leadership idéologique en Amérique du Sud, fondé sur l'anti-impérialisme et le principe de la solidarité entre les peuples.

L'arrivée au pouvoir de cet ancien lieutenant-colonel de l'armée vénézuélienne avait marqué la fin de quarante ans de domination des deux partis conservateurs traditionnels (le Parti social chrétien, COPEI, et l'Action démocratique, AD), et celle du Pacte de Punto Fijo[2]. La victoire de Chavez avec plus de 58 % des suffrages, en décembre 1998, avait apporté d'importants changements dans la politique extérieure vénézuélienne qui était traditionnellement tournée vers les États-Unis. La priorité avait alors été donnée à l'intégration et à l'unité de l'Amérique latine, à travers le discours bolivarien. La création d'un bloc régional devait permettre, selon l'ex-leader vénézuélien, de favoriser l'émergence d'un monde multipolaire, libre de « l'impérialisme américain ». Dans sa stratégie régionale, Caracas a alors fait en sorte d'utiliser ses ressources énergétiques comme un instrument clé pour le processus intégrationniste. Cette « pétro-diplomatie » s'est notamment illustrée avec le projet du « Gazoduc du Sud[3] » et celui de « Petrocaribe[4] ».

---

[1] Courant de pensée issu des idées du libérateur Simón Bolívar, notamment en ce qui concerne la justice sociale, la liberté et l'égalité des droits. Les Bolivariens souhaitent l'unification des pays sud-américains afin de s'émanciper de tout impérialisme extérieur.

[2] Accord politique conclu en 1958 entre les grands partis vénézuéliens pour assurer la stabilité au pays.

[3] Gazoduc devant relier l'Argentine au Venezuela en passant par le territoire brésilien.

[4] Petrocaribe S.A. est un accord conclu essentiellement avec des pays caribéens, permettant à ces derniers d'acheter du pétrole vénézuélien à des conditions de paiement préférentielles.

Plusieurs auteurs s'accordent à dire qu'il existait une compétition pour le leadership sud-américain entre le Brésil de Lula et le Venezuela de Chavez[1]. Le président vénézuélien déclarait ainsi en 2008 : « le Brésil est un leader dans la région mais il n'est pas le seul[2] ». L'intégration régionale sous le leadership brésilien, souhaité par le gouvernement Lula, a donc dû faire face à des projets concurrents. L'un des plus importants est celui de l'Alliance bolivarienne pour les Amériques (ALBA), créée à l'initiative du régime chaviste, qui se veut être une entité reposant sur la solidarité entre les peuples et non sur une logique de marché et de simple intégration libre-échangiste.

Dans les années 2000, les stratégies intégrationnistes brésilienne et vénézuélienne présentaient ainsi des différences notables. La diplomatie de l'*Itamaraty* voulait affirmer le leadership du pays à travers un « pragmatisme responsable », fondé sur l'intégration et le développement productif, industriel et commercial. L'unité sud-américaine sous leadership brésilien s'intégrait également dans le projet plus large de Brasilia de se servir de la région pour son insertion internationale. De son côté, le projet vénézuélien était plus idéologique et entrait dans le cadre d'une lutte contre « l'impérialisme américain », quitte à être dans une logique de confrontation directe avec le puissant voisin du Nord. Tandis qu'Hugo Chavez a cherché une intégration des pays sud-américains fondée sur les principes de coopération et de solidarité contre les États-Unis, le président Lula a adopté un ton diplomatique beaucoup plus modéré et consensuel. Le gouvernement brésilien voulait certes développer la coopération régionale et les relations Sud-Sud en général, mais il ne comptait pas pour autant éloigner l'Amérique du Sud des principaux marchés du Nord. La construction de l'unité sud-américaine ne devait pas aller à l'encontre des intérêts extra-régionaux du Brésil. Dans le cas contraire, le géant sud-américain se serait risqué à perdre toute crédibilité sur la scène internationale et à compromettre ses ambitions mondiales.

Néanmoins, les deux stratégies se rejoignaient sur le fait qu'elles répondaient à une vision multipolaire du monde et présentaient toutes deux un caractère autonomiste[3]. Le Brésil et le Venezuela avaient en effet des

---

[1] Voir Francine Jacome, « Regional responsibilities: the role of Unasur », Friedrich-Ebert-Stiftung, septembre 2009 ; Carlos Malamud, « Potenciales focos de conflicto bélico en América del Sur », Real Instituto Elcano, mars 2008 ; Andrés Serbin, « Multipolaridad, liderazgos e instituciones regionales: los desafios de la UNASUR ante la prevencion de crisis regionales », *Anuario CEIPAZ*, n° 3, 2009-2010; Alejandro Mendible Zurita, « El nacimiento tardio de la unificacion sudamericana. La nueva orientacion geopolitica, resaltando la aproximacion de Brasil y Venezuela », *Historia e Perspectivas*, n° 40, janvier-juin 2009.

[2] « Para Chavez, Brasil não é lider unico da América Latina », *Estado de São Paulo*, 17 décembre 2008.

[3] Une autonomie par la confrontation pour le cas vénézuélien, une autonomie par l'affirmation pour le Brésil.

intérêts communs à travers l'intégration : l'ouverture des marchés du sous-continent, le développement de la région et le renforcement des liens intra-régionaux pour une plus grande autonomie vis-à-vis de l'extérieur.

L'entrée du Venezuela dans le MERCOSUL a par ailleurs provoqué de vives inquiétudes au sein de l'élite brésilienne. Beaucoup redoutaient la politisation de l'organisation, du fait de la rhétorique combative d'Hugo Chavez. L'arrivée du Venezuela dans le bloc a en tout cas assurément marqué la fin de la domination de l'axe Brasilia-Buenos Aires, en tant que moteur intégrationniste[1].

Au sein des instances régionales, le Brésil a ainsi dû relever le défi du chavisme et de l'idéologie bolivarienne. D'après Carlos Malamud, la diplomatie agressive d'Hugo Chavez était « un facteur de crispation, tendant à diviser plus qu'à unir[2] ». Or le pragmatisme affiché du gouvernement Lula a paru bien s'adapter au contexte fragmenté de l'Amérique du Sud, entre ceux qui luttaient contre toute influence nord-américaine et ceux qui maintenaient une relation cordiale de coopération avec le voisin du Nord. Aux yeux des acteurs extérieurs à la région, comme les États-Unis, il était souhaitable que le Brésil assume son leadership naturel afin de limiter l'influence d'Hugo Chavez et de ses alliés. De manière pragmatique, la puissance américaine a progressivement accepté la nouvelle réalité sud-américaine et les prétentions émancipatrices de la région, mais elle a tout de même fait en sorte de lutter contre l'expansion des idées anti-impérialistes.

***

Concernant la sphère régionale, les décideurs brésiliens défendent un projet clairement structuré visant à construire le leadership de leur pays en Amérique du Sud. Pour cela, le processus intégrationniste est devenu prioritaire et complémentaire à la trajectoire de l'ascension du pays sur la scène mondiale. L'intégration est en effet considérée comme étant le chemin le plus pertinent pour assurer un leadership sur des bases consensuelles d'un pôle sud-américain. Par ailleurs, les gouvernements brésiliens ont fait le choix d'une stratégie d'institutionnalisation contrôlée du multilatéralisme régional, pour que le Brésil puisse récolter les fruits de la coopération sans avoir à craindre une supranationalité qui irait à l'encontre de la souveraineté du pays.

---

[1] Francisco Carlos Teixeira da Silva, « Amazônia: região-pivot da integração sulamericana », *Análise de Conjuntura (OPSA)*, n° 7, janvier 2006.
[2] Carlos Malamud, « Potenciales focos de conflicto bélico en América del Sur », Real Instituto Elcano, mars 2008.

L'action brésilienne dans la région ne se fait cependant pas sans obstacle et est à l'origine de tensions. Certains pays voisins cherchent ainsi à défier la position brésilienne en exigeant des concessions sur le terrain économique. Le Brésil répond dans une certaine mesure à ces exigences en assumant en partie les coûts et les responsabilités qu'engendre sa supériorité régionale. Ce rôle de *paymaster* est néanmoins un thème qui provoque certaines résistances sur le plan domestique.

Enfin, le Brésil a dû agir sur le plan régional en prenant en compte le « phénomène Chavez » et la propagation des idées bolivariennes en Amérique du Sud. Le caractère conciliateur de la diplomatie de Lula a permis de relever efficacement ce défi. L'axe autonomiste Brasilia – Caracas a finalement servi les intérêts brésiliens puisqu'il a accéléré le processus d'émancipation du sous-continent vis-à-vis de Washington.

Ce nouvel axe diplomatique a en particulier émergé au moment du processus d'adhésion du Venezuela au MERCOSUL, une organisation constituant un pilier du projet régional brésilien.

CHAPITRE II

LE MERCOSUL, UNE PREMIÈRE ÉTAPE VERS L'INTÉGRATION SOUS L'ÉGIDE BRÉSILIENNE

La période 2003-2010 correspond à une évolution du Marché commun du Sud vers une plus grande maturité intégrationniste. De nombreux observateurs s'accordent néanmoins à parler « d'échec » de l'organisation en ce qui concerne ses principaux objectifs dans le cadre de l'union douanière, à savoir la libéralisation du commerce entre les pays membres et l'adoption d'un tarif extérieur commun (TEC) sur les importations provenant des pays tiers.

Les années 2000 ont ainsi été marquées par la multiplication de facteurs limitant le développement et l'efficience du MERCOSUL : d'innombrables exceptions au TEC ont été acceptées ; la fin du double prélèvement sur les produits importés des pays tiers a été annoncée mais a du mal à être suivie d'effet ; un code douanier commun n'a fait son apparition qu'après vingt ans d'existence du bloc, et ce dernier présente d'importantes limites en raison de la création d'un système de sauvegardes visant à protéger les produits les moins compétitifs des pays membres. À cela s'est ajoutée l'insatisfaction des pays les plus modestes qui se sentent exclus des gains de l'expansion du commerce intra-bloc[1]. Des actions ont néanmoins été entreprises pour faire en sorte de dépasser les impasses paralysant le MERCOSUL. L'une d'elles a consisté à approfondir le bloc à travers la création d'un parlement. Une autre a visé à élargir l'organisation à d'autres membres (associés ou pleins)[2].

À l'instar des autres processus intégrationnistes, les autonomistes brésiliens ont défendu deux idées essentielles pour le MERCOSUL : le maintien d'un faible niveau d'institutionnalisation et la défense de l'autonomie brésilienne dans les domaines de la politique extérieure et de la macroéconomie. Le MERCOSUL étant perçu comme un instrument capable d'offrir au Brésil une meilleure position régionale sur le terrain commercial[3], Brasilia a logiquement donné la priorité à l'élargissement du bloc, au détriment d'un approfondissement trop important.

---

[1] Amaury de Sousa, *A agenda internacional do Brasil*, Rio de Janeiro, Elsevier – CEBRI, 2009, p. 75.
[2] *Ibidem.*
[3] Miriam Gomes Saraiva, « A Diplomacia Brasileira e as Visões Sobre a Inserção Externa do Brasil: Institucionalismo Pragmático x Autonomistas », Real Instituto El Cano, août 2010.

1. Le processus intégrationniste « mercosulien »

Objectifs et structure institutionnelle de l'organisation

Le Marché commun du Sud (MERCOSUL) est né à la suite de la signature du traité d'Asunción, en 1991, par le Brésil, l'Argentine, le Paraguay et l'Uruguay. Ses principaux objectifs sont : l'établissement d'un programme de libéralisation commerciale, consistant en une réduction progressive des barrières tarifaires et non tarifaires dans les relations commerciales intra-bloc ; la coordination des politiques macroéconomiques et sectorielles entre les États de la communauté, afin de veiller à conserver une situation de libre concurrence ; la mise en place d'un tarif extérieur commun (TEC) ; l'établissement de listes d'exceptions au programme de libéralisation pour les produits dits « sensibles » ; la création d'un système de résolution des différends ; l'adoption d'une politique commerciale commune à destination de pays tiers ou d'autres blocs régionaux ; et l'harmonisation des législations internes, afin de renforcer le processus intégrationniste[1].

La structure institutionnelle du MERCOSUL s'est mise en place à partir de 1994, avec la signature du protocole d'Ouro Preto. Plusieurs organes ont alors vu le jour : 1) le Conseil du marché commun (CMC), qui est l'institution la plus haute dans la hiérarchie et qui est chargée de définir les grandes orientations politiques du MERCOSUL. Il est formé par les ministres des Affaires étrangères et les ministres de l'Économie des pays membres, exerçant une présidence tournante de six mois (par ordre alphabétique) ; 2) le Groupe du marché commun (GMC) qui est l'organe exécutif et qui est composé des représentants des ministères des Affaires étrangères, de l'Économie et des banques centrales des pays membres. Ses principales attributions sont de veiller à l'application des décisions prises dans le cadre du MERCOSUL, de proposer des projets au Conseil du marché commun, de négocier des accords avec les pays tiers et, enfin, d'organiser les réunions du CMC ; 3) la Commission du commerce du MERCOSUL (CCM) qui est responsable de la mise en place des instruments de la politique commerciale, comme l'application des normes relatives au tarif extérieur commun et les mesures de défense de la concurrence ; 4) la Commission parlementaire commune (CPC)[2] qui est l'organe représentatif des parlements des pays du bloc. Il est chargé de l'harmonisation des législations internes ; 5) le Forum consultatif économique et social (FCES) qui est formé par les représentants patronaux et syndicaux. Il formule des

[1] Lucyene Lopes, *A politica externa brasileira no governo Lula com relação ao Mercosul*, mémoire en Relations internationales, Universidade de Piracicaba, 2006, p. 21-22.
[2] Remplacée en 2006 par le Parlement du MERCOSUL (*Parlasul*).

recommandations au Groupe du marché commun ; 6) le Secrétariat administratif du MERCOSUL (SAM) qui est un organe de soutien opérationnel pour l'ensemble des institutions du MERCOSUL. Il a également en charge l'édition du Journal officiel de l'organisation[1].

C'est aussi à partir de la signature du protocole d'Ouro Preto, et donc de l'institutionnalisation du MERCOSUL, que l'organisation a pu disposer des moyens nécessaires à la réalisation de ses objectifs, notamment celui de négocier des accords internationaux en tant que bloc. Le MERCOSUL se caractérise en effet par un « régionalisme ouvert », ce qui signifie que l'organisation ne vise pas simplement le développement du commerce intra-zone, mais également l'accroissement des échanges commerciaux avec les pays tiers. Plusieurs États se sont associés à l'organisation : la Bolivie et le Chili en 1996, le Pérou en 2003, la Colombie et l'Équateur en 2004. De plus, le traité d'Asunción est ouvert à l'adhésion d'autres pays membres de l'Association latino-américaine d'intégration (ALADI)[2]. C'est dans ce cadre qu'a été signé, le 4 juin 2006, le protocole d'adhésion de la République bolivarienne du Venezuela au MERCOSUL[3].

Les avancées juridico-institutionnelles des années 2000

Concernant la stratégie à employer en vue d'un approfondissement du projet mercosulien, le professeur Eiiti Sato de l'université de Brasilia considère que le bloc sud-américain doit prendre l'exemple fonctionnaliste du processus intégrationniste européen :

> Il est essentiel de développer le MERCOSUL. La stratégie qui a été employée pour la construction européenne me paraît être la bonne. L'intégration européenne s'est d'abord faite au niveau économique pour, par la suite, avancer dans le domaine politique. Le MERCOSUL doit suivre le même chemin. Il faut aussi donner la priorité à son institutionnalisation. Actuellement, les institutions du MERCOSUL sont composées de représentants des gouvernements de chaque État membre. Or il faut, à l'image de l'UE, que ces institutions aient plus d'indépendance vis-à-vis des États et se préoccupent de l'intérêt régional avant les intérêts nationaux. Mais les différents pays membres paraissent encore très réticents sur la question de la supranationalité [...] Il faut faire la différence entre l'intégration

---

[1] Lucyene Lopes, *A politica externa brasileira no governo Lula com relação ao Mercosul*, *op. cit.*, p. 22-23.

[2] Organisation régionale créée le 12 août 1980. Elle succède à l'ALALE (Association latino-américaine de libre-échange) lancée en 1960 mais qui a échoué. L'ALADI est un organisme d'intégration économique intergouvernemental d'Amérique latine. Tous les pays latino-américains sont libres d'y adhérer. L'organisme compte actuellement douze membres, dont Cuba.

[3] Présidence de la République brésilienne, *Balanço da política externa 2003-2010*, Brasilia, décembre 2010.

économique formelle et l'intégration économique réelle. Le Brésil va continuer d'investir de plus en plus en Amérique du Sud indépendamment du niveau d'avancement du MERCOSUL. Le développement de l'intégration formelle se fera naturellement car les échanges entre les différents pays sud-américains deviendront si importants qu'une régulation supranationale sera incontournable[1].

Si dans les faits le MERCOSUL ne semble pas suivre le chemin d'une intégration poussée à « l'européenne », néanmoins l'organisation a vu son schéma normatif et institutionnel se perfectionner. À partir de 2003, sa structure institutionnelle a ainsi été renforcée avec notamment la création d'organes divers, pas seulement commerciaux, comme ceux traitant des droits de l'homme, de la démocratie et des questions sociales. L'activisme intégrationniste coïncidait avec l'arrivée de nouveaux gouvernements de gauche ou de centre gauche dans l'espace mercosulien. En plus de la prise de pouvoir de Lula en janvier 2003, en Argentine, Néstor Kirchner prenait ses fonctions en mai de la même année, tandis que Tabaré Vázquez faisait de même l'année suivante en Uruguay, et Fernando Lugo au Paraguay en 2008. Tous les quatre étaient favorables à une réforme institutionnelle du MERCOSUL. Cette période coïncidait, en outre, avec la fin des crises économiques brésilienne et argentine.

C'est dans ce contexte qu'a été créée, en 2003, la Commission des représentants permanents du MERCOSUL (CRPM), avec son siège à Montevideo. Ses principales attributions consistent à assister le Conseil du marché commun et la présidence *pro tempore* de l'organisation. La CRPM peut ainsi présenter des initiatives au CMC dans les domaines du processus intégrationniste et des négociations extérieures. Son rôle est également de faire en sorte de renforcer les relations économiques, sociales et parlementaires intra-régionales, en travaillant conjointement avec le Parlement du MERCOSUL[2] et le Forum consultatif économique et social (FCES) - ce dernier étant composé essentiellement de représentants syndicaux et patronaux[3].

En 2004 ont été instaurés, dans le cadre du Conseil du marché commun, la réunion des hautes autorités dans les domaines des droits de l'homme et le Forum consultatif des États fédérés, provinces, départements et municipalités du MERCOSUL. Il y avait là une volonté d'incorporer les

---

[1] Eiiti Sato, entretien avec l'auteur, université de Brasilia, 4 avril 2008.

[2] Avant 2007 et la création du Parlement du MERCOSUL, la CRPM travaillait avec la Commission parlementaire commune.

[3] Andrea Ribeiro Hoffmann, Marcelo Coutinho et Regina Kfuri, « Indicadores e análise multidimensional do processo de integração do Cone Sul », *Revista Brasileira de Política Internacional,* n° 52, 2008, p. 110.

acteurs infranationaux dans le processus intégrationniste, même si ces derniers n'ont qu'un avis consultatif[1]. La même année ont été mis en place le Centre MERCOSUL de la promotion de l'État de droit et le Groupe de haut niveau pour l'établissement d'une « stratégie MERCOSUL pour l'emploi ». La création de ces organismes indiquait la préoccupation de redynamiser l'organisation, en incluant de nouveaux domaines de coopération. Selon Celso Amorim, « le Brésil s'est investi fortement pour donner une nouvelle conception au MERCOSUL. Une conception qui, sans dévaloriser les aspects économiques et commerciaux, a su incorporer les dimensions politiques, sociales, culturelles[2] ».

En décembre 2005, le CMC a approuvé le protocole constitutif du Parlement du MERCOSUL, qui sera effectivement inauguré un an plus tard, en décembre 2006. Sa première législature (2007-2010) a été formée par des représentants des parlements des États parties. Mais à partir de 2011, le protocole prévoit que les parlementaires soient élus au suffrage universel direct. Bien qu'il s'agisse d'une avancée notable pour l'institutionnalisation du bloc, le Parlement a peu fait évoluer les fonctions exercées auparavant par la Commission parlementaire commune (CPC) et continue d'avoir un caractère strictement consultatif. Au-delà de sa fonction principale d'accélérer les processus nationaux d'entrée en vigueur des normes communautaires, le Parlement a également comme prérogative l'élaboration et la publication de rapports sur la situation des droits de l'homme au sein des États membres, la réalisation de réunions avec le Forum consultatif économique et social, et l'organisation de réunions publiques avec des acteurs de la société civile et les secteurs productifs[3].

En 2006, le CMC a également proposé la création d'autres institutions : l'Observatoire de la démocratie du MERCOSUL (ODM) et l'Institut social du MERCOSUL (ISM). Concernant l'ODM, il s'agit de répondre à la nécessité d'un accompagnement institutionnel du développement social et démocratique des États membres. Quant à l'Institut social, ce dernier vise à approfondir le développement des thèmes sociaux au sein de l'organisation. À ce propos, Celso Amorim affirmait :

> Nous souhaitons approfondir l'agenda social du MERCOSUL. Nous partageons beaucoup des défis liés au développement de nos sociétés. Nous avons, de ce fait, la responsabilité de réfléchir ensemble aux divers moyens visant à renforcer nos politiques publiques. L'Institut social du MERCOSUL

---

[1] *Ibidem.*, p. 111.

[2] Celso Amorim, *Discurso do Ministro Celso Amorim na XXVI Sessão Plenária do Parlamento do Mercosul*, Montevideo, 18 octobre 2010.

[3] Andrea Ribeiro Hoffmann *et al.*, « Indicadores e análise multidimensional do processo de integração do Cone Sul », *op. cit.*, p. 111.

sera l'instrument privilégié pour l'élaboration des politiques sociales dans le cadre régional. Nous voulons ainsi non seulement un MERCOSUL des économies ou des États, mais également un MERCOSUL des peuples[1].

Par ailleurs, sur la question de la citoyenneté, le ministre des Affaires étrangères brésilien résumait pour l'essentiel les avancées réalisées au sein du bloc :

> La présidence *pro tempore* brésilienne [a su] consolider le plus jeune pilier de l'intégration, celui de la citoyenneté. Nous voulons inviter nos partenaires à unir nos efforts afin de mettre en place une citoyenneté du MERCOSUL. Des avancées ont déjà eu lieu sur ce thème, qui facilitent la vie de beaucoup de nos concitoyens : voyages en Amérique du Sud sans passeport ; plus grande facilité pour l'obtention d'un titre de résident permanent dans un autre pays du MERCOSUL ; libre circulation des étudiants et des enseignants. Nous comptons aussi élaborer un plan d'action pour développer et approfondir la citoyenneté régionale dans la prochaine décennie[2].

Pour sa part, la société civile, en plus d'avoir la possibilité de participer aux travaux du MERCOSUL grâce au Forum consultatif économique et social (FCES), a conquis d'autres espaces de participation au sein du bloc, notamment à la suite du sommet présidentiel de Costa do Sauípe de décembre 2008, et de la création de la Commission de coordination des ministres des Affaires sociales du MERCOSUL (CCMAS)[3]. C'est également à la suite de ce sommet que le MERCOSUL a développé un « plan stratégique d'action sociale » (PEAS), afin d'atteindre des objectifs communs, à moyen et long termes, dans les domaines tels que le développement social, l'agriculture familiale, l'environnement, la lutte contre le chômage, les droits de l'homme, l'égalité homme femme, l'éducation et la culture[4].

Sur le plan économique et commercial, les avancées ont été plus timides. En septembre 2008, conformément à l'objectif de réduire les coûts des transactions commerciales, fut développé le « système de paiement en monnaies locales » pour le commerce intra-bloc[5]. Durant le sommet de San Juan, en 2010, a aussi été approuvée une décision du CMC qui définit un programme pour l'élimination de la double taxation sur les importations

---

[1] Celso Amorim, *Discurso do Ministro Celso Amorim na XXVI Sessão Plenária do Parlamento do Mercosul, op. cit.*

[2] *Ibidem.*

[3] Ministère des Relations extérieures, *Balanço de Política Externa 2003/2010 - MERCOSUL*, Brasilia, janvier 2011.

[4] *Ibidem.*

[5] *Ibid.*

provenant de pays extérieurs au bloc. Cette décision vise à consolider l'union douanière à travers la mise en application effective du TEC dans le commerce au sein du bloc[1]. Celso Amorim soulignait ainsi :

> Sur le plan commercial, les avancées ont été notables, notamment à travers l'élimination du double prélèvement sur les importations, étape fondamentale pour le renforcement de l'union douanière. Il est également important de rappeler l'approbation du code douanier du MERCOSUL. Nous avons dorénavant un système juridique commun, ce qui facilitera les échanges commerciaux[2].

Toutes ces initiatives juridico-institutionnelles nous incitent à considérer sur un plan multidimensionnel le processus de consolidation du MERCOSUL. L'intégration commerciale avance à petits pas (du fait principalement des asymétries économiques), mais le MERCOSUL a fait des avancées significatives dans d'autres domaines, notamment dans les sphères politico-institutionnelle et sociale[3]. Pour ces raisons, Leandro Zenni Estevão, de l'*Itamaraty*, fait un bilan globalement positif du MERCOSUL :

> Le MERCOSUL est un projet intégrationniste particulièrement ambitieux. Il est passé par des périodes difficiles, notamment à la fin des années 1990 avec la dévaluation de la monnaie brésilienne et la crise argentine au début des années 2000. Encore aujourd'hui beaucoup parlent d'une « panne » du MERCOSUL du fait de certains dysfonctionnements et du manque de volonté politique d'aller de l'avant. Mais personnellement je n'ai pas le même avis. Le processus intégrationniste a été au contraire particulièrement consistant ces dernières années. Après de grandes avancées en matière d'intégration dans le domaine social, les efforts sont aujourd'hui tournés vers l'approfondissement de l'union douanière mais aussi vers la mise en place de politiques communes dans les domaines des services et des investissements[4].

Quels que soient les effets réels provoqués par les différentes initiatives visant l'approfondissement du bloc, il est indéniable que Brasilia a démontré une forte volonté de dépasser les difficultés traditionnelles que rencontre le MERCOSUL, notamment en termes institutionnels. Il était ainsi important pour le gouvernement Lula de pouvoir se servir de l'organisation comme

---

[1] *Ibid.*

[2] Celso Amorim, *Discurso do Ministro Celso Amorim na XXVI Sessão Plenária do Parlamento do Mercosul*, *op. cit.*

[3] Andrea Ribeiro Hoffmann *et al.*, « Indicadores e análise multidimensional do processo de integração do Cone Sul », *op. cit.*, p. 114.

[4] Leandro Zenni Estevão, entretien avec l'auteur, Brasilia, ministère des Relations extérieures – division intégration régionale, 20 octobre 2010.

d'une base solide pour le rapprochement intra-régional, la construction de son leadership et la défense de ses intérêts politiques et économiques.

Les principaux rôles joués par le MERCOSUL

Il est possible d'identifier trois principaux rôles attribués au MERCOSUL : économique, négociateur et stabilisateur. Chacun d'entre eux a son importance pour le projet régionaliste de Brasilia et, plus généralement, pour l'insertion du Brésil dans le système international contemporain.

Le rôle économique : l'impact du MERCOSUL dans le commerce intra-régional

Le MERCOSUL avait, à l'origine, un rôle éminemment économique étant donné que l'organisation devait servir d'instrument de promotion du libre-échange et de l'intégration des marchés. Cet instrument, en dépit des revers qu'il a essuyés, a été responsable de résultats économiques probants durant une grande partie des années 1990, dont le Brésil a été l'un des grands bénéficiaires. Le commerce intra-bloc a notamment quadruplé durant la période 1991-1998[1]. La bonne dynamique du MERCOSUL a eu un coup d'arrêt en 1998, lorsque la crise financière est apparue au sein du monde en développement. Cette crise toucha plus particulièrement les moteurs intégrationnistes du MERCOSUL que sont le Brésil et l'Argentine. L'effet immédiat fut la diminution du commerce intra-bloc et le retour en force des mesures protectionnistes dans les secteurs stratégiques.

Dans les années 2000, la part du commerce intra-zone dans le commerce total brésilien n'a pas retrouvé son niveau des années 1990. Ainsi, la part des pays membres du MERCOSUL dans le total des exportations brésiliennes est passée de 17,36 % en 1998, à 11,19 % en 2010. Celle des importations en provenance des pays du bloc a également diminué, en passant de 16,32 % en 1998 à 9 % en 2010 (chiffres excluant les échanges du Brésil avec le Venezuela)[2]

[1] João Batista Pamplona et Julia Fernanda Alves da Fonseca, « Avanços e recuos do Mercosul: um balanço recente dos seus objetivos e resultados », *Cadernos Prolam*, vol. 1, 2008, p. 11-16.

[2] « Mercosul perde espaço no comercio dos paises membros », *Folha de São Paulo*, 31 janvier 2011.

Figure 4. Les échanges intra-bloc dans le commerce extérieur brésilien entre 2003 et 2010 (en milliards US$)

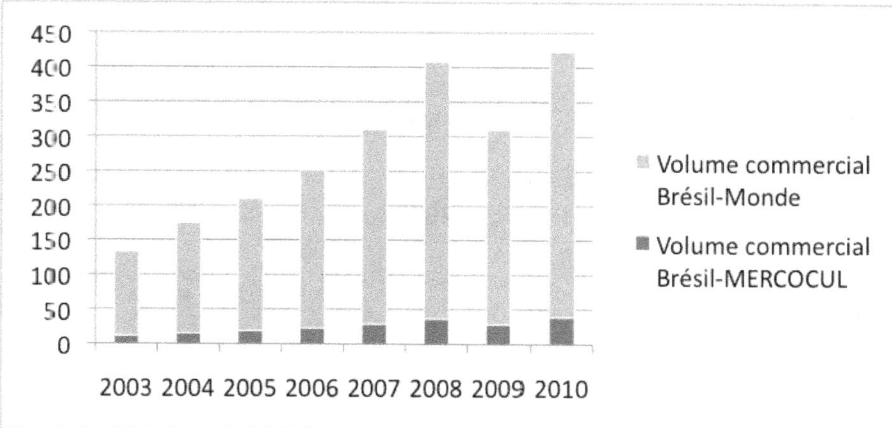

Source : Élaboré par l'auteur suivant les données du ministère du Développement, de l'Industrie et du Commerce extérieur.

Néanmoins, en valeurs absolues, de 2003 à 2010 le volume commercial entre le Brésil et ses partenaires régionaux a été multiplié par trois.

Figure 5. Les échanges commerciaux du Brésil avec le MERCOSUL entre 2003 et 2010 (en milliards US$)

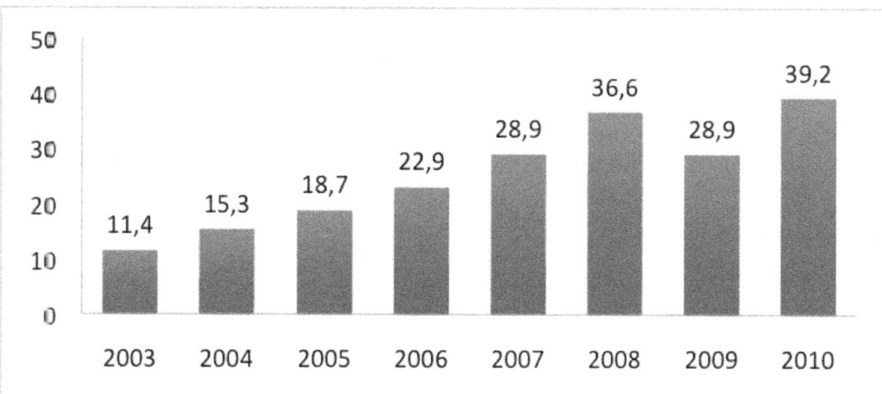

Source : Élaboré par l'auteur suivant les données du ministère du Développement, de l'Industrie et du Commerce extérieur.

A partir de 2008 et la crise économique mondiale, le commerce intra-bloc a connu une baisse sensible, avec notamment une réduction de 27 % du volume des exportations brésiliennes vers l'Argentine et de 40 % en direction du Paraguay[1]. De 2003 à 2010, le flux commercial entre le Brésil et l'Argentine a tout de même augmenté de 257 %, en passant de 9,2 milliards US$ à 32,9 milliards US$. En ce qui concerne les échanges avec le Paraguay et l'Uruguay, on observe une augmentation respectivement de 100 % et de 244 % durant la même période. Avec Asunción, la valeur du flux commercial est ainsi passée de 1 milliard US$ à 2,2 milliards US$; avec Montevideo, de 943 millions US$ à 3,1 milliards US$[2].

Figure 6. Les échanges commerciaux entre le Brésil et les pays du MERCOSUL de 2003 à 2010 (en milliards US$)

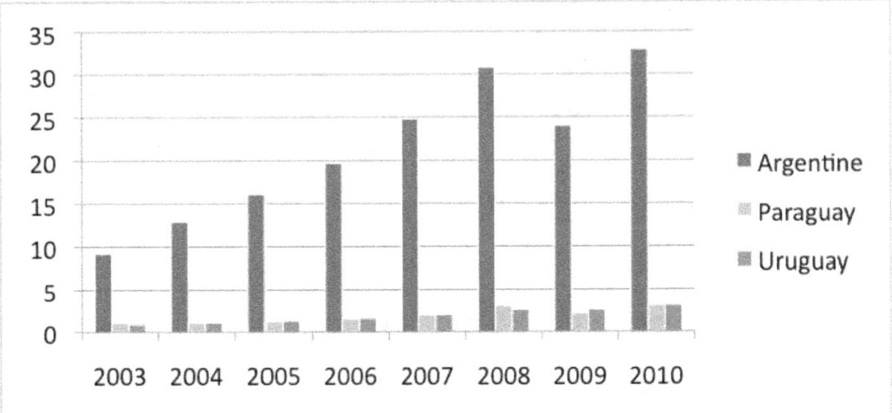

Source : élaboré par l'auteur suivant les données du ministère du Développement, de l'Industrie et du Commerce extérieur.

Pour Brasilia, le MERCOSUL devait faire en sorte d'attirer les États membres dans sa sphère d'influence, pour permettre la création d'un grand marché commun favorable aux intérêts économiques brésiliens[3]. Le MERCOSUL était ainsi devenu l'un des principaux vecteurs de l'insertion internationale du Brésil en matière économique.

---

[1] Ministère des Relations extérieures, *Balanço de Política Externa 2003/2010 - MERCOSUL, op. cit.*

[2] *Ibidem.*

[3] Miriam Gomes Saraiva et José Ruiz Briceño, « Argentina, Brasil e Venezuela: As diferentes percepções sobre a construção do Mercosul », *Revista Brasileira de Política Internacional*, vol. 52, n° 1, 2009, p. 153.

Le rôle négociateur et le renforcement des capacités d'action extérieure

Le rôle négociateur du MERCOSUL a pour origine la signature du protocole d'Ouro Preto, en 1994, dotant l'organisation d'une personnalité juridique. Le MERCOSUL a dès lors pu négocier et signer des accords en tant que sujet de droit international à part entière[1]. Aussi, en 1998, la création du Forum de consultation et de coordination politique (FCCP) a servi à favoriser l'élaboration de consensus entre États membres en matière de politique extérieure, augmentant ainsi la force politique du bloc à l'extérieur[2]. Cet attribut conféré au bloc obéissait aux intérêts de la diplomatie brésilienne, cette dernière cherchant à augmenter sa marge de manœuvre dans les négociations internationales face en particulier aux puissances du monde développé[3].

Le MERCOSUL a notamment joué un rôle important rôle lorsque le Brésil négociait avec les États-Unis sur le thème de la Zone de libre-échange des Amériques (ZLEA). Dans la dernière phase des négociations (2003-2005), le Brésil avait obtenu le rôle de coprésident aux côtés des États-Unis. Parallèlement, une position commune des pays du MERCOSUL sur le projet de Washington s'était affirmée pour équilibrer les négociations avec la puissance américaine. L'Argentine, l'Uruguay et le Paraguay profitaient aussi de la coprésidence brésilienne pour faire porter leur voix. En novembre 2005, le dernier sommet panaméricain sur la ZLEA eut lieu à Mar del Plata en Argentine. Il s'agissait du sommet de la « dernière chance » pour que l'accord hémisphérique voie le jour. Mais cette rencontre ne fit que confirmer les positions antagonistes des parties, notamment sur les questions sensibles de la propriété intellectuelle et des subventions agricoles. Les membres du MERCOSUL, ainsi que le Venezuela d'Hugo Chavez, finirent par se retirer des négociations, conduisant le projet de la ZLEA à sa perte. Le Brésil choisit l'option de la défection qui, bien qu'elle n'apportât aucun gain absolu en termes économiques, représenta un gain politique et symbolique important[4]. La consolidation du MERCOSUL, comme acteur international et pôle d'attraction pour les autres pays sud-américains, a ainsi constitué un instrument fondamental pour renforcer la position de négociateur du Brésil face à la puissance américaine.

---

[1] George Wilson dos Santos Sturaro, « Mercosul aos 20 anos: a evolução dos papéis do bloco e a inserção internacional do Brasil », *Mundorama*, novembre 2010.

[2] Andrea Ribeiro Hoffmann *et al*, « Indicadores e análise multidimensional do processo de integração do Cone Sul », *op. cit.*, p. 108.

[3] Tullo Vigevani, Gustavo de Mauro Favaron, Haroldo Ramanzini et Rodrigo Alves Correia, « O papel da integração regional para o Brasil: universalismo, soberania e percepção das elites », *Revista Brasileira de Política Internacional*, vol. 51, n° 1, 2008, p. 7.

[4] Philippe Joly, « Échec de la ZLÉA et renaissance du Mercosur : vers une polarisation des relations Nord-Sud dans les Amériques? », 9 avril 2009. Disponible sur le site personnel de l'auteur : http://www.philippejoly.org/textes/2009-04-09_mercosur.html (consulté le 25 octobre 2011).

Toujours dans le cadre de son action extérieure, le MERCOSUL a conclu, depuis 2003, des accords de libre-échange aussi bien en Amérique du Sud (avec le Pérou en 2005, la Colombie et l'Équateur en 2004), que dans les Caraïbes (avec Cuba en 2006) et en dehors de l'Amérique latine (avec Israël en 2007 et l'Égypte en 2010)[1]. Ces maigres succès cachent en partie l'échec des négociations avec l'Union européenne, le principal partenaire commercial du bloc.

Le MERCOSUL a de fait pris de l'importance sur le plan international au fur et à mesure que l'organisation s'est renforcée économiquement et politiquement. Son développement est indissociable des ambitions internationales du Brésil, les décideurs brésiliens considérant le MERCOSUL, à l'instar de l'UNASUL, comme un instrument multiplicateur de puissance. Au-delà du seul aspect du pouvoir de négociation et des rapports de force en matière diplomatique, pour Brasilia, l'organisation constitue également un moyen privilégié pour construire le leadership régional brésilien. C'est cette perspective d'un Brésil leader de l'ensemble du sous-continent qui a contribué à la signature d'un accord d'association du MERCOSUL avec les pays de la Communauté andine des nations (CAN), et au soutien de Brasilia à l'entrée du Venezuela au sein du bloc en tant que membre plein[2].

La logique de l'instrumentalisation du MERCOSUL a toujours été très forte chez les élites politiques brésiliennes. D'après l'ancien ministre des Affaires étrangères, Luiz Felipe Lampreia, « le processus d'intégration ne doit pas être considéré comme une fin en soi, mais comme un instrument pour une participation plus importante dans le marché mondial[3] ». Cette vision de l'intégration est proche du concept « d'association pratique », élaboré par Terry Nardin. Ce dernier oppose « l'association pratique » à « l'association d'objectifs »[4]. La première est celle dans laquelle les États ne sont pas nécessairement engagés dans des objectifs communs précis, mais dans le but de défendre leurs seuls intérêts individuels. L'association est alors instrumentale. À l'opposé, l'association d'objectifs est celle dans laquelle les États coopèrent sur la base de principes, valeurs et intérêts partagés, pour poursuivre des objectifs communs (l'Union européenne en est l'exemple qui s'en rapproche le plus et, dans une moindre mesure, l'UNASUL en Amérique du Sud). C'est ce qui explique pourquoi le MERCOSUL est utilisé de manière sélective par Brasilia : utile pour résister

[1] Ministère des Relations extérieures, *Balanço de Política Externa 2003/2010 - MERCOSUL, op. cit.*
[2] *Ibidem.*, p. 161.
[3] Luiz Felipe Lampreia, « Seminário sobre o Mercosul », *Resenha de Política Exterior do Brasil*, n° 76, septembre 1995, p. 135.
[4] Voir Terry Nardin, *Lei, moralidade e as relações entre os Estados*, Rio de Janeiro, Forense-Universitária, 1987, 344 p.

dans les négociations avec les États-Unis et l'Union européenne ; mis à l'écart lorsqu'il s'agit de négocier à l'OMC[1].

Le rôle stabilisateur et de consolidation des démocraties

Selon Amado Cervo, le MERCOSUL a eu des résultats positifs pour la création d'une zone de paix en Amérique du Sud. D'après l'auteur :

> Un impressionnant système de confiance mutuelle s'est mis en place à travers le bloc. Ceci a eu pour conséquence de stopper la course au nucléaire et à la traditionnelle rivalité militaire entre le Brésil et l'Argentine. Les causes géopolitiques des tensions furent identifiées et éliminées. Les forces armées de chaque pays du MERCOSUL ont progressivement été réduites, ce qui n'a pas provoqué d'effets négatifs sur la sécurité régionale. Une nouvelle page des relations dans le domaine de la défense s'est ouverte à travers l'intégration[2].

Le MERCOSUL est ainsi devenu un facteur de stabilité régionale par le biais de l'approfondissement des liens aussi bien économiques que politiques des pays membres. Bien que peu étudié, ce rôle stabilisateur du MERCOSUL est pourtant l'un des piliers du bloc. Lorsqu'au milieu des années 1980 les gouvernements argentin et brésilien, avec respectivement à leur tête Raúl Alfonsín et José Sarney, décidèrent d'avancer vers l'intégration, ces derniers ne poursuivaient pas des objectifs exclusivement économiques. Le processus intégrationniste devait également faire en sorte de dépasser la rivalité historique entre les deux pays, de construire une confiance réciproque et de veiller à la stabilité politique de la région[3].

Le renforcement de la démocratie était également au départ un objectif de l'intégration. Le protocole d'Ushuaia, de 1998, sur l'« engagement démocratique du MERCOSUL, de la Bolivie et du Chili », prévoit ainsi la suspension ou l'exclusion d'un pays membre ne respectant pas les principes démocratiques. À trois occasions, en 1999, 2001 et 2012, cette clause démocratique a été utilisée pour exiger le rétablissement de l'ordre constitutionnel au Paraguay.

Le gouvernement Lula a ainsi fait en sorte de maximiser cet héritage en promouvant les valeurs démocratiques et pacifiques au sein du bloc. Le développement des relations commerciales était certes important dans le

---

[1] Tullo Vigevani *et al.*, « O papel da integração regional para o Brasil... », *op. cit.*, p. 6.

[2] Amado Luiz Cervo, *Inserção internacional: formação dos conceitos brasileiros, op. cit.*, p. 163.

[3] Amâncio Jorge de Oliveira et Janina Onuki, « Brasil, Mercosul e a segurança regional », *Revista Brasileira de Política Internacional*, vol. 43, n° 2, 2000, p. 111.

projet régional brésilien, mais sans stabilité politique les efforts intégrateurs auraient été vains.

2. Les limites au développement du MERCOSUL

La question centrale des asymétries structurelles

Le MERCOSUL est une union douanière imparfaite ayant pour objectif de devenir un véritable marché commun. Mais les États composant l'organisation présentent de grandes asymétries qui sont autant de défis pour faire avancer le processus intégrationniste. Ces asymétries structurelles sont le fruit de grandes disparités d'ordre économique, social et géographique. À titre d'exemple, selon les données du FMI[1], le Paraguay et l'Uruguay représentaient ensemble, en 2010, moins de 4 % de la population et 3 % du produit intérieur brut du MERCOSUL. Quant au Brésil, ce dernier représentait près de 72 % de la population et 75 % du PIB du bloc.

Figure 7. Les PIB des pays du MERCOSUL en 2010 (en millions US$)

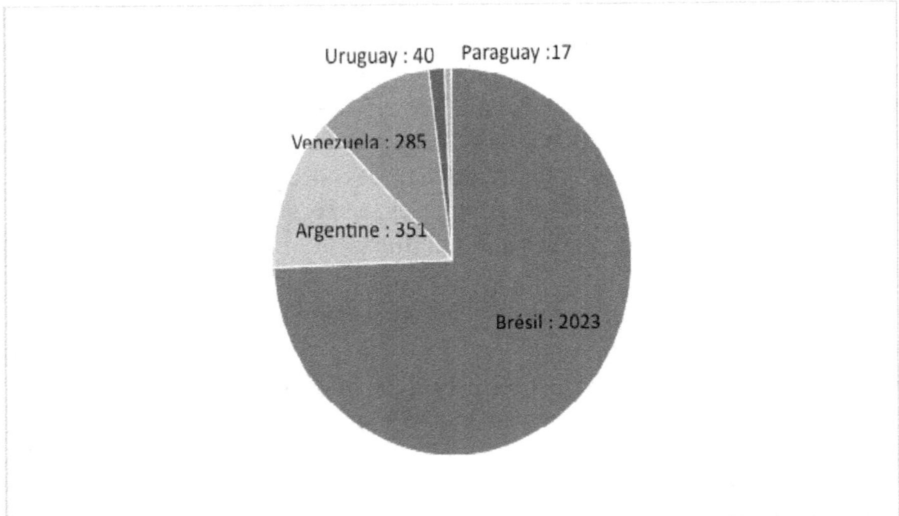

Source : Élaboré par l'auteur suivant les données du FMI. Cf. Fonds monétaire international, *World Economic Outlook*, Washington, 2010.

[1] Fonds monétaire international, *World Economic Outlook, op. cit.*

Figure 8. Les populations des pays du MERCOSUL en 2010 (en millions d'habitants)

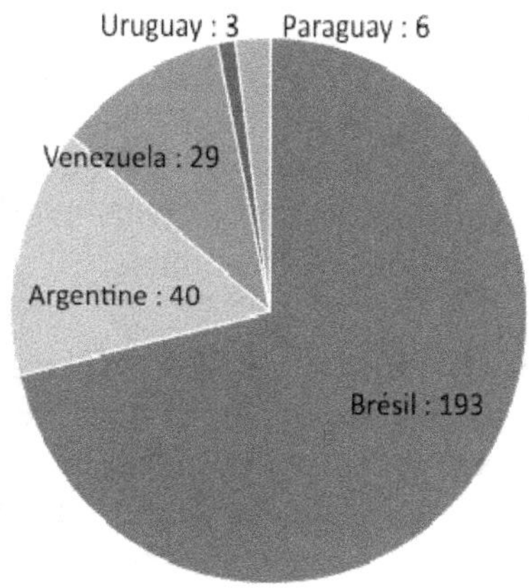

Source : élaboré par l'auteur suivant les données du FMI. Cf. Fonds monétaire international, *World Economic Outlook*, Washington, 2010.

En ce qui concerne le PIB par habitant et l'indice de développement humain (IDH), l'Argentine et l'Uruguay occupaient en 2010 les deux premières places, suivis du Brésil et du Paraguay. Enfin, il convient de souligner que les asymétries structurelles entre les régions infranationales du MERCOSUL sont également profondes puisque, par exemple, le PIB par habitant du *Nordeste* brésilien est inférieur à celui du Paraguay. De même, seize États du nord du Brésil et trois États argentins présentent des IDH inférieurs à celui du Paraguay[1]. De telles asymétries structurelles déterminent en grande partie la capacité des États membres du MERCOSUL à profiter ou non de l'intégration économique. La politique commerciale adoptée dans le cadre de l'organisation répond en effet avant tout aux intérêts de la puissance dominante.

Par ailleurs, du fait d'une économie plus forte, d'une population plus importante et de son influence internationale croissante, le Brésil ne voit aucun intérêt à la création d'institutions ou de normes supranationales qui défendraient les intérêts régionaux et qui réduiraient, dans le même temps, son autonomie décisionnelle. L'absence de supranationalité est aggravée par

[1] André de Mello e Souza, Ivan Tiago Machado Oliveira et Samo Sérgio Gonçalves, « Integrando desiguais: assimetrias estruturais e políticas de integração no Mercosul », dans Luciana Acioly et Marcos Antonio Macedo Cintra (coord.), *Inserção Internacional Brasileira: temas de politica externa*, Brasilia, Instituto de Pesquisa Econômica Aplicada (IPEA), Livre 3, vol. 1, 2010, p. 278.

l'incapacité des pays du bloc d'internaliser les normes adoptées dans le cadre du MERCOSUL. Ainsi, jusqu'en 2010, sur les 120 décisions du Conseil du marché commun (CMC), seulement 36 ont été retranscrites dans le droit interne des pays membres[1].

Il convient également de relever que ce sont les asymétries structurelles et les souverainismes exacerbés au sein du bloc qui expliquent la non-représentation du MERCOSUL dans les fora multilatéraux, alors que l'un des principaux objectifs du bloc est d'augmenter le pouvoir d'influence de ses membres dans les négociations internationales[2].

Une autre limite aux avancées du MERCOSUL repose sur le fait que les gouvernements peuvent rencontrer une grande résistance sur le plan domestique. Les critiques à l'encontre de l'intégration régionale sont parfois si fortes que des candidats à la présidence de pays membres du bloc, comme Luis Alberto Lacalle en Uruguay et José Serra au Brésil, ont défendu un arrêt du processus intégrationniste du MERCOSUL[3].

Avec l'importance des obstacles au processus intégrationniste dus aux asymétries, il est surprenant de constater que les premiers accords du MERCOSUL n'aient pas prévu de mesure de traitement spécial et différencié pour les pays ou les régions infranationales les moins développés. Lors de sa création, le bloc a en effet évité d'adopter des politiques destinées à réduire les disparités, le traité d'Asunción affirmant même dans son article 2 que « le marché commun sera fondé sur la réciprocité des droits et des obligations entre États membres[4] ».

Les données empiriques disponibles indiquent que les disparités existantes entre le Brésil et les autres pays du bloc n'ont pas été réduites depuis vingt ans. Avec le temps, le MERCOSUL aurait même produit un phénomène de concentration économique, ce qui a accentué les asymétries. On constate en particulier que les régions du sud et du sud-est du Brésil présentent de grands avantages dans le cadre du processus intégrationniste, en raison de leur proximité géographique avec les grands marchés, de leur structure productive diversifiée et de l'importance de leur infrastructure de

---

[1] *Ibidem.*
[2] Andrea Ribeiro Hoffmann, « A representação do Mercosul nas Organizações Internacionais », *Radar do Sistema Internacional*, 2007.
[3] *Ibidem.* p. 279.
[4] MERCOSUL, *Tratado de Asunción*, 1991.

transports[1]. Dans le même temps, l'intégration bénéficie peu, une nouvelle fois, aux pays secondaires du bloc que sont l'Uruguay et le Paraguay.

La question des asymétries au sein du MERCOSUL est dès lors devenue centrale ces dernières années. Montevideo et Asunción exigent des initiatives concrètes de la part des deux partenaires les plus puissants, et en particulier le Brésil, afin de favoriser leur développement économique. Les principales réclamations du Paraguay et de l'Uruguay reposent sur les entraves à la libre circulation des biens, la non-effectivité du TEC pour les produits transitant dans le bloc et les restrictions relatives aux négociations d'accords commerciaux avec les pays tiers[2].

L'intérêt stratégique de Brasilia est aujourd'hui de réduire ces asymétries, notamment en faisant profiter la puissance économique brésilienne aux partenaires les plus fragiles. La raison de cet altruisme s'explique par le fait qu'en associant les pays voisins au processus de développement du Brésil, cela favorise aussi bien un climat de paix et de prospérité sur le long terme que l'autonomisation de la région sous le leadership brésilien.

La création du fonds de convergence structurelle du MERCOSUL (FOCEM)

À partir de 2003, le traitement des asymétries au sein du bloc a commencé à prendre de l'importance et ce thème a été régulièrement mentionné dans les déclarations communes des présidents des pays membres. Dans un contexte favorable à la redynamisation de l'organisation, tous ont considéré que la lutte contre les disparités intra-bloc constituait une précondition à l'approfondissement du MERCOSUL.

Le principal instrument pour faire face aux asymétries a été créé à travers la décision du CMC n° 27/2003[3], proposant la mise en place du fonds de convergence structurelle du MERCOSUL (FOCEM). D'après le CMC, l'objectif du FOCEM est de « financer des programmes pour promouvoir la convergence structurelle, développer la compétitivité et la cohésion sociale, en particulier en direction des économies les moins développées de la région ». Le fonds doit, en outre, veiller à « soutenir le fonctionnement de la structure institutionnelle et à renforcer le processus d'intégration du bloc ». Selon les dires de Celso Amorim :

---

[1] Roberto Bouzas, « Compensating asymmetries in regional integration agreements: lessons from Mercosur », dans Paulo Giordano, *Asymmetries in regional integration and local development*, Washington, Banque interaméricaine de développement, 2005, p.18.
[2] André de Mello e Souza *et al.*, « Integrando desiguais... », *op. cit.*, p. 279-280.
[3] CMC, *Decisión N° 27/2003: Fondos Estructurales*, 2003.

L'esprit de solidarité s'est affirmé et cela démontre la prise de conscience qu'il est fondamental d'agir en adéquation avec les asymétries existantes. La création du FOCEM, expérience pionnière entre pays en développement, reflète un changement de paradigme et la volonté de faire avancer le projet intégrationniste, afin d'attribuer au MERCOSUL son juste titre de moteur de l'intégration sud-américaine[1].

C'est au cours de la 31e réunion du CMC, le 15 décembre 2006, que fut définitivement formalisée la mise en place du fonds. Le dépassement des asymétries au sein du bloc, répondant aux attentes de l'Uruguay et du Paraguay, devait constituer un élément fondamental pour l'existence d'une véritable politique commerciale commune et la consolidation du tarif extérieur commun (TEC). Le FOCEM comprend quatre types de programmes : le programme de convergence structurelle ; le programme de développement de la compétitivité ; le programme de la cohésion sociale ; le programme de renforcement de la structure institutionnelle et du processus intégrationniste[2].

La carence en matière d'infrastructures dans les pays membres est en particulier un obstacle de poids au développement des flux des facteurs de production intra-bloc et à la compétitivité du MERCOSUL face aux concurrents internationaux. En ce qui concerne la structure productive, l'asymétrie existante entre le Brésil et ses partenaires met en difficulté l'appropriation de bénéfices économiques de l'intégration par les pays mineurs du bloc, provoquant ainsi l'insatisfaction de ces derniers[3]. Par ailleurs, il est important de souligner que l'intégration économique conduit généralement à la spécialisation productive des pays, des régions et des secteurs économiques peu compétitifs, ce qui peut avoir un impact social important (augmentation du chômage et baisse des salaires)[4].

L'article 1 du règlement du FOCEM (CMC n° 18/2005) prévoit que le fonds finance les programmes des économies mineures et des régions les moins développées du MERCOSUL. Sur les 100 millions US$ du fonds, le Brésil doit apporter 70 % de cette somme, l'Argentine 27 %, l'Uruguay 2% et le Paraguay 1 % (CMC n° 18/2005, art. 8). Le règlement du FOCEM établit également le montant maximum que chaque pays membre peut recevoir annuellement. Ainsi, pour faire face aux asymétries intra-bloc, le Paraguay et l'Uruguay utilisent jusqu'à respectivement 48 % et 32 % du

---

[1] Celso Amorim, *Discurso do Ministro Celso Amorim na XXVI Sessão Plenária do Parlamento do Mercosul, op. cit.*

[2] Voir le site du FOCEM section *programas* : http://www.mercosur.int/focem/index.php?c=2118&i=2&id (consulté le 27 octobre 2011).

[3] André de Mello e Souza *et al.*, « Integrando desiguais... », *op. cit.*, p. 300-301.

[4] *Ibidem.*

fonds. Quant au Brésil et à l'Argentine, ces derniers ne peuvent en bénéficier qu'à hauteur de 10 % chacun (CMC n°18/2005, art. 10)[1].

Cette répartition peut paraître injustifiée lorsqu'on analyse les disparités entre les différentes régions infranationales du MERCOSUL. Paulo Roberto de Almeida confirme ainsi « qu'il existe des asymétries, notamment sociales qui jouent contre le Brésil : les différences sociales et régionales existant à l'intérieur du Brésil sont en particulier beaucoup plus importantes que celles qui séparent les pays du MERCOSUL les uns des autres[2] ». Plus généralement, sauf à considérer quelques indicateurs encore plus défavorables pour le Paraguay, le Brésil apparaît en retard par rapport à ses partenaires en ce qui concerne la plupart des indices sociaux. En dépit de cette réalité, Brasilia ne peut bénéficier que d'une infime part du fonds. Il s'agit là d'une décision politique de la part des autorités brésiliennes, destinée à montrer à Asunción et Montevideo que leur pays compte les favoriser à travers ce programme. Le Paraguay et l'Uruguay sont ainsi les pays ayant le plus grand nombre de projets approuvés dans le cadre du FOCEM (plus de 80 % des programmes financés jusqu'en 2010)[3]. Le fonds représente finalement la disposition du Brésil à assumer certains coûts de l'intégration, étant donné que le géant lusophone en est le premier contributeur et le dernier bénéficiaire[4].

Concernant l'approbation des projets, c'est le CMC qui est l'organe prenant la décision finale. Le Conseil a ainsi permis, durant la période 2006-2010, de soutenir 34 projets dans les domaines aussi variés que l'infrastructure électrique, le logement, l'éducation et les transports. Cette procédure favorise les décisions politiques au détriment de celles reposant sur des critères techniques et objectifs. À titre d'exemple, pour des raisons liées à la dispute entre Buenos Aires et Montevideo concernant les usines de cellulose installées près du Rio de la Plata[5], au sein du CMC l'Argentine a mis son veto sur l'utilisation du FOCEM pour le financement d'une ligne électrique entre le Brésil et l'Uruguay[6]. Au-delà de cette procédure

[1] CMC, *Decisión N° 18/2005: Integración y funcionamiento del Fondo para la convergencia y fortalecimiento de la estructura institucional del MERCOSUR*, 2005.

[2] Paulo Roberto de Almeida, « La diplomatie de Lula (2003-2010) : une analyse des résultats », dans Denis Rolland et Antonio Carlos Lessa (coord.), *Relations internationales du Brésil : Les Chemins de La Puissance*, Paris, L'Harmattan, vol. 1, 2010, p. 249-259.

[3] Ministère des Relations extérieures, *Balanço de Política Externa 2003/2010, op. cit.*

[4] Andrea Ribeiro Hoffmann *et al.*, « Indicadores e análise multidimensional do processo de integração do Cone Sul », *op. cit.*

[5] Ce contentieux appelé « guerre du papier » oppose l'Argentine et l'Uruguay à propos de la construction de deux grandes usines de production de papier sur les rives du Rio Uruguay, du côté uruguayen de la frontière entre les deux pays. Des associations argentines s'opposent à la construction de ces usines qu'elles jugent polluantes.

[6] Cette ligne devait relier la ville brésilienne de Candiota à la ville uruguayenne de San Carlos. Le projet était estimé à 82 millions US$.

d'attribution des financements pour le moins contestable, certains analystes doutent de l'efficacité voire de la légitimité du fonds. Paulo Roberto de Almeida est notamment particulièrement critique à l'égard du FOCEM en le considérant comme « juste symbolique, répétant en outre le travail déjà accompli par les banques régionales de développement, sans en accroître la qualité des projets retenus[1] ».

Parallèlement à l'utilisation du FOCEM, il convient de mentionner que d'autres initiatives ont vu le jour dans le cadre du MERCOSUL pour réduire les asymétries au sein du bloc. L'une d'entre elles est le « programme d'intégration productive du MERCOSUL » visant à mettre en place des mesures incitatives pour que les entreprises de la région investissent dans les pays voisins. De même, le 16 décembre 2008, durant le 36e sommet des chefs d'État du MERCOSUL, les présidents des pays membres du bloc ont décidé de créer le « fonds MERCOSUL de garantie pour les micro, petites et moyennes entreprises », qui a pour objectif de cautionner les emprunts des entreprises participant aux activités d'intégration productive du MERCOSUL[2]. Enfin, une autre initiative a consisté à accélérer la suppression des entraves aux exportations du Paraguay et de l'Uruguay, avec l'application effective du TEC et l'établissement d'un code douanier commun en 2010[3].

3. Les obstacles d'ordre politique : l'axe « Caracas-Brasilia-Buenos Aires », entre rivalité et coopération

La position brésilienne au sein du MERCOSUL dans la perspective autonomiste

Le MERCOSUL est perçu par les gouvernements brésiliens comme un instrument permettant l'affirmation régionale du Brésil, tout en contribuant à la prospérité économique de la région avec la création d'une zone de libre-échange. Il s'agit dès lors pour le Brésil de lier l'intérêt national à l'intérêt régional. La priorité a alors été donnée à l'élargissement du bloc mercosulien avec l'inclusion de nouveaux membres, afin de développer les échanges économiques intra-régionaux. Ce régionalisme ouvert vise également à prévenir un approfondissement institutionnel trop important de l'organisation. Les autonomistes brésiliens veulent éviter toute initiative ayant pour finalité de créer un pouvoir supranational[4]. Il y a eu ainsi un

[1] Paulo Roberto de Almeida, « La diplomatie de Lula (2003-2010)... », *op. cit.*
[2] Taiane Campos et Javier Vadell, « A encruzilhada regional do Mercosul... », *op. cit.*
[3] Amaury de Sousa, *A agenda internacional do Brasil, op. cit.*, p. 95-96.
[4] Miriam Gomes Saraiva, « Brazilian foreign policy towards South America during the Lula administration: caught between South America and Mercosur », *Revista Brasileira de Política Internacional*, vol. 53, décembre 2010, p. 59.

mouvement croissant au sein de l'*Itamaraty* pour défendre une intégration sur la base d'une union douanière incomplète et sur un bas niveau institutionnel. Cette stratégie doit renforcer la position internationale du Brésil, tout en évitant des engagements trop contraignants sur le plan régional[1].

La diplomatie brésilienne a alors joué un rôle significatif dans la construction du modèle d'intégration du MERCOSUL, caractérisé par un fonctionnement essentiellement intergouvernemental. Ce schéma intégrationniste convient d'ailleurs parfaitement à un autre pays membre du bloc, l'Argentine. Comme l'affirme Alcides Vaz :

> La position du Brésil n'est pas nécessairement différente de celle de l'Argentine. Pour le Brésil, du fait de son poids prépondérant au sein du bloc, il n'y a aucun intérêt à transférer de la souveraineté à une instance supranationale en lui déléguant la capacité de défendre ses intérêts. Pour l'Argentine, il en va de même. Le transfert de souveraineté impliquerait la perte définitive de la capacité d'avoir un certain niveau de liberté dans l'élaboration des politiques économique et commerciale[2].

Il continue d'exister au Brésil une perception forte selon laquelle l'approfondissement du MERCOSUL équivaudrait automatiquement à une limitation de sa marge de manœuvre sur le plan extra-régional[3]. Les limites à l'intégration du MERCOSUL sont dès lors établies. L'objectif de transformer le Brésil en un acteur global doit être poursuivi sans, parallèlement, chercher un trop grand approfondissement de l'intégration du bloc. C'est la raison pour laquelle la structure de l'organisation concentre le pouvoir décisionnel et la gouvernance aux mains du Conseil du marché commun (CMC), composé des présidents, des ministres des Relations extérieures et des ministres de l'Économie des pays membres. Quant au Groupe du marché commun (GMC), formé par les vice-ministres ou sous-secrétaires des Relations extérieures, ce dernier est chargé de la direction exécutive de l'organisation. Cette structure institutionnelle s'est montrée particulièrement efficace pour freiner toute poussée intégrationniste qui échapperait au contrôle direct des gouvernements[4]. Comme le précisait

---

[1] Tullo Vigevani *et al.*, « O papel da integração regional para o Brasil... », *op. cit.*, p. 21.
[2] Alcides Costa Vaz, *Cooperação, integração e processo negociador: a construção do Mercosul*, Brasilia, IBRI, 2002, p. 223.
[3] Maria Regina Soares de Lima, « Na trilha de uma política externa afirmativa », Observatório da Cidadania, 2003.
[4] Tullo Vigevani *et al., op. cit.,* p. 21.

Celso Amorim, « le MERCOSUL doit avancer avec flexibilité et en restant attentif aux sensibilités de chaque État membre[1] ».

Traditionnellement, les autorités brésiliennes considèrent que ce qui renforce le MERCOSUL est avant tout sa cohésion et non son degré d'institutionnalisation. Pour Brasilia, la simple création d'une bureaucratie ou de symboles tendant à la supranationalité n'est pas décisive pour le succès du bloc[2]. Néanmoins, les difficultés que rencontre l'union douanière, du fait notamment des limites institutionnelles de l'organisation, pourraient rendre le MERCOSUL de moins en moins attractif pour les gouvernements et les différents secteurs économiques. À moyen terme, cette situation pourrait créer une impasse durable qui favoriserait les « forces désintégratrices[3] ».

L'Argentine, un partenaire ambigu

L'Argentine et le Brésil connaissent d'importantes divergences sur la manière de répondre aux fragilités du MERCOSUL. Buenos Aires insiste sur la mise en place d'une véritable coordination des politiques macroéconomiques, afin de faire face aux asymétries industrielles de production et de productivité intra-bloc (notamment en « dispersant » la production à travers tout l'espace du Mercosul). De son côté, Brasilia, bénéficiant d'une supériorité en termes de compétitivité, évite de répondre aux revendications des Argentins. Dès lors, aucun mécanisme adéquat n'a été trouvé pour répartir équitablement les bénéfices de l'intégration. Sous les présidences de Néstor Kirchner, puis de Cristina Kirchner, les autorités argentines ont alors commencé à adopter un modèle économique nationaliste et développementiste[4]. Face aux asymétries toujours plus importantes avec le géant brésilien, l'Argentine a en particulier fait le choix de renforcer les mécanismes de défense commerciale. Cette stratégie donne la priorité à un modèle régional plus coopératif qu'intégrationniste, les Argentins redoutant de perdre toujours plus de terrain sur le plan régional face au Brésil[5].

Cette ligne très défensive des autorités argentines répond aussi à un contexte particulier. Le souhait de transformer le MERCOSUL en une union douanière, en 1994, coïncidait avec la stabilisation économique du Brésil et

---

[1] Celso Amorim, *Discurso do Ministro Celso Amorim na XXVI Sessão Plenária do Parlamento do Mercosul,, op. cit.*

[2] Amaury de Sousa, *A agenda internacional do Brasil, op. cit.*, p. 84.

[3] Tullo Vigevani *et al. op. cit.*, p. 22.

[4] Courant cherchant à établir une politique industrielle plus active orientée vers une recomposition du parc industriel. Les mesures protectionnistes sont également envisagées afin de protéger divers secteurs économiques dits « sensibles ».

[5] Miriam Gomes Saraiva et José Briceño Ruiz, « Argentina, Brasil e Venezuela: as diferentes percepções sobre a construção do Mercosul », *op. cit.*, p. 160.

de l'Argentine et une augmentation sensible des flux du commerce intra-bloc. Or cette phase de forte prospérité fut brutalement stoppée, en 1999, par la crise économique brésilienne, puis celle de l'Argentine deux ans plus tard. Avec ces événements successifs, les contentieux tarifaires se développèrent au sein du bloc. Face au solde d'une balance commerciale très favorable au Brésil, l'Argentine commença à multiplier les mesures protectionnistes. Afin de conserver le tarif extérieur commun, d'innombrables exceptions à son application furent acceptées, engendrant un important coût pour les secteurs exportateurs brésiliens. Pour ne rien arranger, l'Argentine appliqua également des mesures de sauvegarde pour contrer les asymétries dans ses relations commerciales avec le Brésil. Cela aboutit à l'adoption, le 1er février 2006, du « mécanisme d'adaptation compétitive » (MAC), autorisant les deux pays à mettre en place des mesures restrictives sur trois ans (renouvelables une fois), contre l'importation de produits dans des secteurs dits « sensibles », le plus souvent peu compétitifs[1].

Le voisin argentin semble ainsi peu enclin à faire des concessions au profit de l'intérêt communautaire. Buenos Aires n'a cessé de découvrir de nouveaux secteurs stratégiques et sensibles dans son industrie nationale, ce qui implique la mise en place de diverses mesures protectionnistes (barrières tarifaires, difficultés dans l'émission de licences d'importation et mesures compensatoires contre des cas supposés de concurrence déloyale)[2]. Par ailleurs, le partenaire argentin n'a aucun intérêt à critiquer trop ouvertement les barrières protectionnistes du Brésil. En le faisant, l'Argentine délégitimerait ses propres actions. Dès lors, les deux pays se sont accommodés de cette situation que Thiago Marzagão définit comme « un pacte de la médiocrité[3] ».

Cette dernière décennie, l'Argentine a ainsi réussi à protéger ses secteurs les plus menacés en obtenant d'importantes concessions de son puissant partenaire régional. L'aspect important de ce processus tient à sa forme. Les négociateurs argentins ont fait en sorte d'être plus offensifs et insistants dans leurs demandes adressées au Brésil, à un moment clé de l'insertion internationale du géant lusophone. Dans ce contexte, Brasilia a dû faire un choix stratégique : faire des concessions importantes et assumer le coût de l'intégration afin que le MERCOSUL ait encore une signification ; ou bien défendre ses intérêts à court terme en abandonnant le bloc. Le Brésil de Lula s'est tourné vers la première option en adoptant le statut de *paymaster*. Certains ont alors critiqué cette position :

[1] Amaury de Sousa, *A agenda internacional do Brasil, loc. cit.*
[2] « O terceiro fracasso do Mercosul », *O Estado de São Paulo*, 5 février 2011.
[3] Thiago Marzagão cité dans « O terceiro fracasso do Mercosul », *op. cit.*

Sous le prétexte que le Brésil, du fait d'être grand, devait faire les plus grands sacrifices, le gouvernement Lula a été tolérant envers les mesures unilatérales prises par l'Argentine à l'encontre de ses exportations, et en a profité pour en créer d'autres, en poussant aussi les petits pays à demander des avantages en leur faveur. Au lieu de renforcer le MERCOSUL, l'attitude brésilienne a en fait dilué les obligations communes[1].

Au-delà de l'aspect commercial *stricto sensu* dans les relations argentino-brésiliennes, le leadership brésilien a parfois été mal perçu par l'Argentine qui s'est alors tournée vers le Venezuela pour contrebalancer la projection de son puissant voisin lusophone. Une « alliance stratégique » avec le Venezuela chaviste a alors commencé à se dessiner en tant qu'instrument d'équilibre régional. Le gouvernement vénézuélien a répondu favorablement aux sollicitations de la *Casa rosada*, notamment en achetant une partie des titres de la dette argentine. Il s'agissait de marquer, symboliquement (et rapidement), le rapprochement entre les deux pays[2].

Nous pouvons ainsi constater que les relations entre Brésiliens et Argentins dans le cadre du MERCOSUL sont pour le moins contrastées. Au niveau économique, il paraît évident que les différences entre ces pays indiquent que le processus de coopération et de consolidation du bloc est particulièrement difficile. Mais dans la sphère politique, les choses paraissent plus aisées. Les nombreux accords signés entre Argentins et Brésiliens sont là pour le confirmer. Cela illustre le fait qu'au niveau politique, il existe un intérêt mutuel à coopérer dans le but de favoriser l'insertion internationale des deux pays. En octobre 2003, le « consensus de Buenos Aires », signé par les présidents Lula et Néstor Kirchner, affirmait ainsi :

> L'intégration régionale constitue une option stratégique pour le renforcement de l'insertion de nos pays dans le système mondial, en augmentant leur capacité de négociation. Une plus grande autonomie de décision nous permettra d'affronter de manière plus efficace les mouvements déstabilisateurs du capital financier spéculatif, tout comme les intérêts opposés des blocs les plus développés, amplifiant ainsi notre voix dans les divers fora et organismes multilatéraux. Pour cela, nous soulignons que l'intégration sud-américaine doit être développée dans l'intérêt de tous, afin de mettre en place un modèle régional de développement, marqué par la

---

[1] Paulo Roberto de Almeida, « La diplomatie de Lula (2003-2010)… », *op. cit.*

[2] Miriam Gomes Saraiva et José Briceño Ruiz, « Argentina, Brasil e Venezuela: as diferentes percepções sobre a construção do Mercosul », *op. cit.*, p. 160-161.

croissance économique, la justice sociale et le respect de la dignité des citoyens[1].

En novembre 2005, les deux présidents réaffirmaient leur volonté de renforcer les liens de coopération entre leurs pays à travers l'« engagement d'Iguaçu[2] ». Le document est venu rappeler l'importance de l'association stratégique entre Argentins et Brésiliens, ayant pour « objectif commun d'éradiquer la faim et la pauvreté et de promouvoir la démocratie ainsi que les droits de l'homme ». Durant la rencontre bilatérale, les chefs d'État ont également signé plus de vingt protocoles de coopération traitant de différents thèmes, allant des engagements de nature économique à ceux relatifs à la question énergétique et à l'éducation[3]. Au cours d'une autre rencontre au sommet, en novembre 2007, cette fois-ci entre Lula et Cristina Kirchner, les deux pays ont décidé de créer une commission étatique, dénommée « Mécanisme de haut niveau pour la coopération et la coordination bilatérale Argentine-Brésil », qui devait établir les conditions nécessaires pour resserrer les liens entre les deux voisins sud-américains. En août 2008, les chefs d'État se sont réunis une nouvelle fois afin de trouver une stratégie pour la redynamisation de l'intégration régionale et des relations bilatérales. Cela s'est notamment matérialisé par la création d'un fonds souverain pour le financement des investissements brésiliens en Argentine. Les deux présidents ont aussi tenté de rapprocher leurs positions relatives au commerce international et aux négociations du MERCOSUL avec l'Union européenne, à la suite de l'échec du cycle de Doha. Il s'agissait alors de la première réunion entre présidents brésilien et argentin au lendemain de négociations agricoles dans le cadre de l'OMC, au cours desquelles les deux pays ont défendu des positions antagonistes[4]. Entre 2006 et 2008, le Brésil et l'Argentine ont également signé d'importants accords bilatéraux, l'un d'entre eux établissant notamment que les deux pays peuvent utiliser le real ou le peso pour leurs transactions commerciales, sans nécessité de conversion en dollar[5].

Le dynamisme de ces relations bilatérales doit néanmoins être relativisé. En effet, la perspective d'une alliance effective avec l'Argentine dans l'élaboration d'une politique régionale commune a été progressivement rejetée par l'*Itamaraty,* qui a alors opté pour une politique étrangère strictement indépendante. La diplomatie brésilienne a commencé à percevoir le voisin argentin comme un partenaire en déclin et peu fiable[6]. D'une

---

[1] Néstor Kirchner et Luiz Inácio Lula da Silva, *Consenso de Buenos Aires*, 16 octobre 2003.
[2] *Idem, Compromisso de Puerto Iguazú – Desenvolvimento, Justiça e Integração*, 30 novembre 2005.
[3] Taiane Campos et Javier Vadell, « A encruzilhada regional do Mercosul... », *op. cit.*
[4] *Ibidem.*
[5] CMC, *Decisión N° 38/2006: Transacciones comerciales en monedas locales*, septembre 2006.
[6] Miriam Gomes Saraiva, « Brazilian foreign policy towards South America... », *op. cit.*, p. 158.

manière générale, les autonomistes de l'*Itamaraty* ont posé les jalons de la diplomatie brésilienne en termes réalistes. La priorité a été donnée à la création d'un pôle régional sous leadership brésilien, combinée à une projection internationale du pays, indépendamment des avancées du MERCOSUL. Dans le cadre de cette stratégie, le partenariat avec l'Argentine a cessé d'être une priorité absolue. D'autant plus qu'un autre acteur dans la région, le Venezuela, a commencé à émerger et à manifester son intérêt de faire partie du système mercosulien.

L'entrée controversée du Venezuela

Les multiples victoires électorales d'Hugo Chavez dans les années 2000 ont été perçues par le gouvernement chaviste comme un appel à approfondir le processus révolutionnaire socialiste et bolivarien, aussi bien sur le plan domestique qu'au niveau régional.

En ce qui concerne l'intégration du sous-continent, le président vénézuélien souhaitait privilégier la dimension politique dans le but de créer un bloc de pouvoir sud-américain qui assurerait l'autonomie, la sécurité et une certaine influence internationale pour les pays de la région. La dimension économique du processus intégrationniste devait alors être subordonnée au politique. Hugo Chavez critiquait sans ambages les processus intégrationnistes à caractère strictement commercial pour être l'expression du « néolibéralisme sauvage », responsable historiquement de la dépendance régionale vis-à-vis des puissances extérieures, du maintien de la pauvreté et des inégalités sociales. Dès lors, la sphère commerciale était abordée par Caracas dans une optique strictement étatiste, en privilégiant les relations entre entreprises publiques. Ce processus devait constituer une première étape vers « l'intégration bolivarienne[1] ».

L'ascension de gouvernements de gauche au sein du MERCOSUL et, parallèlement, la décision des pays andins de négocier des traités bilatéraux de libre-échange avec les États-Unis, ont déterminé deux choix fondamentaux dans la stratégie intégrationniste du Venezuela : sa sortie de la Communauté andine des nations (CAN) et sa candidature pour une adhésion au MERCOSUL. Cette dernière organisation est considérée par les Vénézuéliens comme un mécanisme pouvant servir à la promotion de l'intégration bolivarienne. C'est la raison pour laquelle le président Chavez a régulièrement rappelé la nécessité de « reformater » le MERCOSUL, en le

[1] Miriam Gomes Saraiva et José Briceño Ruiz, « Argentina, Brasil e Venezuela: as diferentes percepções sobre a construção do Mercosul », *op. cit.*, p. 162.

transformant en un instrument « au service des peuples[1] ». La candidature vénézuélienne s'inscrivait également dans l'objectif stratégique de faire émerger un monde multipolaire. Sur ce thème, la politique extérieure définie par Caracas coïncidait avec des éléments de la stratégie établie par le MERCOSUL, comme le rejet de la ZLEA, ou encore le projet brésilien de construction d'un pôle régional sud-américain autonome.

Si la force de la pensée autonomiste au Brésil, ainsi que la politique économique néo-développementiste de l'Argentine des années 2000 ont constitué des freins importants à un véritable approfondissement de l'institutionnalisation du MERCOSUL, l'entrée du Venezuela au sein du bloc a également compliqué les perspectives d'intégration. La vision radicale de la politique extérieure chaviste semble, en effet, distincte de celle du Brésil et de l'Argentine. Deux aspects sont particulièrement problématiques. L'un d'eux est le discours anticapitaliste du gouvernement vénézuélien (représenté depuis 2013 par le président chaviste Nicolás Maduro). L'autre aspect tient aux différences substantielles de l'intégration voulue par Caracas par rapport à celle souhaitée par ses partenaires régionaux. Même si les Brésiliens et les Argentins ont fait en sorte de ne plus se concentrer sur les seules caractéristiques économiques et commerciales du MERCOSUL, ils ne souhaitent pas pour autant renoncer à une insertion de la région dans le système capitaliste mondialisé. De même, les appels récurrents de Caracas pour un « reformatage » du MERCOSUL, dans le but de le transformer en un mécanisme d'intégration « au service des peuples », n'ont pas trouvé d'écho auprès des pays membres du bloc[2].

Un second élément, lié aux relations extérieures du MERCOSUL, peut affecter la formation d'une stratégie commune au sein du bloc. Les relations conflictuelles d'Hugo Chavez avec les États-Unis, les tensions intermittentes avec les Européens (principalement avec l'Espagne), ou encore les crises récurrentes avec le voisin colombien, sont de nouveaux problèmes que le MERCOSUL devra gérer. Or l'organisation est avant tout une union douanière qui a un agenda de négociations commerciales avec l'Union européenne et d'autres acteurs extérieurs. Par ailleurs, l'impossibilité d'engager des négociations avec les États-Unis, du fait de la présence du Venezuela dans le bloc, constitue une entrave conséquente au développement des relations extra-régionales. Dans ce contexte, les intérêts de la stratégie commerciale du MERCOSUL paraissent opposés à la politique extérieure chaviste. Il y a par conséquent le risque d'une

[1] Hugo Chavez cité par Miriam Gomes Saraiva et José Briceño Ruiz, « Argentina, Brasil e Venezuela... », *op. cit.*, p. 163.
[2] *Ibidem.*

idéologisation accrue de l'organisation qui remettrait en cause son identité économique et commerciale.

Néanmoins, si l'on se réfère aux intérêts individuels au sein du bloc, sur certains points l'adhésion du Venezuela a satisfait paradoxalement aussi bien les Argentins, préoccupés par le poids grandissant du Brésil, que les autonomistes de Brasilia, ces derniers souhaitant l'élargissement du bloc pour agrandir la sphère d'influence brésilienne. C'est donc logiquement que le Brésil de Lula a constitué le principal soutien de l'élargissement du MERCOSUL au Venezuela. Cela constituait toutefois un pari risqué pour Brasilia dont les prétentions régionales pouvaient être compromises. Certaines initiatives de Caracas tendaient d'ailleurs, pendant un temps, à confirmer une dispute du leadership sud-américain : l'achat par les Vénézuéliens d'une partie de la dette argentine à hauteur de 3,2 milliards US$ et de celle du Paraguay à hauteur de 100 millions US$; la mise en place d'un partenariat entre la compagnie pétrolière nationale PDVSA et la compagnie bolivienne YPFB ; et le financement d'écoles en Uruguay. Toutes ces initiatives ont créé un climat favorable pour le resserrement des liens du Venezuela avec ses voisins sud-américains et ont remis en cause le rôle exclusif de *paymaster* du Brésil[1].

Mais l'élargissement du MERCOSUL était surtout perçu par le gouvernement Lula comme un moyen de faire entrer un partenaire commercial représentant, en 2006, 4 % de la production mondiale de pétrole et enregistrant l'une des croissances économiques les plus importantes de la région. Le Venezuela était en particulier un partenaire indispensable dans la perspective de l'intégration énergétique du sous-continent. En somme, le Brésil a misé sur un rapprochement avec les autorités de Caracas pour récolter les dividendes aussi bien économiques que stratégiques, tout en restant conscient des risques encourus.

***

Les autorités brésiliennes cherchent à élaborer un modèle pour le MERCOSUL permettant au Brésil d'avoir à la fois une certaine marge de manœuvre et une plus grande capacité de négociation sur le plan international. Dans ce cadre, il est important de faire en sorte que le bloc ne devienne pas une union douanière et un marché commun avec un haut niveau d'institutionnalisation, puisque cela irait à l'encontre de l'autonomie décisionnelle du Brésil. Brasilia œuvre donc pour le développement de l'intergouvernementalisme et une intégration ouverte du MERCOSUL, avec

[1] Rodrigo Herrero Lopes, « A politica externa de Chavez e Lula na América do Sul: integração regional ou consolidação de liderança? », Fundação Escola de Sociologia e Política de São Paulo, 2008.

notamment l'adhésion de nouveaux États, comme le Venezuela. Avec l'arrivée de l'État bolivarien, l'organisation risquait de subir une idéologisation forte et d'être « sabotée », étant donné que la vision chaviste est à l'opposé des principes libéraux du MERCOSUL. Du côté brésilien, les défenseurs de l'admission du Venezuela ont surtout mis en avant l'idée d'une relation stratégique Brasilia-Caracas, reposant sur des facteurs géopolitique, énergétique et commercial.

Pour les gouvernements Lula, les perspectives du MERCOSUL étaient envisagées dans le cadre plus large de la future place du Brésil dans le monde. La question qui se posait était celle de savoir si la consolidation de cette organisation était utile ou non à l'insertion internationale du pays. Brasilia a répondu par l'affirmative et a fait le choix d'assumer en partie les coûts de l'intégration en accentuant son rôle de *paymaster*, tout en se fiant aux principes intégrationnistes à travers le développement (même minimaliste) des institutions du bloc. Des initiatives ont été prises dans ce sens à travers la mise en place du FOCEM, ou encore avec la création du Parlement du MERCOSUL. Néanmoins, la dimension modeste de ces actions semble confirmer notre analyse selon laquelle le Brésil ne souhaite pas une intégration trop approfondie.

Paradoxalement, ce manque de volonté politique pour une plus grande institutionnalisation du bloc va à l'encontre d'un autre principe essentiel des élites politiques brésiliennes, celui de l'universalisme. En effet, la faible institutionnalisation de l'organisation a des conséquences négatives sur le pouvoir d'influence du Brésil à l'international, puisque le MERCOSUL, en tant qu'instrument de projection, reste fragile sans la création d'institutions supranationales soucieuses du seul intérêt communautaire. La difficulté tient donc, pour le gouvernement brésilien, à concilier la défense de la liberté d'action du pays avec sa vocation mondiale. Or cette vocation induit le fait que le Brésil assume un leadership dans une région suffisamment intégrée, afin de s'en servir de tremplin diplomatique efficient.

Par ailleurs, en termes strictement économiques, le MERCOSUL, en tant qu'espace de libre-échange avec un tarif extérieur commun, présente de nombreuses limites. Le manque de cohésion entre les membres du bloc se reflète en particulier dans les disputes entre Buenos Aires et Brasilia. La méfiance argentine envers le nouveau poids acquis par le Brésil sur les plans régional et mondial a pesé sur le développement de l'organisation.

Dans un tel contexte, il était essentiel pour Brasilia de redynamiser le processus de régionalisation en regardant au-delà du système mercosulien. C'est précisément ce que les autorités brésiliennes ont cherché à faire avec l'initiative ambitieuse de l'Union des nations sud-américaines.

CHAPITRE III

LA CRÉATION D'UN ESPACE RÉGIONAL INTÈGRE, STABLE ET AUTONOME, À TRAVERS L'UNION DES NATIONS SUD-AMÉRICAINES (UNASUL)

Le début du XXIe siècle a été marqué par une forte contestation de l'hégémonie des États-Unis en Amérique du Sud. L'échec du néolibéralisme des années 1990, ses conséquences socio-économiques dramatiques et l'impopularité du caractère unilatéraliste de la politique étrangère étasunienne ont, par ailleurs, développé l'anti-américanisme dans la région. L'incapacité des États-Unis à maintenir le même niveau de projection dans le sous-continent a ainsi ouvert un espace pour une nouvelle dynamique de coopération régionale, notamment sur le thème de la sécurité[1]. *A priori*, la coopération sur ce thème entre pays sud-américains devrait être facilitée par le fait qu'ils occupent l'une des régions les moins conflictuelles du monde. En effet, peu de conflits interétatiques y surgissent comparativement à d'autres parties du globe. Il persiste aujourd'hui de fortes tensions entre les pays de la région, mais ces crises, bien qu'elles puissent générer des frictions diplomatiques, ne provoquent que très rarement des affrontements armés[2].

La guerre semble donc être l'exception plutôt que la règle en Amérique du Sud. En réalité, les pays sud-américains ont pris l'habitude, depuis leur accession à l'indépendance, de mettre fin à leurs disputes en ayant recours à des solutions pacifiques. Ils ont dès lors développé une culture diplomatique respectant le droit international, ainsi que des principes tels que « la concertation, la médiation, l'arbitrage et les bons offices, lesquels ont été acceptés et intégrés au sein du système interaméricain[3] ». C'est sur cet héritage que l'Union des nations sud-américaines (UNASUL), en tant que nouvelle instance régionale, s'est fondée. À travers cette initiative, les douze pays d'Amérique du Sud ont posé les bases d'une véritable communauté de sécurité.

---

[1] Fabricio Brugali Dreger, *Integração na América do Sul : A UNASUL e o Conselho de Defesa Sul-Americano*, mémoire en Relations internationales, Universidade Federal do Rio Grande do Sul, 2009, p. 39.

[2] Arturo Sotomayor Velazquez, « ¡Nos vemos en la Corte! El arreglo judicial de disputas en América Latina y sus implicaciones para el sistema interamericano », *Foreign Affairs Latinoamérica*, novembre 2008.

[3] Mélanie Lepage, *Vers le développement d'une communauté de sécurité pluraliste en Amérique du Sud avec la mise en place de l'Union des nations sud-américaines (UNASUR) : l'adoption de normes par l'UNASUR ainsi que l'établissement de mécanismes et de sanctions visant à les renforcer*, essai de maîtrise en Études internationales, Université de Laval, avril 2011, p. 7.

L'UNASUL a un profil différent de celui du MERCOSUL. Il s'agissait de créer un véritable instrument de gouvernance régionale qui puisse bénéficier d'un large consensus. Si la constitution du MERCOSUL a permis à l'économie brésilienne de se désenclaver et de s'ouvrir au sous-continent, l'UNASUL doit quant à elle permettre un désenclavement de type politique. Les objectifs de l'organisation sont de promouvoir l'intégration régionale, sur la base d'une convergence d'intérêts autour de la consolidation d'une identité propre sud-américaine. La création de l'UNASUL représente l'aboutissement du rêve de la diplomatie brésilienne depuis les temps du Baron de Rio Branco[1] au début du XXe siècle, à savoir celui d'intégrer l'ensemble du sous-continent sous l'égide du Brésil. La mise en place de cette organisation réaffirme, d'autre part, la force de la pensée autonomiste brésilienne, reposant sur l'idée d'une émancipation de l'Amérique du Sud vis-à-vis des influences extérieures.

1. L'institutionnalisation du dialogue politique multilatéral dans une région fragmentée

Lancée le 8 décembre 2004 à Cuzco (Pérou), l'idée de l'Union des nations sud-américaines - qualifiée à ce moment-là de Communauté sud-américaine des nations (CSN) - a tardé à se concrétiser. Les sommets de la CSN de Brasilia (2005), Cochabamba (2006) et Isla Margarita (2007) ont souffert des tensions politiques régnant dans la région. Le traité constitutif de l'UNASUL, finalement signé le 23 mai 2008 à Brasilia par les douze pays du sous-continent, marque l'aboutissement du projet initial de développer une intégration qui englobe toute l'Amérique du Sud, sans que cette intégration soit uniquement centrée sur la dimension commerciale. Avec l'UNASUL, les pays sud-américains ont fait un pas vers le renforcement de l'identité propre de la région. La création de cette entité régionale devait, en outre, favoriser le développement d'une communauté de sécurité, essentielle pour préserver la stabilité régionale.

L'UNASUL est rapidement devenue le principal instrument d'action multilatérale du Brésil dans la région. D'un côté, l'organisation a un caractère strictement intergouvernemental et possède un niveau d'institutionnalisation très faible, ce qui garantit la marge de manœuvre brésilienne. De l'autre, l'UNASUL constitue un mécanisme important à travers lequel la diplomatie brésilienne peut agir et élaborer des positions communes avec les pays voisins face à des situations de crise.

[1] José Maria da Silva Paranhos Júnior, Baron du Rio Branco, a été ministre des Relations extérieures entre 1902 et 1912. Sa grande contribution fut la conquête par la voie diplomatique de nouveaux territoires pour le Brésil (Amapá, Palmas, Acre). Il est considéré comme le « père » de la diplomatie brésilienne.

La mise en place d'une gouvernance régionale consensuelle et flexible

Des prémisses de l'organisation à sa naissance juridique

Il est possible de faire remonter les origines de l'UNASUL, en tant que mécanisme réunissant tous les pays d'Amérique du Sud, à la proposition du président brésilien Itamar Franco, en 1993, de créer une Zone de libre-échange sud-américaine[1]. Mais le projet a réellement pris forme dans les années 2000 avec la déclaration de Cuzco (2004), marquant la formation de la Communauté sud-américaine des nations (CSN) et, par la suite, la déclaration de Margarita (2007), lorsque la CSN est devenue l'UNASUL[2].

L'objectif consistait, au départ, à « construire un espace sud-américain intégré aux niveaux politique, social, économique, environnemental et infrastructure [pour renforcer] l'identité propre de l'Amérique du Sud à partir d'une perspective sous-régionale et en articulation avec d'autres expériences d'intégration régionale[3]». Il s'agissait donc d'un projet ambitieux qui entendait aller au-delà d'une intégration simplement économique[4]. Il y avait là une volonté de dépasser les modèles traditionnels du MERCOSUL et de la CAN en mettant en place un nouveau schéma intégrationniste :

> L'intégration doit se réaliser dans le cadre d'une démarche différente des modèles antérieurs, non pas uniquement fondée sur les rapports commerciaux, mais visant le développement d'un espace plus ample et équilibré, en intégrant les domaines politique, social, culturel, commercial, économique, financier, environnemental et infrastructurel[5].

Lors du premier sommet des chefs d'État de la CSN, qui s'est déroulé à Brasilia les 29 et 30 septembre 2005, les axes prioritaires de la Communauté ont été définis : la promotion du dialogue politique ; le développement de l'intégration physique ; la protection de l'environnement ; la promotion de l'intégration énergétique ; la mise sur pied de mécanismes financiers sud-américains ; l'application de mesures contre les asymétries ; la promotion de

[1] Mélanie Lepage, *Vers le développement d'une communauté de sécurité pluraliste en Amérique du Sud.. , op. cit.*, p. 32.
[2] Lorena Oyarzún Serrano, « Debilidades en los procesos de "integración" latinoamericanos: una aproximación al caso de UNASUL », Congrès de l'Association des études latino-américanistes, 2009.
[3] CSN, *Declaración del Cusco sobre la Comunidad Sudamericana de Naciones III Cumbre Presidencial Sudamericana*, Cuzco, 8 décembre 2004.
[4] Diego Cardona, « Integración regional y estrategias de reinserción internacional en América del Sur », *Nueva Sociedad*, 2009, p. 157-172.
[5] CSN, *Documento final de la Comisión Estratégica de Reflexión Un Nuevo Modelo de Integración de América del Sur Hacia la Unión Sudamericana de Naciones. II Cumbre de Jefes de Estado de la Comunidad Sudamericana de Naciones*, Cochabamba, 9 décembre 2006.

la cohésion, de l'inclusion et de la justice sociales ; le développement des télécommunications[1]. À l'occasion du deuxième sommet de la CSN, réalisé à Cochabamba les 8 et 9 décembre 2006, les leaders sud-américains se sont attachés à afficher le caractère ouvert de l'organisation à travers le développement d'un « nouveau modèle d'intégration avec une identité propre, pluraliste, reconnaissant la diversité et les différences politiques et idéologiques, qui correspondent à la pluralité démocratique de nos pays[2] ».

Par la suite, c'est sur une proposition du président vénézuélien Hugo Chavez que la CSN est devenue l'UNASUL à l'issue du sommet de Margarita, les 16 et 17 avril 2007. Le traité constitutif de l'organisation a quant à lui été signé par les douze pays d'Amérique du Sud lors du sommet de Brasilia, le 23 mai 2008[3], et est entré en vigueur le 11 mars 2012 après sa ratification par neuf pays membres[4]. L'UNASUL est ainsi devenue la première véritable organisation, sujet de droit international, composée de tous les pays sud-américains. Les visions intégrationnistes brésilienne et vénézuélienne ont « fusionné »[5] pour créer cette plate-forme de dialogue et de coopération régionale qui se veut innovante.

Les objectifs affichés

Suivant le ministère des Relations extérieures brésilien, « l'UNASUL est une organisation internationale dont l'objectif est de promouvoir l'intégration régionale, sur la base de la construction d'une identité propre et du développement économique et social de la région[6] ». À l'occasion du sommet de Brasilia, de mai 2008, le président Lula avait rappelé les principes essentiels de la nouvelle entité régionale :

> L'UNASUL naît sous le signe de la diversité et du pluralisme. Les décisions de l'UNASUL seront prises par consensus, sur la base du dialogue, de l'harmonie et du respect mutuel. C'est à travers ces principes que nous ferons

[1] CSN, *Declaración Presidencial y Agenda Prioritaria. Primera Reunión de Jefes de Estado de la Comunidad Sudamericana de Naciones*, Brasilia, 30 septembre 2005.
[2] CSN, *Declaración de Cochabamba Colocando la Piedra Fundamental para una Unión Sudamericana II Cumbre de Jefes de Estado de la Comunidad Sudamericana de Naciones*, Cochabamba, 9 décembre 2006.
[3] UNASUL, *Tratado Constitutivo da União de Nações Sul-americanas*, Brasilia, 23 mai 2008. Disponible sur :
[4] L'article 26 stipule que le traité constitutif entrera en vigueur trente jours après la réception du neuvième instrument de ratification par le gouvernement de l'Équateur, pays hôte du Secrétariat général de l'UNASUL.
[5] José Ruiz Briceño, « La UNASUL: ¿Continuum o un nuevo inicio del regionalismo sudamericano? », *Anuario de la Integración Regional de América Latina y el Gran Caribe*, 2010, p. 103.
[6] Ministère des Relations extérieures, *Balanço de Política Externa 2003/2010 - UNASUL*, janvier 2011.

en sorte de veiller à la stabilité régionale et au développement sur des bases solidaires[1].

Il convient également de souligner que la participation citoyenne est l'un des autres principes régissant l'organisation, notamment à travers l'article 18 du traité constitutif, qui établit la nécessité de mettre en place « une interaction large, démocratique, transparente, pluraliste, diverse et indépendante avec les divers acteurs sociaux[2] ».

Concernant les objectifs précis de l'UNASUL, le traité constitutif énonce :

> [L'UNASUL vise] le développement du dialogue politique entre les États membres, afin d'assurer un espace de concertation qui renforce l'intégration sud-américaine et la participation du bloc sur la scène internationale ; la promotion du développement social afin d'éradiquer la pauvreté, de lutter contre les inégalités et de permettre un large accès à l'éducation et aux services de santé ; le développement de l'infrastructure pour une plus grande interconnexion au sein de la région ; l'intégration du sous-continent dans les domaines énergétique et industriel ; l'échange d'informations et d'expériences en matière de défense ; la mise en place de coopérations sectorielles, en tant que mécanismes d'approfondissement de l'intégration sud-américaine[3].

Au-delà de cette rhétorique, il convient de s'interroger sur la viabilité d'une organisation représentant une région fortement polarisée politiquement et marquée par certaines rivalités. Toutefois, pour le diplomate Felipe Cunha, ce contexte régional ne constitue pas un frein au projet intégrationniste :

> Il y a bien sûr parfois des rivalités et des divisions idéologiques mais nous pensons que nous pouvons surpasser toutes les divergences pour relever les défis communs de la région. Des visions différentes peuvent apparaître dans tel ou tel dossier, néanmoins on peut toujours aboutir à un consensus. Le tout est de toujours chercher à asseoir les États membres à la même table pour trouver des solutions à leurs désaccords[4].

---

[1] Luiz Inácio Lula da Silva, *Discurso do Presidente da República durante a Reunião Extraordinária de Chefes de Estado e de Governo da União de Nações Sul-Americanas - UNASUL*, Brasilia, 23 mai 2008.
[2] UNASUL, *Tratado Constitutivo da União de Nações Sul-americanas, op. cit.*
[3] *Ibidem.*
[4] Felipe Cunha, entretien avec l'auteur, ministère des Relations extérieures – division UNASUL, Brasilia, 2 décembre 2010.

Les autorités brésiliennes ont considéré que l'intégration ne pouvait plus être restreinte au seul MERCOSUL, du fait de ses limites géographiques et de son caractère essentiellement commercial. Mais il était également important de concentrer les efforts sur le seul espace sud-américain, afin de construire un pôle régional autonome viable sous leadership brésilien. Brasilia craignait en particulier un interventionnisme extérieur indirect des États-Unis par l'intermédiaire des pays centraméricains et caribéens. Il était donc essentiel, parallèlement au processus intégrationniste, de promouvoir une identité propre du sous-continent. Le traité constitutif de l'UNASUL précise ainsi que l'organisation s'appuie sur l'histoire commune des nations sud-américaines, ce qui exclut d'office l'Amérique du Nord, l'Amérique centrale et les Caraïbes. La création de l'UNASUL se justifiait également par le fait qu'il n'existait pas encore d'organisations regroupant toute l'Amérique du Sud (et elle seule). L'Organisation des États américains (OEA), notamment, ne possède pas une identité historique partagée, puisque l'organisation hémisphérique regroupe, en plus des pays sud-américains, aussi bien des pays développés d'origine anglo-saxonne que des pays caribéens et centraméricains historiquement influencés par les États-Unis.

Bien que la France soit un pays sud-américain avec le département de la Guyane, elle ne fait pas non plus partie de l'UNASUL. L'une des raisons pouvant expliquer cette absence tient au fait que la France est un pays développé, ce qui aurait eu pour conséquence de « déséquilibrer » le contexte régional. Ainsi, malgré les bonnes relations qu'entretenait le président Lula avec le président Sarkozy, le Brésil n'a pas joué de son influence pour intégrer l'Hexagone dans l'organisation. La position brésilienne était claire : afin de défendre ses intérêts et de s'affirmer en tant que leader régional, le géant lusophone ne pouvait permettre aucune interférence de la part d'une quelconque puissance du Nord. L'autre explication, plus concrète, tient au préambule du traité de l'UNASUL qui précise que la région prétend rester « libre d'armes nucléaires et de destruction massive ». La France, en tant que grande puissance nucléaire, n'avait donc pas sa place dans l'organisation[1].

Un cadre institutionnel restreint

L'empreinte brésilienne dans la mise en place de l'UNASUL s'est illustrée à travers l'institutionnalisation de l'organisation à l'issue du sommet de Brasilia de mai 2008. Malgré une rhétorique affirmant le contraire, le gouvernement Lula s'est montré très réticent à l'idée d'accepter une

---

[1] André Panno Beirão, « Há perspectivas de integração em Defesa na América do Sul? A postura brasileira à luz das Política e Estratégia Nacionais de Defesa », Congrès de l'Association des études latino américanistes, Toronto, octobre 2010.

intégration poussée du bloc régional, avec des institutions communes qui auraient donné aux autres pays membres quelques instruments susceptibles d'influencer la politique extérieure du géant sud-américain. Les autorités brésiliennes ont ainsi fait en sorte de conférer à l'UNASUL un caractère strictement intergouvernemental avec une institutionnalisation limitée, à l'instar du MERCOSUL. D'après Felipe Cunha :

> Le Brésil n'est pas prêt à adopter une vision supranationale de l'UNASUL. Le transfert de souveraineté politique, économique et financière n'est pas à l'ordre du jour. La priorité est donnée à un approfondissement de la coopération interétatique[1].

La structure institutionnelle de l'UNASUL est ainsi divisée en deux niveaux : les organes centraux, responsables de l'orientation politique générale et de la supervision du processus d'intégration (Conseil des chefs d'État et de gouvernement, Conseil des ministres des Relations extérieures, Conseil des délégués et Secrétariat général) ; et les conseils ministériels sectoriels (Conseil de l'énergie, Conseil de la santé, Conseil de défense, Conseil du développement social, Conseil pour la lutte contre les drogues, Conseil de l'infrastructure et Conseil de l'éducation, de la culture, de la science, technologie et innovation). L'UNASUL a par ailleurs adopté le principe de la présidence tournante, alternant tous les ans, suivant l'ordre alphabétique des pays membres[2].

Les faiblesses institutionnelles de l'organisation donnent ainsi une grande marge de manœuvre à Brasilia. La flexibilité de la structure de l'UNASUL permet au Brésil de défendre efficacement et sans contrainte ses intérêts nationaux, tout en accroissant sa capacité d'interlocution.

Une instance garante de la stabilité régionale

Après sa création, l'UNASUL a rapidement joué un rôle majeur pour la résolution des conflits en Amérique du Sud[3]. Le Brésil s'est en effet servi de la nouvelle organisation régionale pour s'affirmer en tant que puissance stabilisatrice du sous-continent.

---

[1] Felipe Cunha, entretien avec l'auteur, *op. cit.*

[2] Ministère des Relations extérieures, *Balanço de Política Externa 2003/2010 – UNASUL, op. cit.*

[3] Voir Annexe XII.

La déclaration de La Moneda (15 septembre 2008) et le conflit interne en Bolivie

La crise interne en Bolivie a fourni à l'UNASUL un véritable « baptême du feu ». Après la victoire d'Evo Morales lors du référendum révocatoire du 10 août 2008, les préfets des départements orientaux de l'État andin (Santa Cruz, Tarija, Beni, Pando et Chuquisaca), réclamant plus d'autonomie, déclenchèrent une « grève civique » et menacèrent de bloquer les routes. Divers actes de sabotage eurent pour effet d'interrompre momentanément les livraisons de gaz au Brésil et à l'Argentine. Des affrontements éclatèrent en septembre 2008 et se traduisirent par des attaques violentes de l'opposition contre des bureaux administratifs du gouvernement central. Le massacre de partisans du gouvernement Morales dans la province de Pando, le 12 septembre 2008, provoqua également une grave crise politique. Le gouvernement qualifia ces actes de « massacre contre les paysans » et de « coup d'État civico-préfectoral », et décréta l'état d'urgence dans la province.

Faisant preuve d'une réactivité à laquelle la préoccupation du Brésil et de l'Argentine pour leur sécurité énergétique n'est pas étrangère, les chefs d'État de l'UNASUL se réunirent le 15 septembre au *Palacio de La Moneda*, à Santiago du Chili. Dans le cadre de ce sommet extraordinaire convoqué par la présidente chilienne et présidente *pro tempore* de l'UNASUL, Michelle Bachelet, les discussions portèrent sur les réformes agraire[1], fiscale[2] et constitutionnelle[3] opposant le gouvernement central de La Paz aux cinq départements de la *Media Luna*[4] bolivienne, afin de débloquer la situation et d'éviter qu'une véritable guerre civile n'éclate[5]. La déclaration de *la Moneda*[6] fut alors adoptée pour condamner les actes de violence. Les membres de l'UNASUL y affirmèrent, de façon unanime, leur soutien ferme au président Morales, en précisant qu'ils ne toléreraient aucune action qui équivaudrait à un coup d'État. Par la suite, une commission fut diligentée afin d'établir un rapport impartial sur le massacre du 12 septembre, ainsi qu'une autre commission de soutien pour faciliter le dialogue entre le gouvernement et l'opposition.

---

1 Projet de transfert de terres non cultivées, appartenant à de grands propriétaires terriens, à des paysans sans terre.

2 Décision du gouvernement bolivien de réduire la part de l'*Impuesto Directo a los Hidrocarburos* (IDH) que reçoivent les départements producteurs, pour assurer une meilleure redistribution.

3 La réforme constitutionnelle devait faire en sorte de renforcer le pouvoir central.

4 Nom de la zone située à l'est de la Bolivie, dont la principale caractéristique est de ne pas avoir une population majoritairement indienne.

5 Mélanie Lepage, *Vers le développement d'une communauté de sécurité pluraliste en Amérique du Sud*..., *op. cit.*, p. 35.

6 UNASUL, *Declaración de La Moneda*, Santiago du Chili, 15 septembre 2008.

Cette première réunion d'urgence de l'UNASUL a donné le ton. L'organisation a été réactive mais, dans le même temps, elle a été le théâtre d'un affrontement entre d'une part Hugo Chavez, qui souhaitait que les États-Unis soient condamnés pour leur intromission dans la crise bolivienne[1] et, d'autre part, la présidente chilienne Michelle Bachelet, qui présidait l'UNASUL et cherchait à associer l'OEA au règlement du différend. Finalement l'organisation s'est orientée vers la voie médiane, tracée par la diplomatie brésilienne, en agissant de manière autonome et en évitant de porter des accusations à l'encontre de Washington.

Le sommet de Santiago peut être considéré comme un premier succès pour l'UNASUL, mise sur pied à peine quelques mois auparavant. L'action de l'organisation a été particulièrement efficiente pour désamorcer cette crise menaçant la paix et la stabilité régionale.

La déclaration de Bariloche (28 août 2009) sur la crise des bases militaires américaines en Colombie

Moins d'un an après la crise bolivienne, l'UNASUL fut une nouvelle fois mise à contribution pour mettre fin aux tensions régionales apparues avec la signature d'un accord entre Bogota et Washington, prévoyant l'utilisation par les forces armées américaines de sept bases militaires situées sur le territoire colombien[2]. Des pays de la région, notamment l'axe bolivarien, s'insurgèrent contre ce renforcement de la présence militaire des États-Unis en Amérique du Sud. Le gouvernement colombien justifia cet accord en parlant d'une simple coopération bilatérale dans le cadre d'opérations conjointes de lutte contre le narcotrafic et le terrorisme. C'est dans ce contexte qu'un nouveau sommet de l'UNASUL se mit en place à San Carlos de Bariloche, en Argentine, le 28 août 2009.

Le Venezuela et l'Équateur en particulier se sentirent menacés par cet réaffirmation de la présence militaire de Washington à leurs frontières. Lors du sommet, Hugo Chavez affirma qu'il était « extrêmement préoccupé par l'installation des bases américaines en Colombie », allant jusqu'à qualifier l'accord américano-colombien de « déclaration de guerre ». Il menaça, par ailleurs, de rompre les relations diplomatiques avec son voisin, tout en précisant que « cela pourrait être le début d'une nouvelle tragédie [...] une agression de la Colombie contre les intérêts vénézuéliens trouverait une

---

[1] Accusé d'avoir rencontré les opposants, l'ambassadeur des États-Unis en Bolivie, Philip Goldberg, est expulsé le 11 septembre 2008. En signe de solidarité, le Venezuela fait de même le lendemain avec Patrick Duddy.

[2] Les bases militaires sont situées à Cartagena, Larandia, Tolemaida, Palanquero, Málaga, Apiay et Malambo.

réponse militaire directe[1] ». Quant au président équatorien, Rafael Correa, qui avait rompu les relations diplomatiques avec Bogota depuis une intervention de l'armée colombienne en territoire équatorien dans une opération anti-FARC, ce dernier ajouta que « l'Équateur était fatigué des pratiques de la Colombie. Ces bases sur le sol colombien ne constituent pas seulement un danger pour la région, mais aussi une provocation. Nous devons avoir une attitude très ferme à ce sujet[2] ». C'est parce que l'accord était favorable aux intérêts américains que le Venezuela en était son principal détracteur. Une plus grande présence américaine dans le sous-continent allait à l'encontre de la politique extérieure vénézuélienne, reposant sur une stratégie de projection de l'idéologie bolivarienne anti-impérialiste, notamment dans le cadre de l'intégration régionale. Le président Chavez craignait par ailleurs que cette présence de forces américaines en territoire colombien le vise directement dans une tentative de coup d'État (déjà vécue en 2002)[3].

Les autres acteurs, notamment le Chili, le Brésil et l'Argentine, reprochèrent à la Colombie d'avoir conclu cet accord sans consulter les pays de la région, et exigèrent un contrôle strict des actions des États-Unis sur le territoire colombien, tout en admettant qu'il s'agissait d'une affaire interne à la Colombie[4]. Ces pays reconnaissaient le droit à la Colombie de choisir souverainement ses politiques, mais voulaient des garanties sur le fait que l'accord n'aille pas à l'encontre des intérêts des pays de la région. Le gouvernement Lula se préoccupait en particulier de la proximité de ces bases avec le territoire amazonien national, une zone considérée par Brasilia comme étant hautement stratégique et sous la menace de la « convoitise » internationale.

Dans ce climat de tension, la Colombie menaça de quitter l'UNASUL. Sommée de rendre public l'accord militaire, Bogota exigea en contrepartie des détails sur les contrats militaires signés par certains de ses voisins avec des puissances étrangères[5]. Le Brésil se trouva ainsi dans une position délicate. Afin de ne pas heurter les sensibilités des pays de la région, Brasilia devait chercher un consensus. Il était essentiel de modérer les réactions radicales des pays anti-impérialistes, tout en demandant à la Colombie des explications claires sur les objectifs de l'accord, ainsi que sur ses contours

---

[1] « Chavez diz que 'ventos de guerra começam a soprar' na América do Sul », *Estado de São Paulo*, 10 août 2009.
[2] *Ibidem*.
[3] Heitor Figueiredo Sobral Torres, « O imbroglio das bases militares na Colombia », *Mundorama*, septembre 2009.
[4] Mélanie Lepage, *Vers le développement d'une communauté de sécurité pluraliste en Amérique du Sud…*, *op. cit.*, p. 37.
[5] Cela visait le Venezuela et ses contrats d'armement avec la Russie, mais aussi le Brésil et son partenariat militaire avec la France.

juridiques. En tant que puissance régionale, le Brésil ne pouvait permettre des activités ostensibles de la part de l'armée américaine dans la région, même si celle-ci poursuivait, officiellement, des objectifs en accord avec les intérêts nationaux brésiliens. Parallèlement, Brasilia devait éviter toute action favorisant la polarisation politique du sous-continent (en l'espèce, le « bolivarisme » vénézuélien contre la « sécurité démocratique » colombienne).

Finalement, à l'issue de vives discussions, le sommet de Bariloche déboucha sur une déclaration[1] précisant plusieurs points essentiels, censés éviter à l'avenir la montée des tensions dans la région à cause de ce type d'accords militaires : les pays de la région devront désormais justifier que la présence de forces militaires étrangères sur leur territoire ne menace pas les pays membres de l'UNASUL ; pour une question de transparence, des mécanismes de vérification du contenu et de l'application d'accords militaires transnationaux devront être mis en place pour donner des garanties aux pays voisins quant aux objectifs réels de ces accords ; enfin, des coopérations frontalières entre pays membres de l'UNASUL doivent être renforcées afin d'apporter une réponse régionale à la criminalité transnationale.

L'empreinte autonomiste et consensuelle du Brésil est une nouvelle fois présente dans cette déclaration de l'UNASUL. Dans un esprit de consensus, le document ne condamne pas la Colombie mais insiste sur la nécessité pour le sous-continent de prendre ses distances avec les puissances extérieures, lorsqu'il s'agit de traiter des questions sensibles de sécurité régionale.

La déclaration de Buenos Aires (1er octobre 2010) sur la crise en Équateur

Un nouveau sommet de l'UNASUL eut lieu le 1er octobre 2010, à Buenos Aires, à la suite d'une crise en Équateur opposant le pouvoir en place à une frange de la police et de l'armée équatorienne. Cette crise avait débuté en raison du vote par le parlement d'une loi réformant le régime des traitements et soldes des policiers et militaires[2]. La crise était arrivée à son point culminant lorsque des policiers agressèrent le président équatorien, Rafael Correa, qui tentait pourtant de négocier. Par la suite, une tentative de coup d'État eut lieu, l'opposition profitant de la situation pour se ranger derrière

---

[1] UNASUL, *Declaración de Bariloche*, San Carlos de Bariloche, 28 août 2009.

[2] Un groupe de 150 militaires de l'armée de l'air avait envahi et bloqué l'aéroport international de Quito pendant plusieurs heures. Des policiers avaient, pour leur part, occupé le Congrès, après des heurts avec certains parlementaires, les policiers ayant tenté d'empêcher l'entrée des élus. Des manifestations similaires avaient également eu lieu ailleurs dans le pays. Des centaines de policiers avaient ainsi pris d'assaut des commissariats de Guayaquil et de Cuenca, et avaient bloqué des autoroutes menant à la capitale.

les fonctionnaires mécontents. Cette tentative échoua rapidement grâce à l'intervention des forces armées loyalistes[1].

Comme dans le cas précédent en Bolivie, la déclaration de Buenos Aires[2]condamne toutes les actions visant à mettre à mal l'ordre constitutionnel, tout en affirmant le soutien de l'organisation au président légalement élu.

La déclaration de Georgetown (26 novembre 2010) et l'adoption de la clause démocratique

À la suite de la crise interne en Équateur et la déclaration de Buenos Aires, les pays membres de l'organisation se retrouvèrent dans le cadre de la IVe réunion des chefs d'État et de gouvernement de l'UNASUL à Georgetown, au Guyana, le 26 novembre 2010. Ces derniers avaient convenu, lors du sommet précédent, d'adopter, lors de la prochaine réunion, un protocole additionnel au traité constitutif de l'UNASUL établissant une clause démocratique[3].

Le protocole vise ainsi à donner les instruments nécessaires à l'organisation pour faire face à toute violation de l'ordre constitutionnel et des principes démocratiques. Dans le cas où une telle situation se produirait, diverses mesures sont prévues en vertu de l'article 4 du protocole :

> a) la suspension du droit de participer aux différents organes et instances de l'UNASUL; b) la fermeture partielle ou totale des frontières terrestres, incluant la suspension et/ou la limitation du commerce, du trafic aérien et maritime, des communications, de la fourniture d'énergie, de services et d'approvisionnement ; c) la demande de suspension de l'État concerné dans le cadre d'autres organisations régionales et internationales ; d) la demande, devant les pays tiers et/ou regroupements régionaux, de la suspension des droits et/ou des bénéfices de l'État affecté, des dérivés des accords de coopération desquels ils feraient partie ; e) l'adoption de sanctions politiques et diplomatiques additionnelles[4].

Cette clause démocratique prouve la grande importance accordée par les États membres de l'UNASUL à la défense de l'ordre constitutionnel, un

---

[1] Mélanie Lepage, *Vers le développement d'une communauté de sécurité pluraliste en Amérique du Sud…, op. cit.*, p. 38.

[2] UNASUL, *Declaración de Buenos Aires sobre la situación en Ecuador*, Buenos Aires, 1er octobre 2010.

[3] Mélanie Lepage, *loc. cit.*

[4] UNASUL, *Protocolo Adicional al Tratado Constitutivo de UNASUR sobre compromiso con la democracia*, Georgetown, 26 novembre 2010.

sujet particulièrement sensible dans une région en proie historiquement aux coups d'État[1]. Les événements successifs survenus en Bolivie et en Équateur incitèrent l'organisation à inscrire clairement dans ses statuts la condamnation de toute transgression des règles démocratiques. L'UNASUL souhaitait ainsi éviter que survienne un putsch, comme celui qu'a connu le Honduras en juin 2009. Selon Felipe Cunha :

> La clause démocratique, comme principe fondamental de l'UNASUL, a été adoptée à la suite de la crise équatorienne, mais elle est surtout le résultat d'importantes discussions initiées au moment du coup d'État au Honduras dont a été victime le président Manuel Zelaya. Cet événement nous a profondément marqués, car nous ne pensions pas que les démons du passé latino-américain pouvaient resurgir de la sorte au XXIe siècle [...] Le principe démocratique est très fort dans la région et on a pu constater lors des crises en Équateur ou au Honduras que les pays latino-américains ne sont plus prêts à accepter les coups de force militaires ou civils. Il y a donc un compromis général pour condamner tout coup d'État dans la région, indépendamment de la vision qu'a chaque pays membre de ce qu'est ou non une vraie démocratie[2].

Il était en particulier dans l'intérêt du Brésil de doter l'UNASUL d'instruments juridiques efficaces pour contrer toute tentative de déstabilisation régionale. Il s'agissait pour les autorités brésiliennes de renforcer l'organisation en tant que plate-forme efficiente de résolution des conflits, notamment en promouvant certains principes fondamentaux partagés.

2. L'UNASUL en tant qu'instrument d'autonomie et de projection

Le Brésil, en tant que puissance régionale avec une nette supériorité en termes de PIB, de territoire, de population et de poids politique international, a fait en sorte de créer un mécanisme politique d'intégration autonome, lui servant à la fois à affirmer son leadership régional et à renforcer sa projection internationale. Afin que l'UNASUL assume effectivement ce rôle, Brasilia a dû donner les moyens au processus intégrationniste pour qu'émerge un véritable pôle de puissance sud-américain.

[1] Des clauses démocratiques avaient déjà été adoptées par le MERCOSUL et la CAN. Le MERCOSUL avait en particulier adopté cette clause au lendemain d'une tentative de coup d'État au Paraguay en 1996.
[2] Felipe Cunha, entretien avec l'auteur, *op. cit.*

Le désenclavement de l'Amérique du Sud à travers l'intégration physique

Le désenclavement du sous-continent est l'une des raisons qui a poussé les autorités brésiliennes à donner une importance particulière aux projets d'infrastructures dans le cadre de l'UNASUL. Il s'agit là d'un facteur indispensable pour permettre le développement des échanges en provenance et à destination du Brésil, mais également pour accéder à de nouveaux marchés[1].

Les échanges commerciaux entre les pays d'Amérique du Sud sont essentiellement réalisés par la route et par les voies navigables. Aujourd'hui, avec le développement des flux commerciaux, les infrastructures en matière de transport sont insuffisantes et constituent par conséquent un obstacle à la fluidité des échanges. Le Brésil aspire ainsi à ouvrir plus largement son territoire vers l'extérieur, en particulier en direction du nord et de l'ouest en dépassant la barrière naturelle amazonienne. Au nord, le but est d'étendre son influence économique jusqu'à la zone Caraïbe, mettant ainsi en relation le CARICOM[2] et le MERCOSUL. À l'est, l'idée-force, inspirée des géopoliticiens des années 1970, est celle de la biocéanité, en d'autres termes un accès facilité à l'océan Pacifique et aux ports du Pérou, du Chili et de l'Équateur[3]. L'objectif est à la fois d'intensifier les activités économiques intra-régionales et d'accéder directement aux marchés asiatiques. Le projet de l'UNASUL doit donc être relié au« phénomène de mondialisation économique que le Brésil est prêt à exploiter au mieux de ses possibilités[4] ».

Suivant ce dessein, le président Lula a poursuivi le projet de l'intégration physique de la région initié par le gouvernement précédent[5]. Avec l'aide d'une puissante institution, la Banque Nationale de développement économique et sociale (BNDES), Brasilia, en concertation avec ses partenaires sud-américains, a cherché à définir les priorités et à dégager les ressources financières permettant d'entamer les grands travaux nécessaires à la concrétisation d'un système d'intégration physique sous-continental[6]. Dans le cadre de l'Initiative pour l'intégration de l'infrastructure régionale

---

[1] Arnaud Cazalaa, *La mondialisation du Brésil*, mémoire en géopolitique, Collège interarmées de défense, Paris, mars 2006, p. 36.
[2] Marché commun de la Communauté du bassin des Caraïbes.
[3] Arnaud Cazalaa, *op. cit.*, p. 37.
[4] *Ibidem.*
[5] La première réunion de l'Initiative pour l'intégration de l'infrastructure de la région sud-américaine (IIRSA) ayant eu lieu à Brasilia en septembre 2000 à l'époque du gouvernement de FHC.
[6] En plus du BNDES, les projets d'infrastructures sont financés par trois institutions financières multilatérales : la Banque interaméricaine de développement (BID), la Corporation andine de développement (CAF) et le Fonds financier pour le développement du Bassin de La Plata (FONPLATA).

sud-américaine (IIRSA), entre 2000 et 2010, 524 projets ont ainsi été approuvés pour un coût total estimé à 96 milliards US$[1].

L'un des projets phares de cette intégration a été lancé par le président Lula et le président péruvien Alejandro Toledo, le 8 septembre 2005, avec la construction de la route interocéanique reliant le Brésil à la côte péruvienne (ports de Matarani et Ilo dans la région de Madre de Díos)[2]. Cet exemple démontrait que la Communauté sud-américaine des nations, inaugurée l'année précédente, n'était pas simplement un exercice de rhétorique, mais exprimait bien la volonté des pays de la région de raccourcir les distances qui les séparaient[3].

Tableau 1. Les grands projets d'infrastructures en matière de voies de communication (2005-2010)

Projets	Objectifs	Coûts en dollars (US$)
Route de Boa Vista (Roraima, Brésil – Georgetown, Guyana)	Relier le Guyana au reste du sous-continent	200 millions US$
Voie fluviale de Manta (Équateur) à Manaus (Brésil)	Alternative pour l'accès aux marchés asiatiques des produits de la zone franche de Manaus	700 millions US$
Couloir interocéanique du Sud	Augmenter les flux commerciaux entre le Brésil et le Pérou	892 millions US$
Couloir interocéanique Brésil – Bolivie – Chili[4]	Faciliter l'accès aux marchés asiatiques des produits brésiliens et boliviens via l'Océan Pacifique	900 millions US$
Ligne ferroviaire Casvavel (Brésil) – Encarnacion (Paraguay)	Faciliter le transport des produits tels que le soja entre les deux pays	Non précisé
Route du MERCOSUL	Augmenter la circulation des marchandises entre le Brésil, l'Argentine et l'Uruguay	8 milliards US$

Source : Élaboré par l'auteur suivant les données de l'IIRSA.

[1] IIRSA, *IIRSA 10 años después: Sus logros y desafíos*, Buenos Aires, 2011.
[2] Le couloir Santos – Puerto San Juan a une longueur de 3800 km, dont 1100 km en territoire péruvien. Le coût total de l'ouvrage atteint 892 millions US$ dont 700 millions US$ financés par la BNDES.
[3] Luiz Alberto Moniz Bandeira, « o Brasil como potência regional e a importancia estratégica da America do Sul na sua Política exterior », *Espaço Acadêmico*, 24 août 2010.
[4] La route interocéanique Brésil-Bolivie-Chili, longue de 5 800 kilomètres, doit relier le port de Santos (Brésil) à celui d'Arica (Chili). En plus de son aspect économique, cette route est chargée de symbolisme diplomatique. Depuis la fin du XIXe siècle, la Bolivie réclame au Chili un accès à l'Océan Pacifique.

La création des « couloirs » de communication en Amérique du Sud, reliant les océans Atlantique et Pacifique, entend donc ouvrir de manière plus importante le sous-continent au monde. En favorisant les exportations régionales, du fait du raccourcissement des distances, et en abaissant les coûts de transport, les grands travaux d'infrastructures doivent rendre les produits sud-américains plus compétitifs sur le marché international. Par ailleurs, ces couloirs constituent un vecteur fondamental pour l'approfondissement de l'intégration en favorisant les échanges commerciaux entre les pays situés le long de ces voies de communication, tout en stimulant le flux des personnes, et donc le tourisme[1].

Un bloc régional uni comme facteur multiplicateur de puissance

En plus des considérations d'ordre économique, l'UNASUL a pour les décideurs brésiliens un aspect stratégique. Les autorités brésiliennes considèrent l'organisation comme une entité consensuelle, particulièrement flexible, permettant de consolider le leadership régional de leur pays sans éveiller les craintes et les méfiances des voisins sud-américains. D'après Alfredo Valladão, l'UNASUL constitue ainsi un modèle de type *hub-and-spoke*[2], caractérisée par une Amérique du Sud fragmentée mais connectée au *hub* brésilien[3], pour une meilleure défense des intérêts régionaux. À ce propos, le président Lula affirmait :

> Une Amérique du Sud unie fera en sorte de changer l'échiquier du pouvoir mondial, non pas pour le bénéfice de tel ou tel pays, mais pour le bénéfice de tous. Nous laissons derrière nous une longue histoire marquée par l'indifférence et l'isolement réciproques. Notre Amérique du Sud ne sera plus un simple concept géographique. À partir d'aujourd'hui elle est une réalité politique, économique et sociale, avec des institutions propres. L'UNASUL doit être construite dans le cadre de nos projets nationaux de développement. Le Brésil veut associer son présent et son futur au destin de l'Amérique du Sud. Aucun de nos pays ne peut, tout seul, aspirer à la prospérité. En plus d'être généreux, nous devons être solidaires. Aujourd'hui, nous avons doté l'Amérique du Sud d'un mécanisme flexible et efficient permettant de mettre en place des initiatives communes dans le cadre du processus ambitieux de l'intégration[4].

---

[1] Ministère des Relations extérieures, *Balanço de Política Externa 2003/2010 - América do Sul – Transportes*, Brasilia, décembre 2010.

[2] Dans les réseaux informatiques, le modèle *hub and spoke* désigne une architecture mettant en œuvre un point de connexion central qui peut atteindre chacune des terminaisons situées à la périphérie.

[3] Alfredo Valladão, « Brésil-Amérique du Sud : partenariat ou leadership ? », *Politorbis*, n° 41, décembre 2009, p. 30.

[4] Luiz Inácio Lula da Silva, *Discurso do Presidente da República durante a Reunião Extraordinária de Chefes de Estado e de Governo da União de Nações Sul-Americanas - UNASUL, op. cit.*

Le gouvernement Lula souhaitait ainsi que l'UNASUL engendre des gains collectifs en tant que bloc politique dans un scénario international multipolaire. Dans ce cadre, la recherche de nouvelles sources de pouvoir était aussi importante pour le Brésil que pour des pays plus modestes, puisqu'elle avait pour objectif de favoriser leur propre projection internationale.

Bien que le Brésil soit à lui seul un important acteur politique et économique, son pouvoir d'influence et sa force négociatrice pourraient être multipliés par le poids d'une Amérique du Sud intégrée. Composée de douze États dans un espace contigu de 17 millions de km², le sous-continent possède une population totale de plus de 400 millions d'habitants (près de 70 % de toute l'Amérique latine), une unité linguistique (le portugais et l'espagnol étant deux langues relativement proches) et détient l'une des plus importantes réserves d'eau douce et de biodiversité de la planète, en plus d'immenses ressources énergétiques et agricoles. Au vu de ces éléments, l'UNASUL, avec un PIB de l'ordre de 3 532 US$ (2010 est.), pourrait représenter « une extraordinaire force économique et politique à l'avenir, dans un système international constitué des grands pôles de puissance que sont les États-Unis, l'Union européenne, le Japon, la Russie, la Chine et l'Inde[1] ».

Tableau 2. Le poids de l'UNASUL par rapport aux autres blocs et pays du système international (en 2011)

Pays ou bloc	Population (en millions)	Superficie (en millions de km²)	PIB nominal (en milliards US$)	PIB nominal par habitant (en milliers US$)
UNASUL	397	17,7	3 532	7 421
UE	502	4,3	16 228	32 537
ALENA	457	21,7	17 271	37 769
ASEAN	601	4,4	1 800	2 995
États-Unis	312	9,8	15 065	48 147
Chine	1 339	9,6	6 988	5 184
Inde	1 210	3,2	1 631	1 370
Russie	142	17	1 894	13 542
Japon	127	0,377	5 855	45 774
Brésil	192	8,5	2 090	12 926

Source : élaboré par l'auteur suivant les données du FMI.

[1] Luiz Alberto Moniz Bandeira, « o Brasil como potência regional... », *op. cit.*.

En dépit du discours concernant le rôle de l'organisation visant à adopter des positions communes sur la scène internationale et faire parler l'Amérique du Sud d'une seule voix, la conduite du Brésil dans les instances multilatérales a généralement fait peu de place à la concertation régionale[1]. L'UNASUL a toutefois déjà été reconnue comme un instrument efficace de dialogue avec certains blocs régionaux. Deux mécanismes interrégionaux structurés se sont ainsi créés avec les sommets Amérique du Sud – Pays arabes (ASPA) et Amérique du Sud – Afrique (ASA), dans le cadre des relations Sud-Sud promues par Brasilia.

Un bilan provisoire positif pour l'autonomisation du sous-continent

Malgré la succession d'événements survenus en Amérique du Sud à la fin des années 2000, l'UNASUL a su s'adapter au contexte régional et être rapidement opérationnelle. L'organisation a aussi bien servi à désamorcer les crises dans le sous-continent qu'à faire émerger une véritable communauté de sécurité. La réactivité et l'efficience de l'organisation sont en grande partie dues à l'action de la diplomatie brésilienne, mais d'autres acteurs se sont particulièrement impliqués pour donner corps à ce projet intégrationniste. Néstor Kirchner, le premier secrétaire général de l'UNASUL, a en particulier joué un rôle important par son dynamisme, jusqu'à son décès le 27 octobre 2010. D'après Olivier Dabène :

> Néstor Kirchner, qui ne s'était guère montré intéressé par les questions internationales durant son mandat de président de l'Argentine (2003-2007), évitant même de participer aux sommets, et alors qu'il était engagé dans la précampagne pour les élections présidentielles de 2011, a su s'imposer comme un interlocuteur précieux et un porte-parole efficace du groupe. Son rôle de médiateur dans la crise entre la Colombie et le Venezuela durant l'été 2010 a d'ailleurs été salué unanimement[2].

En contribuant à la stabilisation politique régionale ainsi qu'au renforcement de la gouvernance sud-américaine, l'UNASUL est devenue le principal mécanisme stabilisateur des pays sud-américains. Dans ce domaine, elle a surpassé l'Organisation des États américains même si les autorités brésiliennes préfèrent évoquer « l'action complémentaire des deux organisations pour veiller à la stabilité du continent[3] ». Selon Andrés Serbin, les actions de l'UNASUL « ont révélé l'affaiblissement progressif dans la

---

[1] Alain Rouquié, « Le Brésil dans le monde : activisme diplomatique et promotion internationale », *op. cit.*, p. 370.
[2] Olivier Dabène, « L'Union des Nations sud-américaines (UNASUL). Le nouveau visage pragmatique du régionalisme sud-américain », OPALC, 2011.
[3] Felipe Cunha, entretien avec l'auteur, *op. cit.*

région du rôle joué par l'OEA dans la résolution pacifique des différends au sein de l'hémisphère américain[1] ».

Parallèlement à son action dans le sous-continent, l'UNASUL n'a pas hésité à se projeter sur la scène internationale en prenant position sur des sujets très variés et parfois sensibles : le 4 mai 2010, l'organisation appuie la revendication argentine sur les Malouines ; le 2 juin de la même année, le bloc condamne l'intervention militaire israélienne contre la flotte humanitaire se dirigeant vers Gaza[2]. La diversité des actions de l'UNASUL s'est aussi étendue au domaine humanitaire. La bonne réactivité de l'organisation s'est ainsi vérifiée à la suite du tremblement de terre en Haïti du 12 janvier 2010, les pays membres ayant approuvé rapidement une déclaration de solidarité, établissant un fonds « UNASUL-Haïti » à hauteur de 100 millions US$ (40 % de cette valeur provenant d'une contribution brésilienne). Un plan d'action a également été mis en place, le 17 mars 2010, afin d'installer un secrétariat technique de l'UNASUL à Port-au-Prince, chargé de gérer le fonds[3]. À cette occasion, le président péruvien Alan García avait déclaré : « Haïti est une opportunité pour que l'UNASUL donne un sens à son existence[4]».

En définitive, l'UNASUL constitue un résultat concret de l'action du gouvernement Lula visant à créer un pôle autonome de stabilité politique et de prospérité économique sud-américain. Malgré sa faiblesse en termes institutionnels, diverses initiatives ont été prises dans le cadre de l'organisation pour la mise en place de coopérations multisectorielles, en particulier celles destinées à développer l'intégration physique du sous-continent. En outre, en plus de son rôle régional, nous avons pu voir que ponctuellement l'UNASUL pouvait constituer un instrument permettant aux pays sud-américains de parler d'une seule voix sur la scène internationale.

***

L'aspiration brésilienne à exercer un leadership régional a contribué de manière décisive à la création de l'UNASUL en tant que plate-forme de coopération en matière économique, politique et de sécurité. En cela, l'organisation sud-américaine a été un instrument fondamental et a constitué le principal mécanisme pour l'action multilatérale brésilienne dans la région. Cette entité régionale est, de plus, en adéquation avec les principes

[1] Andrés Serbin, « La Organización de Estados Americanos, las Naciones Unidas, la sociedad civil, y la prevención de conflictos », Coordinadora Regional de Investigaciones Económicas y Sociales, 2009.
[2] Olivier Dabène, *op. cit.*
[3] Ministère des Relations extérieures, *Balanço de Política Externa 2003/2010 - América do Sul – UNASUL, op. cit.*
[4] « Haití es la oportunidad de que UNASUL dé sentido a su existencia », *El Comercio*, 9 février 2010.

autonomistes de la diplomatie brésilienne, puisqu'elle présente un faible niveau institutionnel, ce qui garantit la marge de manœuvre de Brasilia face à ses partenaires.

L'UNASUL ne représente pas un projet intégrationniste lambda, mais bien un mécanisme politico-stratégique pour la formation d'une identité régionale et pour l'affirmation du leadership brésilien. Tandis que la création du MERCOSUL fut une réaction du Brésil et de ses partenaires sud-américains au phénomène de la mondialisation économique, l'UNASUL peut être vue comme une adaptation du sous-continent à l'émergence de la multipolarité du système international. La nouvelle organisation est ainsi apparue dans un contexte de restructuration systémique et s'inscrit, en outre, dans une volonté d'émancipation vis-à-vis de l'influence hégémonique des États-Unis. De fait, avec cette entité strictement sud-américaine, le Brésil a contribué à mettre définitivement « hors jeu » le projet de la ZLEA et à réduire l'importance du rôle joué par l'OEA.

Par ailleurs, nous verrons que l'incorporation d'un Conseil de défense sud-américain dans le schéma institutionnel de l'UNASUL vient confirmer les objectifs autonomistes de l'organisation, en élargissant la coopération régionale dans les domaines sensibles de la défense et de la sécurité.

CHAPITRE IV

L'INTÉGRATION DANS LES DOMAINES DE LA DÉFENSE ET DE LA SÉCURITÉ : LA MISE EN PLACE DU CONSEIL DE DÉFENSE SUD-AMÉRICAIN (CDS)

Comme indiqué précédemment, l'Amérique du Sud reste l'une des zones les plus stables au monde. Certaines données objectives le confirment comme le fait que la région enregistre des dépenses militaires relativement faibles, qu'elle est un espace libre de toute arme chimique ou nucléaire, et qu'elle n'a pas connu de guerres conventionnelles importantes depuis près d'un siècle[1]. L'explication d'une telle anomalie au sein du système international peut être trouvée à travers certains facteurs réalistes : position périphérique du sous-continent, hégémonie historique nord-américaine, capacités militaires réduites et priorité donnée à « l'ennemi intérieur »[2]. En outre, le rapprochement entre les pays sud-américains en matière commerciale, depuis la fin du XXe siècle, a fait en sorte de rendre les conflits interétatiques encore moins probables. Mais dans le même temps, l'intégration a développé de nouvelles menaces de type transnational : réseaux régionaux de narcotrafic, trafic d'armes, immigration illégale, exploitation prédatrice et trafic des ressources naturelles, etc. Ces questions transcendent le cadre national, notamment à cause de la porosité des frontières en Amérique du Sud, et exigent une réponse à travers des actions régionales communes.

Dès lors est apparu un climat favorable à l'émergence d'une intégration plus large dans le domaine de la sécurité, mais également dans celui de la défense. Jusqu'à une période récente, ces thèmes n'entraient pas dans l'agenda de l'intégration régionale de l'Amérique du Sud, les processus intégrationnistes se limitant essentiellement au domaine économique. Au début du XXIe siècle, une série d'initiatives a vu le jour pour donner une nouvelle orientation politico-stratégique à l'intégration du sous-continent, notamment à travers l'UNASUL et son Conseil de défense sud-américain (CDS). Une nouvelle réalité géopolitique sud-américaine a émergé au détriment de la longue tradition panaméricaine. Le CDS a ainsi un objectif ambitieux : le dépassement des facteurs conjoncturels d'instabilité, sans l'intervention des États-Unis. De fait, c'est le nouveau paysage politique sud-américain, dominé par le Brésil et le Venezuela, et marqué par l'absence

---

[1] L'Amérique du Sud, qui ne représente que 3 % des dépenses militaires mondiales, n'est touchée en vérité que par un seul conflit armé d'envergure, celui alimenté par les FARC.

[2] Oscar Medeiros Filho, *Entre a cooperação e a dissuasão : politicas de defesa e percepções militares na América do Sul*, thèse en Relations internationales, Universidade de São Paulo, 2010, p. 11.

des États-Unis, qui est à l'origine du CDS[1]. Suivant la vision des gouvernements Lula, la mise en place d'un système de prévention et de résolution des conflits, à travers l'UNASUL/CDS, devait permettre de donner plus d'autonomie à l'Amérique du Sud, comme ce fut le cas lors de la crise bolivienne de septembre 2008[2].

1. Un organe autonome de consultation, de coopération et de coordination en matière de sécurité et de défense

La construction « d'une identité sud-américaine » a ouvert un nouvel espace pour les négociations visant la création d'un organisme sous-régional de coopération en matière de sécurité et de défense. C'est dans ce contexte que le CDS de l'UNASUL a été créé en 2008, en tant qu'organe consultatif de coopération[3]. Le Conseil obéissait à l'objectif stratégique du Brésil de Lula de créer une structure de dialogue dans ces domaines sensibles, afin de consolider l'intégration régionale et le leadership brésilien, tout en écartant l'Amérique du Sud de l'influence nord-américaine.

Le contexte de tensions en Amérique du Sud et l'inefficience des instances panaméricaines

C'est à la suite du bombardement par l'armée de l'air colombienne d'un campement des FARC en territoire équatorien, le 1er mars 2008, que le Brésil a proposé la création d'une instance sud-américaine de coopération en matière de défense. L'objectif était alors de faire en sorte de rassembler les pays de la région autour de valeurs et de principes communs, comme le respect de la souveraineté des États et la non-intervention dans les affaires internes[4].

C'est sans doute le désir de voir la région demeurer pacifique et prospère qui a le plus motivé la mise en place du CDS par les douze États de l'UNASUL. L'attaque de l'armée colombienne contre les FARC en Équateur a permis à l'Amérique du Sud d'activer « le potentiel régional de résolution de ses propres conflits[5] ». Cet épisode a incité les pays sud-américains à créer un organe visant à renforcer les mécanismes de coopération militaire et de développer le degré de confiance mutuelle dans la

---

[1] Philippe Genest, « Le Conseil sud-américain de la défense et la nouvelle donne géostratégique en Amérique du Sud », Centre d'études interaméricaines de l'Université de Laval, avril 2009, p. 1.

[2] Lors de cette crise, l'OEA n'a joué qu'un rôle marginal au profit de l'action de l'UNASUL.

[3] Andréa Benetti Carvalho de Oliveira, « Plano de ação 2009 do Conselho de défesa sul-americano (CDS) da UNASUL: um balanço », *Mundorama*, avril 2010.

[4] Ministère des Relations extérieures, *Balanço de Política Externa 2003/2010 – Conselho de Defesa Sul-Americano*, 2011.

[5] Susanne Gratius, « ¿Hacia una OTAN sudamericana? Brasil y un Consejo de Defensa Sudamericano », Fundaciónpara las Relaciones Internacionales y el Dialogo Exterior (FRIDE), avril 2008, p. 1.

région, afin de limiter les tensions interétatiques et de prévenir les conflits. De plus, une instance strictement sud-américaine évitait tout interventionnisme d'une puissance extra-régionale, contribuant ainsi à l'autonomisation du sous-continent[1].

C'est aussi l'inefficience des institutions panaméricaines en matière de défense qui a justifié la création du CDS. La deuxième moitié du XXe siècle a été marquée par diverses initiatives des États-Unis en vue de créer un système interaméricain de défense et de sécurité sous leur contrôle, et de projeter leur puissance hégémonique dans tout l'espace du continent américain (« panaméricanisme hémisphérique »). Avec la fin de l'ordre mondial bipolaire, l'efficacité, voire la légitimité des mécanismes panaméricains ont été peu à peu contestées[2]. L'influence historique qu'ont les États-Unis au sein d'organisations comme l'OEA et les liens privilégiés qu'ils entretiennent avec certains États, en particulier la Colombie, « font en sorte qu'il est légitime de douter d'une neutralité de la part de l'administration américaine envers les questions de sécurité en Amérique du Sud[3] ». Il était donc important de faire émerger un dialogue institutionnalisé en matière de défense et de sécurité intra-sud-américaines, libre de toute immixtion extérieure.

La création d'une identité sud-américaine de sécurité et de défense

Alors que l'UNASUL peut jouer le rôle de médiateur pour la résolution des conflits sud-américains, le CDS vise quant à lui à prévenir ces conflits en mettant en place des mesures de confiance entre les pays membres. La création du CDS marque une étape importante dans la structuration de l'UNASUL et correspond à l'un des objectifs majeurs que s'est fixés l'organisation. En effet, d'après l'article 3 de son traité constitutif, l'UNASUL doit contribuer à « l'échange d'informations et d'expériences en matière de défense[4] ». Cela induit également le développement de la coopération régionale des forces armées et des industries de défense.

L'acte constitutif du Conseil[5] présente trois objectifs généraux : la consolidation de l'Amérique du Sud en tant que zone de paix, base essentielle pour la stabilité démocratique ; la construction d'une identité sud-

---

[1] Eloi Martins Senhoras, « Securitização internacional e o Conselho de defesa sul-americano », *Mundorama*, août 2009.
[2] *Ibidem.*
[3] Augusto Varas, « Brazil in South America: from indifference to hegemony », Fundación para las Relaciones Internacionales y el Dialogo Exterior (FRIDE), mai 2008.
[4] UNASUL, *Tratado constitutivo da União de Nações Sul-Americanas*, Brasilia, 28 mai 2008.
[5] UNASUL, *Estatuto do Conselho de Defesa Sul-Americano da UNASUL*, Santiago du Chili, 11 décembre 2008.

américaine en matière de défense ; et le renforcement de la coopération régionale. À ces objectifs généraux, s'ajoutent des objectifs spécifiques : la construction d'une vision commune en matière de défense ; l'identification des facteurs de risque et des menaces qui peuvent affecter la paix régionale et mondiale ; la coopération entre les industries de défense du sous-continent ; les échanges en matière de formation militaire et le partage d'expérience dans le domaine des opérations de maintien de la paix des Nations unies[1]. En ce qui concerne les principes encadrant l'action du CDS, apparaissent : « le strict respect de la souveraineté, de l'intégrité et de l'inviolabilité territoriales des États ; la non-intervention dans les affaires internes ; l'autodétermination des peuples ; la défense des institutions démocratiques ; la promotion de la paix et de la résolution pacifique des conflits ; la subordination constitutionnelle des autorités militaires aux autorités civiles et la défense de la souveraineté sur les ressources naturelles nationales[2] ».

Dans le même temps, un objectif non affiché vise à favoriser l'autonomisation de l'Amérique du Sud pour le contrôle de l'ordre régional en matière sécuritaire[3]. En effet, du point de vue des autorités brésiliennes, un élément essentiel à la formation du CDS repose sur l'importance stratégique de la création d'un organisme régional de sécurité, permettant de réagir efficacement contre les prétentions hégémoniques des États-Unis. Cette idée découle directement de la perspective réaliste des relations internationales, selon laquelle « les États souverains considèrent être leur ennemi tout prétendant à l'hégémonie, à savoir celui qui les prive de leur autonomie et de leur faculté à décider librement[4] ». Il s'agit alors pour le Brésil de promouvoir une intégration régionale dans les domaines de la sécurité et de la défense, pouvant se transformer en un instrument de « dissuasion collective » excluant Washington du jeu politique sud-américain[5].

Il convient aussi de relever l'importance d'une identité sud-américaine dans le secteur de la sécurité et de la défense si l'on se réfère aux « convoitises internationales ». Le CDS pourrait en effet permettre une régionalisation des menaces pesant sur le Brésil, notamment pour l'Aquifère

---

[1] Oscar Medeiros Filho, *Entre a cooperação e a dissuasão...*, *op. cit.*, p. 83.
[2] *Ibidem.*
[3] Augusto Wagner Menezes Teixeira Junior, « Segurança sul-americana e a centralidade do Conselho de defesa sul-americano para a ordem regional », *Meridiano47*, avril 2010.
[4] Raymond Aron, *Paix et guerre entre les nations*, Paris, Calmann-Lévy, 2004, p. 125.
[5] André Panno Beirão, « Há perspectivas de integração em Defesa na América do Sul? A postura brasileira à luz das Política e Estratégia nacionais de Defesa », Congrès LASA 2010, Toronto, octobre 2010.

Guarani[1], la région amazonienne ou encore les réserves d'hydrocarbures offshore de l'Atlantique Sud. Ces menaces auraient alors une portée régionale, ce qui inciterait les pays sud-américains à développer leur système de sécurité collective.

Un mécanisme qui illustre la nouvelle place accordée par Brasilia au *hard power*

La création d'un mécanisme institutionnel de coordination des politiques de sécurité de défense sud-américaines est devenue une priorité de l'agenda régional de Brasilia. Il s'agit d'affirmer le leadership du pays en Amérique du Sud dans un secteur qui est réputé être le point faible de la puissance brésilienne[2]. Le Brésil confirme ainsi qu'il est le seul acteur à pouvoir rassembler les pays de la région autour de ce thème sensible.

Dès 2003, le premier ministre de la Défense du gouvernement Lula, José Viegas Filho, s'était déjà montré favorable au développement de la coopération militaire en Amérique du Sud, spécialement à travers « une plus grande interaction des industries d'armement », en expliquant qu'une telle coopération « réduirait le coût des équipements et favoriserait l'apparition d'un climat de confiance et de fraternité dans le sous-continent[3] ». Le thème a gagné en importance lorsque le chef de la *Casa civil*, José Dirceu, défendait en novembre 2003, durant le IVe forum ibéro-américain, « une intégration militaire de l'Amérique du Sud[4] ». En septembre 2004, à l'occasion d'une réunion ministérielle des pays de l'Organisation du traité de coopération en Amazonie (OTCA), le ministre des Relations extérieures, Celso Amorim, affirmait, quant à lui, que « les thèmes de la sécurité en Amérique du Sud devraient être traités de plus en plus par les pays sud-américains[5] ». Toujours en 2004, le service des Affaires stratégiques de la présidence de la République brésilienne, a élaboré un document intitulé *Projeto Brasil 3 tempos : 50 temas estratégicos (2007, 2015 et 2022)*, qui analyse les potentialités stratégiques du pays. Ce travail présente cinquante thèmes stratégiques, dont le thème *39 – Sistema de Defesa Nacional* défendant l'idée d'un « renforcement de la capacité en matière de défense, de manière isolée ou faisant partie d'un système collectif de défense avec les

[1] Plus grande réserve d'eau douce au monde s'étendant sur quatre pays (Argentine, Brésil, Paraguay et Uruguay).
[2] André Panno Beirão, « Há perspectivas de integração em Defesa na América do Sul? », *op. cit.*
[3] « Viegas confirma ideia da integração », *O Globo*, 11 novembre 2003.
[4] « União por um poder bélico », *O Globo*, 10 novembre 2003.
[5] « Brasil não quer ingerência externa na segurança da América Latina », *AFP*, 10 septembre 2004.

pays voisins, afin de faire face aux nouvelles menaces et aux nouveaux défis[1] ».

Une première proposition de création d'un Conseil de Défense sud-américain fut présentée par le président Lula lors d'une réunion avec les présidents Chavez et Kirchner, organisée le 19 janvier 2006 à Brasilia. Selon le président brésilien, l'objectif était la modernisation des parcs industriels et le développement technologique régional dans le secteur de la défense. Le projet fut par la suite remis aux mains du ministre de la Défense Nelson Jobim. Ce dernier entama alors, à partir du début de l'année 2008, une série de voyages dans tout le sous-continent pour promouvoir l'idée du CDS.

Le fait que le CDS ait été principalement promu par un ministre brésilien a contribué à faire apparaître certaines suspicions quant aux objectifs recherchés par Brasilia. Certains ont pu voir la marque d'un projet essentiellement égoïste brésilien dans le cadre de sa projection internationale, au détriment des intérêts des partenaires régionaux. En outre, la création du CDS coïncidait avec la publication d'un document présentant la nouvelle stratégie nationale de défense du Brésil[2] traitant, notamment, de la restructuration du système de défense du pays et prévoyant un soutien de l'État à l'industrie militaire nationale dans la recherche de nouveaux marchés extérieurs. Dès lors, le CDS pouvait être perçu au départ comme une simple plate-forme pour l'exportation des équipements militaires brésiliens en direction de l'Amérique du Sud[3]. Le géant lusophone est en effet le plus grand fournisseur d'armes du sous-continent et pourrait gagner d'importantes parts de marché si les pays sud-américains unifiaient ou standardisaient davantage leurs équipements militaires[4].

Enfin se posait la question de la capacité réelle du Brésil d'assumer un leadership régional en matière de sécurité et de défense. Le pays pouvait, par exemple, difficilement concurrencer l'aide des États-Unis dans ce domaine[5]. Le leadership brésilien paraissait dès lors peu attractif en comparaison de celui exercé par la puissance nord-américaine, notamment pour la lutte contre le narcotrafic.

---

[1] Présidence de la République, *Projeto Brasil 3 tempos : 50 temas estratégicos*, 2004, p. 7.
[2] Ministère de la Défense, *Estratégia Nacional de Defesa*, Brasilia, 18 décembre 2008.
[3] « Brasil busca alinhamento militar na América do Sul », *Folha de São Paulo*, 22 mars 2009.
[4] Philippe Genest, « Les Conseils sud-américain de la défense et la nouvelle donne géostratégique en Amérique du Sud », *op. cit.*, p. 10.
[5] Depuis 2000, les États-Unis ont en effet investi plus de 5 milliards US$ dans le cadre de la lutte contre le narcotrafic en Colombie. Voir Maurice Lemoine, « Basus belli en Colombie », *Le Monde diplomatique*, février 2010.

Le plan d'action du CDS

L'article 14 de l'acte constitutif du CDS[1] prévoit l'élaboration d'un plan d'action annuel. Le premier de ces plans à avoir vu le jour, en janvier 2009, donne une idée des mesures concrètes qu'entend mettre en place le Conseil.

Le premier axe thématique du plan, relatif aux politiques de défense, contient six mesures : la création d'un réseau d'échange d'informations ; la réalisation de séminaires sur le thème de la modernisation des ministères de la Défense ; la publication des dépenses militaires nationales ; l'identification des facteurs de risque et de menace pour la paix régionale ; et la recherche de positions communes dans les fora multilatéraux. De toutes ces mesures, seules les deux premières ont été effectives durant les premières années d'existence du Conseil, à travers l'établissement d'un système de transparence en matière de défense, la création d'un site internet du CDS et la réalisation du séminaire sur « la modernisation des ministères de la Défense » (en novembre 2009 à Quito).

Le second axe, sur la coopération militaire, les actions humanitaires et les opérations de maintien de la paix, propose quatre actions à mettre en œuvre : la réalisation d'exercices militaires communs pour une préparation aux interventions humanitaires ; l'organisation d'une conférence pour l'échange d'expériences dans les opérations de maintien de la paix ; une évaluation des capacités nationales pour des actions humanitaires ; et une réponse matérielle immédiate commune en cas de catastrophe naturelle. L'une de ces actions s'est réalisée à la suite du tremblement de terre en Haïti, le 12 janvier 2010, à travers l'action humanitaire conjointe des États sud-américains sur l'île[2].

Le troisième axe du plan, se référant à l'industrie et à la technologie en matière de défense, n'a pas été suivi d'effet. Il s'agissait de réaliser une évaluation des industries nationales et de favoriser les transferts de technologie sur la base de coopérations multilatérales.

On constate par conséquent que les principales coopérations qui n'ont pas vu le jour sont celles qui dépendent des échanges d'informations stratégiques. Bien que le Conseil soit une entité récente, il paraît clair que son principal défi repose sur la construction de la confiance mutuelle dans le sous-continent.

---

[1] UNASUL, *Estatuto do Conselho de Defesa Sul-Americano da UNASUL, op. cit.*

[2] UNASUL, *Solidariedade da UNASUL com o Haiti*, Quito, 9 février 2010.

2. L'instauration d'un climat de confiance dans l'espace sud-américain

Le CDS, en contribuant à la formation d'une identité sud-américaine en matière de défense, entend promouvoir une plus grande transparence entre les États et faire émerger une doctrine de défense et de sécurité commune, l'objectif premier étant de consolider la paix dans la région.

La mise en place d'un système d'information des dépenses militaires de chaque pays membre et la réalisation de manœuvres militaires conjointes doivent, par exemple, permettre d'éviter tout risque d'une montée des tensions militaires dans la région. C'est dans ce cadre que le 27 novembre 2009 le CDS a adopté une résolution posant les bases d'un dispositif de confiance et de sécurité commune, qui comprend un volet d'échange d'informations et de coordination des actions[1].

Ce projet intégrationniste présente néanmoins une grande difficulté, à savoir réunir militairement des pays qui sont encore en conflit (diplomatique) entre eux : le Venezuela avec le Guyana concernant leur différend frontalier (province d'Essequibo) ; le Venezuela avec la Colombie pour des raisons idéologiques ; la Bolivie avec le Chili pour ses revendications d'accès à la mer[2] ; les tensions entre le Pérou et le Chili à propos de leur frontière maritime ; le désaccord entre l'Argentine et le Chili concernant le canal de Beagle et leurs territoires en Antarctique ; ou encore les fortes tensions entre l'Équateur et la Colombie depuis la crise consécutive à l'incursion colombienne en territoire équatorien lors d'une opération anti-FARC. Mais dans ce contexte de frictions intra-régionales, même s'il se résume à un conseil de coopération et de coordination des politiques de défense et de sécurité, le CDS constitue une première étape vers un dialogue constructif dans des domaines sensibles et stratégiques[3].

---

[1] Olivier Dabène, « L'Union des Nations Sud-Américaines (UNASUR)… », *op. cit.*, p. 3.
[2] Le pays ayant perdu sa façade maritime suite à la Guerre du Pacifique contre le Chili au XIXe siècle.
[3] Augusto Wagner Menezes Teixeira Junior, « Segurança sul-americana e a centralidade do Conselho de defesa sul-americano para a ordem regional », *op. cit.*

Tableau 3. Les principaux sujets de friction dans les relations intra-régionales

Pays	Sujets de friction
Argentine – Uruguay	Conflit à propos de deux usines de cellulose à la frontière entre les deux pays.
Bolivie – Brésil	Tensions dues à la nationalisation du gaz et du pétrole boliviens remettant en cause les intérêts de Petrobras.
Colombie - Équateur – Venezuela	Lutte de l'armée colombienne contre la guérilla des FARC ayant des conséquences sur le plan régional (incursion des FARC dans les territoires limitrophes).
Paraguay - Argentine – Brésil	Problèmes de contrebande et de narcotrafic dans la région de la « Triple frontière ».
Pérou – Chili	Demande de la part du gouvernement péruvien d'une redéfinition des limites des mers territoriales entre les deux pays.
Bolivie – Chili	Revendication d'un accès à la mer de la part du gouvernement bolivien.
Venezuela – Guyana	Revendication de la part du gouvernement vénézuélien d'une partie du territoire du Guyana.

Source : Teresinha Mendes Marra, « Brasil and the integration of South-America at the beginning of the 21st century », *Estudios Internacionales,* Universidad de Chile, n° 59, 2008.

Comme nous avons pu le constater dans les chapitres précédents, le Brésil est lui-même victime de la méfiance de ses partenaires régionaux qui redoutent son « sous-impérialisme ». Pour les gouvernements brésiliens, ces craintes constituent un véritable défi pour qu'une intégration en matière de défense, même à minima, devienne viable. Dans ce contexte, Brasilia veille notamment à ce que le développement de ses capacités militaires ne justifie pas une course aux armements en Amérique du Sud. Il s'agit donc pour les autorités brésiliennes de concilier le développement de la coopération régionale en matière de défense avec la nécessité de conserver une force militaire autonome et dissuasive. C'est pour répondre à ces impératifs que le Brésil fait en sorte de promouvoir une meilleure intégration régionale des bases industrielles de défense. En plus de démontrer des intentions non hégémoniques, ce processus doit permettre de réduire les coûts des systèmes d'armements. L'idée est de faire émerger, comme l'affirme João Paulo Soares Alsina, « un *cluster* d'industries de défense dans le sous-continent[1] ».

[1] João Paulo Soares Alsina Jr, « O poder militar como instrumento da política externa brasileira contemporânea », *Revista Brasileira de Política Internacional*, n° 52, p. 189.

Brasilia perçoit donc le CDS comme un projet ambitieux favorable à ses intérêts, puisqu'il doit favoriser la construction d'un leadership consensuel du Brésil en matière de défense. Toutefois, au-delà du discours, l'efficacité réelle de l'action de cet organe de l'UNASUL paraissait déjà compromise lors de sa création, compte tenu d'une conjoncture régionale peu favorable qui est venue s'ajouter aux sujets de tension traditionnels.

3. La question de la viabilité du CDS dans un environnement régional peu propice

En dépit de l'existence d'un agenda d'intégration régionale en matière de défense et de sécurité à travers la création de l'UNASUL et du Conseil de défense sud-américain, la conjoncture des années 2000 dans le sous-continent a été marquée par une polarisation politique, un réarmement croissant régional et un retour en force des États-Unis. Autant de facteurs pouvant compromettre l'action du CDS.

Deux visions stratégiques qui s'affrontent

Le CDS a vu le jour dans un contexte particulier. Dans les années 2000, Washington a relégué l'Amérique du Sud toujours plus loin de ses priorités nationales afin de se concentrer sur ses relations avec les puissances mondiales et, surtout, sur la recherche d'une solution aux guerres menées en Irak et en Afghanistan[1]. En conséquence, beaucoup plus de marge de manœuvre a été laissée au sous-continent pour traiter ses propres affaires[2]. D'après Philippe Genest, « si la doctrine Monroe semblait avoir disparu, une autre devait la remplacer[3] ». Deux projets se sont alors opposés : le projet bolivarien présenté par le gouvernement Chavez, et celui du Brésil, du gouvernement Lula.

Ces projets se sont affrontés lorsque s'est posée la question de la vocation à donner au CDS. Pour comprendre les enjeux, il convient d'aborder le concept de « communauté de sécurité » forgé par Karl Deutsch[4], et la différence entre une « communauté de sécurité pluraliste » et une « communauté de sécurité unifiée ». La première doit être vue comme un bloc de coopération en matière de sécurité, visant à maintenir la paix entre ses membres. La seconde est plutôt un système de sécurité collective fondé sur la formation d'une communauté politique et d'une identité commune,

---

[1] Roberto Guareschi, « Monroe No More? », *Berkeley Review of Latin American Studies*, 2009.

[2] Sergio Abreu, « The South American Defense Council Initiative », Consejo Uruguayo para las Relaciones Internacionales (CURI), n° 01/08, juin 2008.

[3] Philippe Genest, « Le Conseil sud-américain de la défense… », *op. cit.*, p. 10.

[4] Karl Wolfgang Deutsch, *Political Community and the North Atlantic Area. International Organization in the Light of Historical Experience*, Princeton (NJ), Princeton University Press, 1957, 228 p.

dont l'objectif principal est la défense contre un ennemi commun. Si le modèle adopté se rapproche de celui de la sécurité coopérative, les mécanismes de coopération se limitent à la construction de la confiance entre les États. Si au contraire le modèle repose sur le concept de sécurité collective, un plus grand niveau d'intégration est nécessaire notamment avec une certaine part de supranationalité.

Le gouvernement Lula avait une approche minimaliste du Conseil de défense sud-américain. Suivant la vision de Brasilia, le CDS devait être un mécanisme de coopération et de coordination à caractère consultatif, visant à renforcer la stabilité régionale via un dialogue et une transparence en matière de défense. Le président vénézuélien, Hugo Chavez, avait quant à lui une vision maximaliste du Conseil. Selon le leader bolivarien, il était important de donner les moyens institutionnels au CDS pour que ce dernier ait la capacité, en cas de besoin, de mettre en œuvre des interventions militaires communes sur la base d'une véritable alliance militaire. Il s'agissait pour le président vénézuélien de créer une « OTAN de l'Amérique du Sud[1] », voire une communauté de sécurité unifiée[2], alors que le président Lula proposait un projet de sécurité régionale moins ambitieux mais, dans le même temps, moins clivant et plus réaliste, lequel se rapprochait du modèle de communauté de sécurité pluraliste.

En plus du degré d'intégration à apporter au CDS, la principale divergence entre Brasilia et Caracas reposait sur les rapports à entretenir avec Washington. Pour le Brésil de Lula, les États-Unis étaient un rival politique et économique, alors que pour le Venezuela il s'agissait d'un véritable ennemi[3]. Du côté brésilien, le CDS devait donc simplement faire en sorte de favoriser le rapprochement régional pour permettre l'émancipation du sous-continent vis-à-vis de la puissance américaine. Pour les autorités vénézuéliennes, il était plutôt question de créer une véritable alliance militaire contre « l'ennemi impérialiste ».

De fait, si Hugo Chavez a été le premier à lancer l'idée d'un rapprochement intra-régional en matière de sécurité et de défense, c'est finalement le président Lula qui a su donner corps à cette proposition. La formation du CDS s'est donc réalisée sur une base minimaliste, obéissant ainsi à la démarche brésilienne, autonomiste et modérée.

---

[1] Le président Chavez avait lancé pour la première fois cette idée en 2003, à travers le projet d'alliance militaire de « l'Organisation de l'Atlantique Sud » (OTAS). L'OTAS devait alors être l'équivalent de l'Organisation du traité de l'Atlantique Nord (OTAN), suivant une rhétorique anti-impérialiste marquée par la volonté de prendre les distances avec les États-Unis.

[2] L'idée était de ne pas se contenter d'une simple association d'États souverains, mais bien de créer un mécanisme supranational représentant les intérêts en matière de sécurité de l'ensemble du sous-continent.

[3] Philippe Genest, « Le Conseil sud-américain de la défense… », *op. cit.*, p. 12.

La nouvelle dynamique de réarmement : un facteur déstabilisateur

Les facteurs explicatifs de l'augmentation des dépenses militaires en Amérique du Sud

Selon l'Institut international de recherche pour la paix de Stockholm (SIPRI), spécialisé dans l'étude des dépenses militaires mondiales, l'Amérique du Sud est l'une des régions du monde qui dépense le moins pour ses forces armées. Les dépenses militaires sud-américaines ont atteint, en 2010, 63,6 milliards US$, soit moins de 4 % du total des dépenses mondiales[1]. Diverses raisons peuvent expliquer ce bas niveau des dépenses en matière de défense dans le sous-continent. Parmi les facteurs explicatifs, trois doivent être mis en avant : la fin de la Guerre froide, la fin des dictatures militaires et la baisse des dépenses publiques provoquée par les réformes néolibérales des années 1990[2]. Au-delà de ces facteurs conjoncturels, certains auteurs défendent l'idée que la diminution des dépenses militaires à la fin du XXe siècle aurait des motivations politiques, liées à une supposée stratégie des gouvernements civils visant à affaiblir le pouvoir des forces armées à travers des restrictions budgétaires[3].

Néanmoins, d'après les données du SIPRI, certains pays du sous-continent ont enregistré une augmentation importante de leurs dépenses dans les années 2000. Les achats d'armements en Amérique du Sud ont ainsi augmenté de 42 % entre 2001 et 2010. Plus révélateur, sur la période 2005-2010 par rapport à celle de 2000-2004, les dépenses militaires sud-américaines ont progressé de 150 %, alors que le monde n'a connu en moyenne qu'une augmentation de 22 %[4]. Pour les analystes de l'institut suédois, ces chiffres sont le signe d'un comportement compétitif des pays sud-américains. Dans le cas brésilien, s'ajoute une explication d'ordre stratégique. Selon Mark Bromley :

> Le Brésil, en particulier, a lié son développement à l'idée qu'il est essentiel de constituer une force militaire moderne pour se transformer en une puissance mondiale [...] Le pays cherche incontestablement à projeter son

---

[1] Les dépenses militaires s'élevaient en 2010 à 63,3 milliards US$ en Amérique du Sud et à 1 630 milliards US$ au niveau mondial. Voir SIPRI, *The SIPRI yearbook 2011*, juin 2011.

[2] Rafaël Villa, « Corrida armamentista ou modernização de armamentos na América do Sul », *Estudo e Cenarios*, décembre 2008, p. 48.

[3] Oscar Medeiros Filho, *Entre a cooperação e a dissuasão...*, *op. cit.*, p. 89.

[4] SIPRI, *SIPRI Military Expenditure Database*.

pouvoir et son influence au-delà de l'Amérique du Sud, à travers la modernisation de son secteur militaire[1].

Sur la période 2005-2009, le Brésil se trouvait à la 3e place des acheteurs d'armes sur le plan régional et à la 30e position au niveau mondial, derrière le Chili (13e) et le Venezuela (17e)[2]. Le géant sud-américain, qui n'a participé à aucun conflit important depuis la Seconde Guerre mondiale, a connu une augmentation de 29 % de son budget consacré à la défense entre 1999 et 2009. Dans le reste de la région, les dépenses militaires ont en moyenne doublé en dix ans[3]. Certaines différences entre les pays sud-américains dans l'évolution de leurs dépenses militaires doivent toutefois être soulignées. Alors que l'Argentine et l'Uruguay ont enregistré d'importantes diminutions, les pays andins, en particulier la Colombie, l'Équateur, le Pérou et le Venezuela, ont connu des augmentations significatives.

Il convient par ailleurs de mentionner qu'une importante part des budgets de défense des pays sud-américains est consacrée à la rémunération des personnels militaires, et non pas aux investissements en vue de l'acquisition d'armements. Toutefois, pour certains pays de la région, il est devenu nécessaire de moderniser leurs forces armées. Il y a d'un côté la volonté d'actualiser un matériel militaire obsolète, datant parfois des années 1950 et 1960. De l'autre, il est apparu urgent de mettre en place une réforme des forces armées avec des plans de restructuration, afin de répondre aux nouvelles menaces.

Cette dynamique engagée dans les années 2000 dans le domaine de la défense devait ainsi répondre au nouveau scénario stratégique sud-américain, à la fois complexe et comportant d'importants défis pour les forces armées du sous-continent. Ainsi, Jaime Garcia Covarrubias distingue cinq missions principales dévolues aux militaires sud-américains en ce début de XXIe siècle : la préparation face aux menaces traditionnelles (défense contre les attaques militaires classiques) ; la lutte contre les délits et crimes transnationaux (trafic de drogues, trafic d'armes, terrorisme, etc.) ; la projection de puissance (objectifs stratégiques, comme les missions de maintien de la paix de l'ONU) ; le développement national ; et la sécurité publique (en complément de la police)[1].

---

[1] Mark Bromley cité dans « Levantamento mostra que aquisições de países da região aumentaram », *Folha de São Paulo*, avril 2010.
[2] *Ibidem.*
[3] SIPRI, *op. cit.*
[1] Jaime Garcia Covarrubias, « A transformação da defesa nos EUA e sua aplicação na América Latina », *Military Review*, mai-juin 2005, p. 81.

Pour les forces armées brésiliennes, ce sont notamment les importants changements géopolitiques dans le Cône Sud qui ont fait évoluer leur doctrine stratégique. Avec le développement de la coopération régionale, en particulier avec l'Argentine, l'armée brésilienne a procédé à un important transfert de troupes de la frontière sud vers la région amazonienne. Il s'agit là d'un signe confirmant le fait que les militaires brésiliens ne perçoivent plus le voisin argentin comme la principale menace pour leur pays. L'Amazonie est en effet devenue la priorité pour les forces armées brésiliennes, en raison du développement des trafics d'armes et de drogues, des menaces d'ordre environnemental (déforestation illégale par exemple) et de l'activité de la guérilla des FARC dans la région. La guerre opposant les guérilléros à l'armée colombienne est devenue une grande préoccupation de Brasilia, puisque le conflit est susceptible de déborder sur les territoires limitrophes de la Colombie (exemple lors du raid aérien de l'armée colombienne en territoire équatorien en mars 2008).

En ce qui concerne la région andine, en plus de la lutte contre les divers trafics, il existe des méfiances géopolitiques. Dans ce cadre, les nouvelles menaces se superposent aux menaces traditionnelles des conflits interétatiques. Bogota, en particulier, a renforcé sa capacité militaire avec le soutien des États-Unis et a lancé un véritable défi aux pays de la région, notamment ceux dont les gouvernements luttent contre « l'impérialisme » nord-américain. La nouvelle capacité de défense colombienne a ainsi largement participé à la dynamique de réarmement qu'a connue la région dans les années 2000. En réponse, le Venezuela s'est rapproché de la Russie, de la Chine et de l'Iran, via la conclusion d'accords militaires, pour le remplacement de son matériel d'origine américaine.

Les limites du concept de « course aux armements »

En 2009, la secrétaire d'État américaine, Hillary Clinton, faisait part « de la préoccupation du gouvernement des États-Unis de l'apparition d'une course aux armements en Amérique du Sud[1] ». Cette intervention a eu un grand écho dans la presse internationale et a donné lieu à un niveau intense de spéculations. Les tensions causées par l'augmentation des dépenses militaires dans la région ont aussi fait partie des sujets traités dans le cadre des rencontres de l'UNASUL. Le président péruvien, Alan Garcia, avait alors qualifié ces dépenses de « honteuses », en ajoutant que « l'argent aurait pu être mieux utilisé, notamment en aidant des milliers de familles dans le besoin[1] ». À la question de savoir s'il existait effectivement une course aux

[1] « Corrida armamentista preocupa Hillary », *Estado de São Paulo*, 16 septembre 2009.
[1] « Risco de corrida armamentista preocupa região », *Estado de São Paulo*, 30 août 2009.

armements dans la région, le ministre de la Défense brésilien, Nelson Jobim, avait répondu :

> Il y a simplement un rattrapage du temps perdu. L'unique conflit existant en Amérique du Sud se trouve en Colombie avec la guérilla des FARC. L'augmentation des dépenses militaires ne répond qu'à une nécessité de défendre les ressources de chaque pays. Avoir une bonne défense c'est avoir la capacité de dire non lorsque cela s'avère nécessaire [...] Le Brésil n'a aucun ennemi. Cependant nous devons défendre toutes nos infrastructures stratégiques. De même, certaines zones sont prioritaires pour le Brésil, comme l'Amazonie. Nous voulons montrer au monde que le Brésil peut s'occuper de cette région de manière autonome, sans une quelconque participation extérieure[1].

Si l'on se réfère à la littérature spécialisée, cette prétendue course aux armements ne fait pas non plus l'unanimité. Ce concept, issu de la théorie du « réalisme offensif », est une conséquence d'un mécanisme reposant sur le modèle du type action-réaction, activé par l'existence d'un dilemme de sécurité. Suivant cette idée, le fait qu'un État cherche à augmenter sa capacité de défense génère la perception chez un autre État que le gain de l'adversaire constitue une diminution de sa propre sécurité. En réaction, le second État développe à son tour sa capacité de défense, ce qui aboutit à une remise en cause de la sécurité de l'État qui a initié le processus. S'ensuit alors une spirale, ou « course aux armements », provoquant une situation d'instabilité, voire de guerre[2]. João Paulo Alsina critique ce concept en soulignant que ce dernier est incapable de rendre compte de certaines données objectives. On peut, par exemple, considérer qu'il est normal que, pour chaque État possédant des forces armées, l'évolution technologique détermine des processus périodiques de réarmement[3]. Dès lors il paraît difficile, sur la base de critères objectifs, d'identifier en Amérique du Sud une véritable course aux armements.

Par ailleurs, il convient de mentionner que, dans le contexte sud-américain, les conséquences d'une hypothétique course aux armements sont à relativiser. En effet, les capacités militaires des pays du sous-continent ne semblent pas permettre d'entreprendre des actions militaires offensives de grande ampleur :

---

[1] Nelson Jobim cité dans « Una buena defensa es tener la capacidad de decir que no », *El Pais*, 27 octobre 2009.

[2] João Paulo Soares Alsina, « Corrida armamentista na América do Sul: falácia conceitual e irritante político », *Meridiano 47*, n° 73, août 2006.

[3] *Ibidem.*

Il suffit de faire un bref inventaire des armements sud-américains pour comprendre que les forces armées de la région pourraient difficilement s'engager dans un conflit militaire interétatique important. Dans le cas de la marine brésilienne, par exemple, le stock de torpilles serait insuffisant pour armer cinq sous-marins. De même, selon certaines sources, seuls 50 % des navires de guerre et des avions de chasse du pays seraient en état opérationnel[1].

Ainsi, bien que l'on doive prendre en compte certains facteurs conjoncturels ayant favorisé l'augmentation des dépenses militaires dans le sous-continent, il convient de dédramatiser cette situation qui semble être le résultat d'un processus avant tout cyclique.

Une somme de cas particuliers

Justifiées par la nécessité de modernisation des forces armées, les importantes dépenses militaires qu'a connues le sous-continent ont bénéficié d'un climat économique favorable. Le pétrole vénézuélien, le cuivre chilien et les produits agricoles brésiliens ont contribué à ce que ces pays accumulent des réserves financières relativement importantes, via l'amélioration de leurs résultats commerciaux (conséquence de l'augmentation du prix des *commodities* sur le marché mondial)[2]. D'une manière générale, le contexte de l'augmentation des dépenses militaires dans la région a suivi la croissance économique des pays sud-américains.

Bien qu'il n'y ait pas à proprement parler de course aux armements classique qui serait le signe d'une rupture de l'équilibre des forces dans la région, on observe néanmoins un processus de réactualisation technologique des forces armées sud-américaines, suivant différentes logiques stratégiques. Au Brésil, la rénovation de l'appareil militaire est le fruit d'une nouvelle planification en matière de défense. Depuis le gouvernement Lula, le pays cherche à ajuster sa capacité militaire à ses ambitions régionales et mondiales. Cette nouvelle importance octroyée aux forces armées s'explique notamment par le fait que le pays désire jouer un rôle plus important au niveau multilatéral (exemple de sa candidature à un siège de membre permanent au CSNU). Celle-ci est également une conséquence du souhait du Brésil de s'affirmer comme un leader régional crédible, notamment en termes de capacités militaires. Aussi, pour que le pays puisse continuer de

[1] *Ibid.*
[2] « Risco de corrida armamentista preocupa região », *Estado de São Paulo, op. cit.*

disposer de la force armée la plus puissante de la région, son budget consacré à la défense doit rester expressif[1].

Néanmoins, le processus de réarmement régional pourrait bien constituer un frein à l'intégration dans la mesure où il installe un climat de méfiance entre les pays. Cette idée est renforcée par le fait que dans les fora régionaux, l'augmentation générale des dépenses militaires a été peu discutée et que, dans le même temps, le radicalisme politique s'est propagé en Amérique du Sud. C'est à la fois la polarisation politique du sous-continent, couplé au nouveau rôle joué par les forces armées, qui peuvent contribuer à la fragmentation régionale[2].

Plusieurs pays sud-américains se sont particulièrement distingués en termes de réarmement et ont donc favorisé un climat de suspicion. La Colombie, par exemple, a bénéficié ces dernières années d'une aide massive de la part des États-Unis qui ont injecté, entre 2002 et 2010, plus de 6 milliards US$ pour le renforcement des forces armées colombiennes[3]. Le budget consacré à la défense du pays andin a ainsi augmenté de 72 % sur cette période[4]. La première préoccupation des Colombiens est de maintenir un important contingent (400 000 militaires) pour réaliser des opérations contre la guérilla des FARC. L'accord américano-colombien, visant à combattre le « narco-terrorisme », s'est traduit par « l'achat de nombreux équipements militaires, principalement des hélicoptères, donnant davantage de moyens à l'armée pour conduire des opérations militaires[5] ».

D'autres pays ont participé à ce processus potentiellement déstabilisateur. Au Chili, traditionnellement les dépenses militaires augmentent proportionnellement à la valeur du prix de vente du cuivre, puisqu'une loi votée du temps du général Carlos Ibáñez del Campo (*ley del cobre* - 1958), prévoit d'allouer 10 % des ventes nationales du minerai à la défense[6]. En 2010, le budget militaire chilien s'élevait à 5,5 milliards US$, ce qui le mettait en troisième position en Amérique du Sud en termes de dépenses nettes[7]. En ce qui concerne le Pérou, une politique d'acquisition d'équipements militaires (notamment des tanks chinois, des avions Tucano

---

[1] Le budget de défense brésilien est supérieur à la somme des budgets de tous les autres États d'Amérique latine réunis. Voir Marcela Donadio (dir.), *Atlas comparatif de la Défense en Amérique latine*, RESDAL, 2008.

[2] Il convient notamment de souligner la forte opposition idéologique entre la Colombie, voulant lutter contre le narcotrafic et les guérillas avec l'appui des États-Unis, et le Venezuela, proposant de diffuser l'idéologie bolivarienne anti-impérialiste.

[3] « Risco de corrida armamentista preocupa região », *Estado de São Paulo, op. cit.*

[4] SIPRI, *The SIPRI yearbook 2011, op. cit.*

[5] Philippe Genest, « Les Conseils sud-américain de la défense et la nouvelle donne géostratégique en Amérique du Sud », *op. cit.*, p. 9.

[6] « Una OTAN al estilo de América del Sur », *El País,* 11 mai 2008.

[7] Philippe Genest, *op. cit.*, p. 9.

brésiliens et des navires israéliens) a pour objectif de créer une force dissuasive, principalement vis-à-vis du Chili. Mais le pays qui a attiré le plus l'attention pour ses achats en matière d'armements est sans aucun doute le Venezuela. Caracas a signé dans les années 2000 avec la Russie une série de contrats estimés à plusieurs milliards de dollars (armes légères, hélicoptères, avions de chasse et sous-marins)[1]. Cela a fait réagir en premier lieu son voisin colombien avec qui les relations restent tendues. Ces achats reflétaient une volonté de réarmer les forces armées vénézuéliennes après quinze ans de faibles investissements. Cette phase d'acquisitions militaires a été, dans le même temps, hautement politisée par le régime chaviste qui a employé, comme à son habitude, une rhétorique anti-impérialiste. Caracas exprimait le fait qu'il était important de se préparer à d'éventuelles agressions de la part de la puissance hégémonique nord-américaine ou de son principal allié politique dans le sous-continent, la Colombie.

À l'instar de ses voisins régionaux, le Brésil a procédé à une modernisation de ses équipements militaires. Néanmoins, ce processus opéré par les forces armées brésiliennes n'est pas dénué de visée stratégique.

Le développement d'un appareil militaire dissuasif en tant qu'enjeu stratégique majeur pour la puissance brésilienne

Renforcer les forces armées est devenu un objectif important de la politique extérieure brésilienne. Le Brésil a besoin de forces armées qui soient compatibles avec le rôle que compte jouer le pays dans le cadre régional et mondial. Pour cela, Brasilia a besoin d'une armée techniquement préparée et adaptée à son territoire (terrestre, maritime et aérien).

Investir dans le réarmement national était précisément l'un des piliers du Plan national de défense de 2008. Il s'agissait pour le gouvernement Lula de dégager des ressources financières devant servir aux achats d'armements à l'extérieur, ainsi qu'au développement de la production nationale d'équipements militaires de haute technologie (avions de chasse, hélicoptères, sous-marins conventionnels et à propulsion nucléaire, missiles et bombes « intelligentes »). Pour favoriser l'avancée technologique dans le secteur de la défense, les transferts de technologies sont en particulier devenus une condition *sine qua non* à tout achat extérieur[2].

---

[1] Le Venezuela est notamment devenu en 2007 l'un des plus grands acheteurs d'armes au monde, devant le Pakistan et l'Iran. Voir Simon Romero, « Venezuela Spending on Arms Soars to World's Top Ranks », *The New York Times*, 25 février 2007.

[2] Amaury de Sousa, *A agenda internacional do Brasil*, *op. cit.*, p. 113.

Diverses initiatives ont ainsi été prises pour valoriser la défense brésilienne et pour que cette dernière devienne un élément indispensable à la projection internationale du pays : processus de restructuration et de modernisation des forces armées ; effectivité de l'action politique du ministère de la Défense, à travers l'élaboration d'une stratégie de défense nationale ; conclusion d'accords militaires bilatéraux avec les pays voisins ; et mise en place du partenariat stratégique franco-brésilien avec un large volet consacré à la défense. Le fait de ne plus vouloir dépendre de l'industrie d'armement américain et de se tourner vers un partenaire européen constituait ainsi un geste hautement politique. D'après Pierre Martinot :

> La nouvelle politique de défense visait à rendre le Brésil plus autonome en matière d'armement. C'est pourquoi la France est devenue son partenaire prioritaire, permettant au pays de s'affranchir de l'hégémonie des États-Unis dans le domaine de la conception et la fabrication de matériel militaire[1].

Les forces armées sont donc devenues un élément fondamental de la stratégie d'affirmation internationale du Brésil. Ces dernières, en complément de l'action diplomatique de l'*Itamaraty*, doivent contribuer à renforcer l'autonomie du pays et à développer son pouvoir d'influence internationale. Une structure militaire précaire ne peut que réduire la marge de manœuvre de la diplomatie brésilienne.

Sur le plan régional, la suprématie militaire brésilienne continue de figurer comme un élément stratégique pour Brasilia, au même titre que la résolution pacifique des conflits. Mais à l'image de l'initiative du Conseil de défense sud-américain, le développement de l'appareil militaire brésilien s'est accompagné d'une politique de coopération en matière de défense avec les pays de la région, afin que le Brésil ne véhicule pas une image de puissance hégémonique et belliqueuse.

***

Le développement d'un schéma régional de défense et de sécurité est une priorité stratégique des gouvernements brésiliens dans le cadre de la projection internationale de leur pays, pour laquelle la stabilité dans l'espace sud-américain demeure indispensable. C'est pour prévenir toute escalade des tensions dans son environnement régional que Brasilia a promu le Conseil de défense sud-américain, afin que celui-ci joue le rôle de créateur de mesures de confiance.

---

[1] Pierre Martinot, « Les exportations d'armes vers l'Amérique du Sud », *Recherches internationales*, n° 84, octobre 2008, p. 40-41.

L'action personnelle du ministre Nelson Jobim, pour la mise en place du CDS, a contribué à ce que les débuts de l'intégration du sous-continent dans les domaines de la défense et de la sécurité soient directement reliés à la posture d'un Brésil « porte-drapeau » régional. Le CDS, s'adaptant aux caractéristiques particulières de l'Amérique du Sud, est un exemple de ce qu'a été l'action diplomatique des gouvernements Lula dans la région, visant à promouvoir l'image d'un Brésil modérateur, stabilisateur et coopératif.

Le leadership brésilien ne s'est toutefois pas limité aux seules initiatives intégrationnistes, puisque la puissance lusophone a entraîné dans son sillage d'autres pays sud-américains pour une participation commune à la mission de maintien de la paix de l'ONU en Haïti.

CHAPITRE V

LA MISSION DES NATIONS UNIES POUR LA STABILISATION EN HAÏTI (MINUSTAH) COMME EXEMPLE DE L'EXERCICE DU LEADERSHIP RÉGIONAL BRÉSILIEN

Le Brésil privilégie l'espace multilatéral car il s'agit d'un moyen pertinent de défense des intérêts nationaux et d'influence dans l'élaboration des normes internationales. Les autorités brésiliennes entendent s'adapter à un système international dans lequel prévaut une asymétrie dans la structure du pouvoir mondiale, confirmée par la domination des grandes puissances dans les grands centres décisionnels. Dans cet environnement compétitif, Brasilia fait en sorte de promouvoir un espace de coopération afin de limiter les actions unilatérales et de démocratiser le système multilatéral.

La stratégie brésilienne s'illustre en particulier par une participation active dans les débats sur la réforme de l'Organisation des Nations unies et, en particulier, de son Conseil de sécurité. Afin de légitimer ses ambitions au sein de l'organisation, qui induisent de nouvelles responsabilités, la puissance lusophone a fait en sorte de porter une plus grande attention aux missions de maintien de la paix. Son action au sein de la Mission des Nations unies de stabilisation en Haïti (MINUSTAH) en est la plus emblématique. C'est lors du premier semestre de l'année 2004 que le Brésil a décidé d'accepter la demande de la France et des États-Unis (dans le cadre du Conseil de sécurité de l'ONU) d'intégrer la force multinationale présente sur l'île et, pour la première fois, d'en assumer le commandement. Le Brésil a par la suite très rapidement profité de ses prérogatives au sein de la mission pour élargir l'agenda de la MINUSTAH aux thèmes de la lutte contre la pauvreté et le sous-développement.

Cette opération s'insère aussi dans la stratégie plus large de Brasilia visant à resserrer les liens entre les pays sud-américains et à renforcer son leadership régional, à travers la forte présence des forces militaires du sous-continent en Haïti. La mission contribue à la construction d'une identité propre sud-américaine s'appuyant, entre autres, sur la promotion des droits de l'homme, de la démocratie et du développement.

La MINUSTAH allie ainsi diverses caractéristiques de la politique extérieure des gouvernements pétistes : le multilatéralisme ; la densification des relations avec les pays sud-américains ; l'engagement plus important du Brésil dans les actions de coopération internationale ; la recherche d'un siège permanent au CSNU ; et la défense du nouveau principe de « non-indifférence ».

1. La décision d'intégrer la MINUSTAH dans le cadre de la stratégie d'insertion internationale du Brésil

Le processus décisionnel

La participation brésilienne à la MINUSTAH est avant tout le fruit d'une nouvelle orientation de la politique extérieure brésilienne opérée lors de l'arrivée au pouvoir de Lula. En effet, durant la crise qu'avait connue Haïti après le premier départ du président Jean-Bertrand Aristide (1994), le Brésil s'était abstenu d'intervenir. À l'époque, le pays était présidé par Itamar Franco et avait déjà pour ministre des Relations extérieures Celso Amorim, ce qui nous amène à considérer que la décision d'intervenir en Haïti, dix ans plus tard, est le fruit d'un fort activisme présidentiel.

Le processus décisionnel à l'origine de la participation brésilienne à la MINUSTAH est ainsi un exemple concret de la diplomatie présidentielle de l'ère Lula. La décision fut en effet directement prise par le chef de l'État brésilien, sans consultation préalable du Congrès national. À ce propos, il convient de rappeler le fait que le Congrès avait fortement critiqué cette action, en la qualifiant de « clairement hiérarchique de haut vers le bas[1] » (*top-down*).

C'est lors d'un entretien téléphonique entre le président Lula et le président français, Jacques Chirac, que le Brésil se serait effectivement engagé en Haïti. Durant cette conversation, le président français aurait fortement insisté pour que le Brésil envoie des troupes sur place et assume le commandement militaire de la force de maintien de la paix. Conformément à ce que relate le diplomate brésilien Igor Kipman, qui était alors chef de la division de la région caribéenne à l'*Itamaraty* :

> C'est sans savoir ce qu'il était en train de faire, sans peut-être percevoir la dimension de la tâche qui allait lui incomber, que le Brésil a accepté d'assumer le commandement militaire de l'opération de paix en Haïti, et la

[1] Eugenio Diniz, « Brasil : Peacekeeping and the evolution of foreign policy », dans John Fishel et Andrés Saenz, *Capacity Building for Peacekeeping – The case of Haiti*, Washington, Potomac Books Inc., 2007, p. 91.

conduite quelque peu politique de la mission qui allait être créée par le Conseil de sécurité[1].

Le président Lula avait ainsi donné un accord de principe sur un envoi initial d'un contingent d'un millier de soldats et sur le commandement militaire brésilien de la mission. Au même moment, Celso Amorim était en voyage diplomatique en Inde. Toujours d'après ce que relate Igor Kipman : « Toute la délégation brésilienne a été surprise par cet engagement du président [...] les forces armées brésiliennes n'étaient d'ailleurs pas, à ce moment-là, préparées pour une telle intervention[2] ».

Par la suite, la participation brésilienne à la MINUSTAH a dû affronter les critiques de la part d'intellectuels, de parlementaires et de leaders syndicaux. La commission des Relations extérieures et la commission de la Défense nationale se déclarèrent « frontalement contre l'envoi de troupes brésiliennes sur l'île[3] ». Un manifeste contre la participation à la mission onusienne fut lancé le 21 mars 2004 par un ensemble d'acteurs de la vie politique brésilienne incluant, entre autres, des membres du Parti des travailleurs (PT), des dirigeants de la CUT (*Central Unica de Trabalhadores*) et du MST (*Movimento dos Trabalhadores Sem Terra*)[4]. Ces derniers redoutaient que la MINUSTAH ne devienne une force d'occupation, qui irait à l'encontre de la souveraineté de l'État caribéen[5]. Le gouvernement brésilien avait répondu à ces craintes en affirmant que la présence étrangère en Haïti était avant tout une intervention consentie, puisqu'elle avait été sollicitée par le gouvernement intérimaire légitime haïtien. Par ailleurs, certaines critiques soulignaient le caractère utilitariste, voire immoral, de la présence du Brésil en Haïti. Ainsi, selon Ricardo Seitenfus, « beaucoup y ont vu un gage offert aux États-Unis pour bénéficier de l'appui de Washington à la réforme du Conseil de sécurité souhaité par Brasilia[6] ».

Enfin, au Congrès national, certains parlementaires s'opposèrent à la décision présidentielle en prétextant que le pays avait d'autres priorités, tout en rappelant les divers échecs des missions envoyées dans le passé en Haïti.

---

[1] Igor Kipman cité par Gabriela Daou Verenhitach, *A MINUSTAH e a política externa brasileira : motivações e conseqüências*, mémoire en Relations internationales, Universidade Federal de Santa Maria, juillet 2008, p. 54.
[2] *Ibidem*, p. 55.
[3] *Ibid.*
[4] « Manifesto da campanha: não ao envio de tropas do Brasil ao Haiti », *Estado de São Paulo*, 21 mars 2004.
[5] Amélie Gauthier et Sarah Sousa, « Brasil en Haïti : el debate respecto a la misión de paz », FRIDE working paper, 2008.
[6] Ricardo Seitenfus, « Le Sud devient le Nord : fondement stratégique de l'actuelle diplomatie brésilienne », dans Stéphane Monclaire et Jean-François Deluchey (dir.), *Gouverner l'intégration*, Paris, Éditions Pepper, p. 10.

C'est néanmoins une majorité parlementaire qui a permis le vote du décret législatif autorisant l'envoi d'un contingent brésilien sur l'île[1]. À la suite du vote, le président Lula avait alors affirmé que « l'engagement du Brésil en matière de paix et de développement dans un pays frère a été accepté par le Congrès qui a reconnu l'importance de l'enjeu[2] ».

La question du cadre juridique de la mission

Il était important pour le gouvernement Lula, du point de vue du droit international, que la mise en place de la MINUSTAH soit le fruit d'une décision multilatérale de la communauté internationale. Traditionnellement, la politique extérieure brésilienne fonde ses actions sur le strict respect des principes de non-ingérence, de non-intervention et de résolution pacifique et négociée des conflits. C'est la raison pour laquelle le Brésil a condamné l'invasion en Irak par les troupes nord-américaines en 2003, puisqu'il s'agissait d'une action non approuvée par le Conseil de sécurité de l'ONU et qui était, par conséquent, illégitime et illégale. *A contrario*, la mission en Haïti fut approuvée par une résolution du CSNU et respectait donc le multilatéralisme et le droit international. Conformément à ce que déclarait le président Lula :

> Les Nations unies sont le meilleur instrument pour affronter les défis du monde actuel. C'est dans l'exercice de la diplomatie multilatérale que nous trouvons les moyens de promouvoir la paix et le développement. La participation du Brésil, associé à d'autres pays d'Amérique latine, dans la mission de stabilisation en Haïti, symbolise notre volonté de renforcer le multilatéralisme[3].

Bien que l'intervention en Haïti semble obéir aux principes traditionnels de la diplomatie brésilienne, un débat est toutefois apparu, au plan domestique, sur le fait que l'opération de paix se soit appuyée sur le chapitre VII de la charte des Nations unies. Suivant le texte fondateur de l'organisation, les opérations de paix sont qualifiées soit d'« opérations de maintien de la paix », soit d'« opérations d'imposition de la paix ». Les premières trouvent leur base légale à travers le chapitre VI de la charte, intitulé « solution pacifique des conflits » ; alors que les autres sont prévues dans le chapitre VII, se référant à « l'action relative aux menaces à la paix, à la rupture de la paix et aux actes d'agression ». Ce dernier chapitre autorise,

---

[1] Congrès national, *Decreto legislativo n° 207 que autoriza o envio de contingente brasileiro para a Missão de Estabilização das Nações Unidas no Haiti (MINUSTAH)*, Brasilia, 19 mai 2004.

[2] Luiz Inácio Lula da Silva, *Discurso proferido na cerimônia de embarque das tropas militares para a missão de paz no Haiti*, Brasilia, 31 mai 2004.

[3] Luiz Inácio Lula Da Silva, *Discurso de abertura da 62ª Assembléia Geral da ONU*, New York, 25 septembre 2007.

si nécessaire, l'utilisation de la force par les troupes de la mission de paix pour atteindre ses objectifs[1]. Or, d'une manière générale, les pays ayant une tradition de solution pacifique des conflits, comme le Brésil, ont certaines réticences à participer aux missions fondées sur le chapitre VII, que ce soit pour des raisons de principe ou pour des questions de sécurité et de risques encourus dans ce type d'opérations. Il s'est avéré que sous le commandement brésilien, la MINUSTAH a commencé à suivre les règles du chapitre VI de la charte. Mais très rapidement la communauté internationale, principalement les États-Unis, a exercé de fortes pressions pour que les actions de la mission deviennent plus incisives. De fait, les opérations de pacification des zones les plus dangereuses n'ont pu être efficaces qu'au moment de l'application des mesures autorisées par le chapitre VII[2].

Les réticences du Brésil aux missions d'imposition de la paix tiennent aussi à son respect du principe de non-ingérence, comme valeur inconditionnelle devant régir les relations internationales. À ce propos, il convient de souligner une autre distinction entre les deux types d'opérations de l'ONU : alors que les missions de maintien de la paix doivent impérativement avoir le consentement des parties impliquées, celles d'imposition de la paix établissent une situation qui n'est pas toujours voulue par le pays visé, ce qui pourrait constituer une forme d'ingérence[3]. Cela explique pourquoi le Brésil avait réduit de manière significative sa participation aux opérations onusiennes dans les années 1990, une période marquée par la multiplication des missions fondées sur le chapitre VII. Mais dans le même temps, il est apparu aux yeux des autorités brésiliennes que les possibilités de voir leur pays intégrer le Conseil de sécurité de l'ONU, en tant que membre permanent, se trouvaient drastiquement réduites. C'est pour remédier à cette situation que le Brésil a finalement commencé (timidement) à participer à des missions d'imposition de la paix[4], comme ce fut le cas avec l'opération des Nations unies au Timor oriental[5] en 1999[6].

Ce repositionnement brésilien a eu un impact certain en ce qui concerne la vision du pays sur la situation en Haïti. Dans les années 1990, lorsque le Conseil de sécurité de l'ONU avait voté une résolution pour intervenir sur l'île (résolution n° 940 du 31 juillet 1994)[7], le Brésil, en tant que membre non permanent du Conseil, s'était abstenu alléguant le fait que la résolution ne se fondait pas sur les règles du chapitre VI. Dès lors, la décision brésilienne d'intégrer la MINUSTAH dix ans plus tard pouvait paraître

---

[1] ONU, *Charte des Nations Unies*, San Francisco, 26 juin 1945.
[2] Gabriela Daou Verenhitach, *A MINUSTAH e a politica externa brasileira...*, *op. cit.*, p. 59-60.
[3] *Ibidem*, p. 61.
[4] Voir Annexe IX.
[5] Mission des Nations unies au Timor oriental (MINUTO), juin-octobre 1999.
[6] Eugenio Diniz, « Brasil: Peacekeeping and the evolution of foreign policy », *op. cit.*, p. 96.
[7] Conseil de sécurité des Nations Unies, *Résolution 940*, New York, 31 juillet 1994.

quelque peu contradictoire. Afin de contourner les possibles critiques à ce sujet, le gouvernement brésilien a alors tenté de justifier l'intervention en Haïti par l'intermédiaire d'une manœuvre rhétorique, comme l'explique Eugenio Diniz :

> Dans la résolution 1542 du Conseil de sécurité des Nations unies, mettant en place la MINUSTAH, la référence au chapitre VII n'est faite que dans son paragraphe VII. Ceci indiquerait que seul ce paragraphe est basé sur le chapitre VII et non toute la résolution 1542. En accord avec cette interprétation, la MINUSTAH ne reposerait donc pas sur le chapitre VII dans son ensemble et devrait donc être considérée comme une opération de maintien de la paix [classique][1].

Il semble qu'en règle générale le concept de « mission de maintien de la paix » soit utilisé pour définir la majorité des opérations de l'ONU, sans véritablement faire de distinction entre les différentes missions. Néanmoins, selon deux rapports de l'ex-secrétaire général Boutros Boutros-Ghali, *An agenda for peace* (1992)[2] et *Supplement for an agenda for peace* (1995)[3], il existerait cinq catégories d'actions des Nations unies : la diplomatie préventive (*preventive diplomacy*) ; les opérations de promotion de la paix (*peacemaking*) ; les opérations de maintien de la paix (*peacekeeping*) ; les opérations d'imposition de la paix (*peace enforcement*) et les opérations de consolidation ou de reconstruction de la paix (*peace building*)[4]. Dans le cas de la MINUSTAH, cette différenciation a pris tout son sens. Initialement, la mission en Haïti se rapprochait plus d'une opération d'imposition de la paix. Puis, dans une phase intermédiaire, celle-ci a pris les traits d'une opération de maintien de la paix. Enfin, à partir du tremblement de terre du 12 janvier 2010, la mission s'est transformée en une véritable opération de reconstruction et de développement du pays (*peace building*). Cette évolution démontre que les actions de la MINUSTAH sont à la fois diverses et flexibles pour s'adapter à l'évolution du contexte réel du pays.

Le caractère multidimensionnel de la mission au sein de la MINUSTAH a constitué un véritable défi pour le Brésil. Brasilia a en particulier dû concilier la défense du principe de non-ingérence avec la nécessité sur le plan humanitaire d'agir de manière efficiente en Haïti.

---

[1] Eugenio Diniz, *op. cit.*, p. 92.

[2] Boutros Boutros-Ghali, *An Agenda for Peace: Preventive Diplomacy, Peacemaking and Peace-keeping*, New York, ONU, 1992.

[3] Boutros Boutros-Ghali, *Supplement to An Agenda for Peace: Position Paper of the Secretary-General on the Occasion of the Fiftieth Anniversary of the United Nations*, New York, ONU, 1995.

[4] Fernanda Lira Goés et Almir Oliveira Junior, *A presença brasileira nas operações de paz das Nações unidas*, Instituto de Pesquisa Econômica Aplicada (IPEA), décembre 2010, p. 9.

Du principe de « non-ingérence » à celui de « non-indifférence »

Afin de justifier sa décision d'intervenir en Haïti, le gouvernement brésilien a dû faire en sorte d'allier le principe classique de « non-ingérence », inscrit dans la Constitution fédérale de 1988, à celui de « non-indifférence ». Ce dernier principe repose sur le sentiment d'une nouvelle responsabilité qui incomberait au Brésil au niveau régional et mondial, et qui se matérialiserait à travers une « diplomatie de la solidarité ». Comme le confirmait Celso Amorim :

> La diplomatie brésilienne est marquée par la non-ingérence, principe que l'on retrouve dans notre Constitution. Le gouvernement du président Lula a su associer ce principe classique avec une attitude que l'on peut qualifier de non-indifférence. Nous faisons en sorte d'apporter notre appui et notre solidarité dans différentes situations de crise, chaque fois que nous sommes sollicités[1].

Pour sa part, le président Lula affirmait :

> Notre action diplomatique est fondée sur la défense de principes mais également sur la recherche de résultats. Elle a une dimension utopique tout en continuant d'être pragmatique. Dans un monde globalisé et interdépendant, notre contribution à la paix et à la démocratie est déterminée par le principe de non-indifférence[2].

L'adoption du principe de non-indifférence par la diplomatie brésilienne a ainsi pour but d'éviter toute connotation négative attribuée à la MINUSTAH, en mettant en avant son caractère humanitaire. Il s'agit, plus généralement, de justifier un plus grand interventionnisme de la part de la communauté internationale lorsqu'il est question de répondre aux situations d'urgence. L'institutionnalisation du concept de non-indifférence ne consiste pas pour autant à ignorer les fondements de la souveraineté, mais bien à procéder à une profonde redéfinition du principe de non-intervention. Cela implique notamment que l'inviolabilité d'un État trouve ses limites avec l'atteinte aux droits à la vie et à la dignité de la personne[3]. Selon les autorités brésiliennes, le principe de non-indifférence doit s'illustrer à travers des actions de coopération, aussi bien au niveau régional que mondial. En accord avec le ministre de la Défense brésilien de l'époque, Nelson Jobim :

---

[1] Celso Amorim, *Discurso do ministro das Relações Exteriores durante a 35° Assembléia Geral da OEA*, Washington, 5 juin 2005.
[2] Luiz Inácio Lula da Silva, *Discurso do Presidente na cerimônia de formatura da Turma "Celso Furtado" (2002) do Instituto Rio Branco*, Brasilia, 1er septembre 2005.
[3] Gabriela Daou Verenhitach, *A MINUSTAH e a política externa brasileira...*, *op. cit.*, p. 66.

> Le Brésil a une grande responsabilité vis-à-vis d'Haïti mais également vis-à-vis de l'Amérique latine et du monde en général. Notre pays se doit d'assumer ses responsabilités notamment en participant à des actions de nature humanitaire[1].

En définitive, la participation du Brésil à la MINUSTAH illustre diverses caractéristiques de la politique extérieure pétiste. Il existe, fondamentalement, une motivation à caractère solidaire, dans le but d'apporter à Haïti la paix, la sécurité et la stabilité, à savoir des facteurs indispensables au développement de l'État et à l'établissement de conditions de vie dignes pour la population haïtienne. Par ailleurs, le mandat conféré au Brésil par la communauté internationale coïncide « avec les causes que le pays défend[2] ». Il s'agit de promouvoir la paix et le développement qui représentent, en même temps, des principes et des objectifs recherchés sur le plan domestique et transposés au niveau international par l'intermédiaire de la politique extérieure. Enfin, l'implication du Brésil en Haïti a également un caractère stratégique, puisqu'elle participe à l'affirmation internationale du pays.

L'importance des missions de l'ONU pour la projection internationale du Brésil

La participation du Brésil dans les missions de paix onusiennes revêt une importance toujours plus grande pour les stratèges brésiliens. L'action de la puissance sud-américaine dans les zones de conflits constitue en particulier un moyen d'augmenter sa capacité d'influence au sein du Département des opérations de maintien de la paix des Nations unies (DPKO), chargé de la direction politique et exécutive des opérations de l'ONU.

Un test pour la capacité de projection militaire du Brésil

La politique de défense brésilienne de 2005[3], réaffirmée dans la Stratégie nationale de défense (END) de 2008[4], prévoit que « les forces armées brésiliennes doivent se préparer à assumer des responsabilités croissantes dans les missions de paix ». L'END considère être un objectif prioritaire la participation brésilienne aux opérations sous l'égide de l'ONU, pour projeter le pays dans le concert des nations et peser davantage dans les processus

---

[1] « Brasil não tem prazo para sair do Haïti, diz Jobim », *BBC Brasil*, 28 mars 2008.

[2] Luiz Inácio Lula da Silva, *Discurso proferido na cerimônia de embarque das tropas militares para a missão de paz no Haiti*, *op. cit.*

[3] Présidence de la République, *Decreto federal n° 5.484 que aprova a Política de Defesa Nacional*, Brasilia, 30 juin 2005.

[4] Présidence de la République, *Decretofederal n° 6.703 que aprova a Estratégia Nacional de Defesa*, Brasilia, 18 décembre 2008.

décisionnels. Suivant les données du DPKO[1], au début de l'année 2010 le Brésil participait à onze opérations de paix. Parmi les 99 943 policiers et militaires présents dans l'ensemble des missions, 1 344 étaient brésiliens. Le Brésil était alors à la 19e position parmi les contributeurs. En termes financiers, pour la seule mission en Haïti, le pays a dépensé entre 2004 et 2010 près de 387 millions US$, l'ONU ayant remboursé à l'État brésilien 127 millions US$[2].

Pour le Brésil, la MINUSTAH constitue en particulier une opportunité pour tester ses capacités militaires à l'extérieur et est, en même temps, un vecteur de reconnaissance internationale. Comme l'affirme le général Antonio Gabriel Esper :

> La participation dans des missions de paix projette le Brésil sur la scène internationale et renforce son caractère pacifique et, en même temps, prépare nos militaires pour la défense de la nation. Un militaire a besoin d'être entraîné et d'apprendre sur le terrain en situation réelle[3].

La reconnaissance de l'ONU de la capacité du Brésil à préparer ses troupes pour les missions de paix s'est illustrée par l'habilitation attribuée au Centre d'instruction aux opérations de paix (CI Op Paz)[4], créé à Rio de Janeiro le 1er mars 2005, et à l'École des opérations de paix de la marine, inaugurée en 2008. Leurs premières activités ont consisté à mettre en place des exercices de « contextualisation » de l'action militaire en Haïti. Les actions du CI Op Paz se sont par la suite élargies au domaine de l'ingénierie et au travail journalistique dans les zones de conflits[5].

La MINUSTAH n'est pas la première participation du Brésil dans des opérations onusiennes, mais c'est la première fois que le Brésil assume le commandement militaire d'une opération de paix. L'étendue des responsabilités, à savoir commander entre 7000 et 9000 hommes, 13 contingents différents et garantir un climat de sécurité et de stabilité dans toute l'île, souligne l'importance de la mission dévolue aux Brésiliens. De fait, le Brésil ne participe pas seulement à la MINUSTAH à travers l'envoi

---

[1] Voir le site du DPKO répertoriant toutes les missions onusiennes passées et en cours : http://www.un.org/en/peacekeeping/operations/current.shtml (consulté le 10 novembre 2011).
[2] Fernanda Lira Goés et Almir Oliveira Junior, « A presença brasileira nas operações de paz das Nações unidas», *op. cit.*
[3] Général Antonio Gabriel Esper, éditorial, *Revista verde-oliva*, Brasilia, n° 181, juin 2004.
[4] L'objectif principal du CI Op Paz consiste à préparer les forces terrestres aux missions de paix, sous l'égide des Nations Unies ou d'autres organismes internationaux.
[5] Gabriela Daou Verenhitach, *A MINUSTAH e a* política externa *brasileira...*, *op. cit.*, p. 80.

de troupes, mais également « en jouant un rôle de premier ordre du point de vue tactico-opérationnel[1] ».

Pour les militaires brésiliens, participer à une mission de l'ONU représente ainsi une opportunité d'acquérir des connaissances essentielles sur une zone de conflit complexe. L'un des aspects les plus importants de cette nouvelle expérience réside dans le fait de côtoyer des troupes d'autres pays, en particulier sud-américaines, sur un théâtre extra-régional. Il s'agit également de prouver que les forces armées brésiliennes sont capables de gérer une importante mission de maintien de la paix, à l'heure où le Brésil entend exercer de nouvelles responsabilités au sein des instances onusiennes.

La MINUSTAH en tant que vitrine pour la candidature à un siège permanent au CSNU

L'un des principaux axes de la politique extérieure brésilienne est la réforme du Conseil de sécurité des Nations unies. L'objectif recherché est l'augmentation du nombre de membres permanents, de manière à ce que le Brésil puisse occuper l'un des nouveaux sièges. Brasilia entend de cette manière donner plus de légitimité et une meilleure représentativité à l'organe restreint des Nations unies. Comme l'affirmait Celso Amorim, « la réforme est nécessaire pour que l'organisation reflète une nouvelle structure de pouvoir du système international, qui soit plus efficace face aux nouvelles menaces[2] ».

Il existe une corrélation entre la poursuite de cet objectif et l'action en Haïti qui réside dans la démonstration de la force militaire du Brésil, facteur essentiel pour intégrer le Conseil. Eugenio Diniz affirme ainsi :

> Puisque le gouvernement brésilien démontre clairement son intention d'obtenir un siège permanent au Conseil de sécurité des Nations unies, la participation à la MINUSTAH est incontestablement le « baptême du feu » pour la candidature du Brésil à un siège permanent[3].

Le président Lula lui-même faisait indirectement référence au lien existant entre la mission en Haïti et la réforme de l'ONU :

> Le Brésil est disposé à agir sans arrogance, sans mégalomanie, sans prétention hégémonique mais avec le sentiment que nous sommes un grand pays et que nous devons le dire au monde. Pour cette raison, nous sommes

[1] *Ibidem.*, p. 76.
[2] Celso Amorim, « A ONU aos 60 », *Revista Política Externa*, vol. 14, n° 2, 2005.
[3] Eugenio Diniz, « Brasil: Peacekeeping and the evolution of foreign policy », *op. cit.*, p. 91-92

présents en Haïti. Pour cette même raison, nous aspirons à réformer l'ONU et ses mécanismes de sécurité collective[1].

Dans le cadre de sa candidature au CSNU, le Brésil ne se limite à faire étalage de ses capacités militaires. Le pays démontre en effet qu'il peut apporter une nouvelle façon d'opérer dans les zones de conflits, notamment en s'appuyant sur son statut de grand acteur du Sud soucieux des questions liées au développement.

2. Le « style brésilien » dans une mission des Nations unies

En participant à la MINUSTAH, les autorités brésiliennes ont fait le choix d'intervenir sur un théâtre d'opérations particulièrement difficile, Haïti étant historiquement un pays instable. Face à une situation sur le terrain complexe, les Brésiliens ont souhaité fonder leur action sur le principe de la solidarité Sud-Sud en collaborant en particulier avec d'autres pays sud-américains sur place, tout en allant au-delà de la poursuite du simple objectif de pacification de l'île.

Haïti, un État marqué par les interventions extérieures

En 1804, Haïti fut la première colonie d'Amérique latine à obtenir son indépendance et la première république noire au monde. Depuis, son histoire a été marquée par l'instabilité politique du fait d'une situation de pauvreté et de sous-développement endémiques. Cette instabilité s'est notamment accentuée lors de l'occupation nord-américaine entre 1915 et 1934, les États-Unis considérant qu'Haïti n'avait pas la capacité de s'autogouverner. Par la suite, c'est la difficulté d'établir un gouvernement stable et démocratique qui a permis l'arrivée au pouvoir de la dictature de la famille Duvalier, « Papy doc » et « Baby doc », entre 1957 et 1986[2]. Les années 1990 ont quant à elles été marquées par le début de l'engagement des Nations unies en Haïti, lorsque l'ONU, conjointement avec l'Organisation des États américains (OEA), s'est chargée de contrôler les élections. Durant cette même décennie, l'ONU a également pris des mesures visant à soutenir la démocratie et l'ordre constitutionnel dans le pays : embargo sur les armes ; blocus naval entre 1993 et 1994 ; envoi d'une force multinationale commandée par les

[1] Luiz Inácio Lula da Silva, *Discurso do Presidente durante cerimônia em comemoração ao Dia do Diplomata*, Brasilia, 29 avril 2008.

[2] Luisa Café Figueiredo Façanha, *As motivações da política externa brasileira para participar das missões de paz das Nações Unidas: o caso do Haiti*, mémoire en Relations internationales, Pontifícia Universidade Católica do Rio de Janeiro, 2009, p. 6.

États-Unis et d'une opération de paix de l'ONU, la MINUHA[1], entre 1994 et 1996.

Jean-Bertrand Aristide, prêtre catholique et adepte de la théologie de la libération[2], est élu pour la première fois en 1990 avec un grand soutien populaire. Mais, très vite, le manque de soutien de la part des élites, ainsi que des forces armées (qui avaient été destituées), entraîne un coup d'État. En 1994, les États-Unis prennent la tête d'une force multinationale, autorisée par le Conseil de sécurité, pour rétablir le président déchu. Son retour aux commandes de l'État est alors marqué par l'autoritarisme et la personnalisation du pouvoir. En 2000, il est élu pour la seconde fois mais ce, à la suite d'élections largement contestées. Ainsi, en 2004, sans soutien populaire, sans forces armées et avec une police nationale haïtienne (PNH) totalement dépassée, Aristide se retire du pouvoir et prend le chemin de l'exil. Avec la chute du gouvernement, des émeutes éclatent dans tout le pays. Parallèlement, des milices armées prennent le contrôle d'une grande partie de l'île. C'est dans ce contexte insurrectionnel que la Cour suprême haïtienne décide de demander l'aide de l'ONU[3].

Du fait d'une situation politique et humanitaire précaire, le Conseil de sécurité des Nations unies adopte la résolution 1529[4], le 29 février 2004, créant la Force multinationale d'intérim qui opère pendant trois mois sur l'île. Les objectifs de cette force étaient de garantir la sécurité et la stabilité dans la capitale haïtienne, Port-au-Prince, et si possible dans tout le pays ; de faciliter l'aide humanitaire d'urgence ; de fournir un soutien à la police et aux garde-côtes haïtiens ; et de prévenir une plus grande détérioration de la situation humanitaire[5]. Dans la mesure où la situation sur place a continué de représenter une menace pour la paix, le CSNU adopte, le 30 avril 2004, la résolution 1542[6], mettant en place la Mission des Nations unies pour la stabilisation en Haïti (MINUSTAH), afin de substituer la force multinationale sur place. Cette septième mission de l'ONU en Haïti faisait suite à l'appel lancé par le président d'Haïti par intérim, Boniface Alexandre, qui avait assumé le pouvoir après le départ de Jean-Bertrand Aristide. La résolution 1542 insistait sur la nécessité d'apporter un soutien au gouvernement de transition, en garantissant le processus constitutionnel et politique ; de restructurer et de former la police nationale haïtienne (PNH) ;

---

[1] Mission des Nations unies en Haïti.

[2] Courant de pensée théologique venu d'Amérique latine, qui a été suivi d'un mouvement sociopolitique (la « praxis »), visant à rendre dignité et espoir aux pauvres et aux exclus en les libérant d'intolérables conditions de vie.

[3] Luisa Café Figueiredo Façanha, *As motivações da política externa brasileira para participar das missões de paz das Nações Unidas...*, *op. cit.*, p. 7.

[4] Conseil de sécurité de l'ONU, *Résolution 1529*, New York, 29 février 2004.

[5] Rogério Paiva Cietto, « A ação civilo-militar no Haiti pos-terremoto, um desafio para o Brasil », *Politica Externa*, novembre 2010.

[6] Conseil de sécurité de l'ONU, *Résolution 1542*, New York, 30 avril 2004.

d'assister le gouvernement transitoire dans sa politique de désarmement, de démobilisation et réintégration (DDR) ; de veiller à la restauration de l'État de droit, de la sécurité et de l'ordre public ; de protéger les civils contre tout acte de violence ; de soutenir le processus de dialogue et de réconciliation, en garantissant la tenue d'élections ; et de contrôler la situation en matière de droits de l'homme[1].

Les premiers temps de la MINUSTAH, entre 2004 et 2006, avant l'élection du président René Préval, ont été marqués par la lutte contre les milices, l'entraînement de la PNH et le rétablissement du dialogue politique. La mission onusienne a aussi très rapidement apporté une assistance humanitaire à la population, qui vivait dans une situation d'extrême pauvreté et qui souffrait des désastres naturels subis en 2004. Dans ce contexte, la MINUSTAH est devenue une mission de paix multidimensionnelle, marquée par des objectifs à la fois militaires et sociaux.

Dans une seconde phase, à partir de mai 2006, avec l'arrivée au pouvoir de René Préval, la mission a consisté à rétablir la paix dans le pays ; à instaurer les conditions correctes de gouvernabilité pour le nouveau président ; à soutenir le processus politique et démocratique ; et à contribuer à la reconstruction de l'État haïtien avec l'aide des organisations internationales et des ONG[2].

Avec la catastrophe du tremblement de terre du 12 janvier 2010, des dizaines de milliers de résidences et d'édifices commerciaux ont été détruits, tout comme les institutions politiques (notamment le palais présidentiel et l'Assemblée nationale), ainsi que d'innombrables hôpitaux et la principale prison de Port-au-Prince. On estime que plus de 170 000 personnes sont mortes, 300 000 ont été blessées, et pratiquement 1 million d'Haïtiens se sont retrouvés sans abri à la suite du cataclysme[3]. Pour faire face à cette situation d'urgence, le CSNU a adopté la résolution 1908[4], restructurant la MINUSTAH et redéfinissant son mandat. Le contingent a alors vu ses effectifs augmenter à 8 940 militaires et 3 711 policiers[5], et la priorité de la mission a consisté à apporter des efforts immédiats pour soutenir la stabilisation et la reconstruction du pays.

La résolution 1908 prévoit également l'extension de l'action civilo-militaire (ACM) de la MINUSTAH. Ainsi, l'ACM fait partie intégrante des

---

[1] *Ibidem.*
[2] Luisa Café Figueiredo Façanha, *As motivações da política externa brasileira para participar das missões de paz das Nações Unidas...*, *op. cit.*, p. 9.
[3] Rogério Paiva Cietto, « A ação civilo-militar no Haiti pos-terremoto, um desafio para o Brasil », *Política Externa Brasileira*, novembre 2010.
[4] Conseil de sécurité de l'ONU, *Résolution 1908*, New York, 19 janvier 2010.
[5] Il était prévu à l'origine que les effectifs de la MINUSTAH ne dépassent pas les 6 700 militaires et 1 622 policiers.

nouvelles responsabilités de la mission post-tremblement de terre. En plus de l'aide directe apportée par la MINUSTAH, la force multinationale sur place est désormais chargée de faciliter le travail des centaines d'ONG qui sont arrivées sur l'île suite à la catastrophe. Les Casques bleus doivent notamment permettre aux missions humanitaires d'agir dans un climat de relative sécurité, tout en leur apportant un support logistique (exemple de l'aide apportée pour l'installation de camps de réfugiés ou encore pour l'assistance sanitaire et médicale)[1].

La MINUSTAH a donc dû s'adapter à un contexte en perpétuelle évolution sur l'île. Les pays sud-américains contribuant pour une large part à cette mission en termes d'effectifs, il est intéressant d'analyser leur action commune sur ce théâtre d'opération difficile. Il convient notamment de comprendre la stratégie adoptée par le commandement brésilien pour favoriser la synergie des forces sur place.

L'identité sud-américaine de la MINUSTAH

Le manque de volonté politique de la part des États-Unis et de la France d'intégrer la MINUSTAH a donné l'opportunité aux pays sud-américains de s'affirmer dans cette opération de maintien de la paix. Huit États d'Amérique du Sud sur douze ont déjà participé à cette mission. Le fait que la MINUSTAH soit la première opération de l'ONU sur l'île, sans participation importante des principales puissances mondiales, est la preuve que les pays sud-américains ont souhaité « assumer leurs responsabilités vis-à-vis de la région [latino-américaine][2] ». Les pays sud-américains, et en premier lieu le Brésil, ont dès lors cherché à donner un sens identitaire et régional à la MINUSTAH, en mettant en avant la « solidarité latino-américaine[3] ». En 2006, Celso Amorim fit référence à la décision brésilienne d'assumer le commandement de cette mission à forte identité régionale en ces termes :

> Le Brésil a accepté d'envoyer des troupes et d'assumer le commandement militaire de la MINUSTAH, en premier lieu parce qu'il s'agissait d'une opération décidée par le Conseil de sécurité, unique instance légitime pour décider de l'envoi de troupes étrangères dans un pays souverain. Par ailleurs, nous avons ressenti le besoin de faire preuve de solidarité régionale. Les affinités de nature culturelle et ethnique justifient la présence des pays d'Amérique latine en Haïti. Le Brésil a toujours cherché à établir des

[1] Rogério Paiva Cietto, *op. cit.*
[2] Gabriel Garcia Tapia, « Haiti: consideraciones geopolíticas, balance y proyecciones », dans Joseph Tulchin, Raul Benitez Manuat et Rut Diamint (coord.), *El rompecabezas. Conformando la seguridad hemisférica en el siglo XXI*, Buenos Aires, Bononiae Libros, 2005, p. 319.
[3] Monica Hirst, « A intervenção Sul-Americana no Haiti », *Análise de Conjuntura (OPSA)*, n° 6, juin 2007, p. 8.

« ponts » pour la reprise du dialogue entre Haïti et les pays de la région [...] Nous défendons la présence de l'ONU en Haïti et le fait que cette présence soit marquée par une forte participation latino-américaine[1].

Il s'agissait de présenter La participation inédite de l'Amérique du Sud en Haïti ne repose pas seulement sur le nombre de troupes présentes dans le pays, mais aussi sur le fait que cette mission cherche à reconstruire le pays et à instaurer le dialogue politique, pour contribuer à l'autonomie d'Haïti[2].

cette mission onusienne sur l'île comme étant différente des précédentes, notamment à travers la promotion du dialogue régional et le soutien de la région à la reconstruction économique, sociale et institutionnelle de l'État haïtien.

Selon Susanne Gratius, l'engagement des pays sud-américains dans la MINUSTAH a permis, pour la première fois, « d'intégrer véritablement Haïti dans l'agenda latino-américain et, ainsi, de l'assimiler à la géographie et à l'identité culturelle de la région[3] ». Cet engagement a également contribué à ce que les forces de l'ONU ne soient pas associées à un passé colonialiste ou impérialiste, qui aurait rendu la présence des Casques bleus contre-productive. Les pays sud-américains ont ainsi pu aider Haïti d'une manière plus crédible et légitime. Il s'agissait en particulier d'établir une relation de confiance entre les militaires de la MINUSTAH et la population, pour éviter de véhiculer l'image d'une force d'occupation mais aussi pour développer des actions à caractère civil[4].

Dès lors, le succès de la mission dépendait en grande partie de la bonne coopération, sous l'égide brésilienne, entre les pays sud-américains. Il est apparu que la MINUSTAH a permis une avancée en termes de synergie des forces armées de la région[5]. Il convient toutefois de rappeler qu'il existe un précédent à la MINUSTAH avec la mission à Chypre (UNFICYP[6]), qui avait vu la participation de militaires brésiliens, chiliens, boliviens, paraguayens, péruviens et argentins. Les différentes forces armées du sous-continent ont

---

[1] Celso Amorim, *Discursona sessão de abertura da reunião internacional de alto nível sobre Haiti*, Brasilia, 23 mai 2006.

[2] Celso Amorim, *Palestra do Ministro das Relações Exteriores no CEBRI*, Rio de Janeiro, 13 décembre 2004.

[3] Susanne Gratius, « O Brasil nas Américas: Potência regional pacificadora? », FRIDE working paper, n° 35, 2007, p. 19.

[4] Monica Hirst et Elsa Llenderrozas, « La dimensión política de la presencia en Haiti: los desafios para el ABC+U », communication pour le colloque *La reconstrucción de Haiti. Fortaleciendo las capacidades de Argentina para una cooperación efectiva*, FLACSO, Buenos Aires, 7-8 juillet 2008, p. 10.

[5] L'un des exemples les plus emblématiques de cette synergie est la présence d'un peloton paraguayen dans le bataillon brésilien de la MINUSTAH. Cette initiative résulte d'un accord entre les deux pays signé en 2007.

[6] Force des Nations Unies chargée du maintien de la paix à Chypre.

aussi déjà pu coopérer en dehors des opérations onusiennes à travers des exercices conjoints, comme le confirme un officier de l'armée brésilienne :

> Au-delà de l'expérience commune à Chypre, un exemple de coopération militaire dans le domaine des opérations de paix antérieur à l'expérience de la MINUSTAH, il y a la réalisation d'exercices communs réguliers entre les forces armées des pays sud-américains, lors desquels sont simulées des situations semblables à celles des opérations de paix. Les forces armées des pays du MERCOSUL participent ainsi à l'opération *Cruzeiro do Sul*, destinée à entraîner et à préparer les militaires aux opérations de paix des Nations unies[1].

La MINUSTAH a aussi incité les pays sud-américains à développer leur coopération en matière de défense en dehors du théâtre d'opérations haïtien. Différentes initiatives régionales ont ainsi vu le jour. On peut notamment citer la création de « l'Association latino-américaine des centres d'entraînement pour les opérations de paix » (ALCOPAZ), créée en août 2008 à l'initiative du gouvernement argentin[2]. L'Association a pour objectif de partager les expériences issues de la MINUSTAH et de promouvoir l'échange d'instructeurs entre les différents centres nationaux (CI Op Paz au Brésil, CECOPAC au Chili et CAECOPAZ en Argentine).

La coopération strictement militaire s'est accompagnée d'une coopération politique. Cette dernière s'est illustrée par la mise en place d'un mécanisme de coordination, appelé « mécanisme 2x9[3] ». L'instance a vu le jour en mai 2005, presque un an après la mise en place de la MINUSTAH, lorsque les vice-ministres de la Défense et des Relations extérieures du Brésil, du Chili et de l'Uruguay se sont réunis pour débattre des solutions à apporter à la crise haïtienne[4]. Selon Rut Diamint, il ressortait déjà de cette première réunion l'idée que la crise haïtienne ne pouvait pas être résolue seulement à travers le thème de la sécurité, les dimensions économiques, politiques et sociales devant également être prises en compte[5].

Cette « micro-intégration » régionale, dans le cadre de la MINUSTAH, contribue au renforcement des relations intra-régionales et pourrait servir, à l'avenir, de modèle pour d'autres opérations de maintien de la paix. Sur ce point, il est intéressant d'observer que la collaboration entre les pays du

---

[1] Danilo Marcondes de Souza Neto, « Operações de Paz e Cooperação Regional: O Brasil e o Envolvimento Sul-americano na MINUSTAH », *Revista da Escola de Guerra Naval*, n° 15, 2010.
[2] Pays de la région ayant le plus ancien centre d'entraînement pour les opérations de paix.
[3] Groupe réunissant les neuf pays latino-américains présents dans la MINUSTAH ainsi que les représentants des Nations unies et de l'OEA.
[4] Danilo Marcondes de Souza Neto, *op. cit.*
[5] Rut Diamint, « El 2x9 uma incipiente comunidad de seguridad em América Latina? », Friedrich-Ebert-Stiftung paper, n° 18, décembre 2007.

sous-continent, dans le domaine des missions onusiennes, paraît plus aisée à concrétiser que dans un contexte strictement sud-américain. Les partenaires régionaux du Brésil semblent plus disposés à s'associer et à assumer d'importantes responsabilités dans des missions sous l'égide d'une organisation internationale, comme l'ONU, que de le faire via un « projet de construction institutionnel régional[1] ».

Par ailleurs, la MINUSTAH, en tant que source de prestige internationale, contribue à construire le leadership régional brésilien. Des douze pays composant l'UNASUL, seuls la Colombie, le Venezuela, le Suriname et le Guyana n'ont pas participé à la mission. La MINUSTAH est ainsi considérée par les autorités brésiliennes comme un véritable laboratoire pour tester le leadership du pays et sa capacité à instrumentaliser une action diplomatique et militaire.

Afin d'assurer dans les meilleures conditions son commandement, notamment vis-à-vis de ses partenaires sud-américains, le Brésil a fait en sorte de ne pas véhiculer l'image d'une puissance arrogante en Haïti. Les Brésiliens ont en effet donné une grande importance à la consultation des pays sud-américains participant à la mission. Pour garantir cela, dès la première année de la mission, la direction politique de la mission a été confiée à un Chilien et la deuxième place du commandement militaire, à un Argentin : « Le principal objectif est d'instaurer une confiance mutuelle en Amérique latine et de renforcer l'image d'un Brésil coopératif, efficient et digne de confiance, afin de contribuer au maintien d'une zone de paix dans le continent[2] ».

Pour Brasilia, la participation à la MINUSTAH contribue donc à donner plus de force au leadership brésilien en Amérique du Sud. Le pays prouve sa capacité à coordonner une réponse régionale à la crise haïtienne, et cela sans provoquer de réactions hostiles de la part de ses partenaires sud-américains.

Un nouveau paradigme pour les opérations de maintien de la paix

Le Brésil cherche, à travers la mission en Haïti, à défendre une nouvelle philosophie des opérations de maintien de la paix qui prenne en considération des objectifs multisectoriels, à savoir : le maintien de l'ordre et de la sécurité ; le dialogue politique avec toutes les forces politiques locales, à l'exception de celles qui prônent la violence ; la reconstruction des infrastructures ; le développement économique ; et la lutte contre la pauvreté.

---

[1] Monica Hirst, « A intervenção Sul-Americana no Haiti », *op. cit.*, p. 13.
[2] Danilo Marcondes de Souza Neto, « Operações de Paz e Cooperação Regional... », *op. cit.*

L'action du Brésil en Haïti s'illustre aussi bien par des activités militaires destinées au rétablissement de la paix que par des actions humanitaires et un appui aux initiatives de coopération dans le domaine civil. La MINUSTAH participe notamment à la désobstruction des voies publiques, à la distribution d'aliments et de médicaments, à l'assistance médicale à la population locale, et à des projets éducatifs et culturels[1]. Le bataillon d'ingénierie brésilien est aussi particulièrement actif par exemple en engageant des travaux d'infrastructures, comme la reconstruction d'édifices publics, la construction de routes et de ponts, le forage de puits d'eau, etc. La force militaire sur place s'est également engagée dans des actions d'urgence. Ce fut le cas, par exemple, lors de la tempête tropicale Jeanne (septembre 2004), qui avait entièrement détruit la ville de Gonaïves ; à l'occasion de la crise alimentaire en 2008 ; et au lendemain du tremblement de terre de janvier 2010 qui a causé des dizaines de milliers de morts[2].

Parallèlement à son action au sein de la MINUSTAH, le Brésil a engagé individuellement d'innombrables actions de coopération technique. Le géant sud-américain compte diverses institutions spécialisées dans ce type de coopération, dont la principale est l'Agence brésilienne de coopération (ABC). L'ABC est responsable de la coordination de nombreux programmes de coopération entre le Brésil et les pays en développement d'Afrique, d'Asie, d'Amérique latine et des Caraïbes. La coopération du Brésil à destination de ces pays se fait également à travers des institutions telles que l'EMBRAPA (Empresa Brasileira de Pesquisa Agropecuária), le FIOCRUZ (Fundação Oswaldo Cruz), le FARMANGUINHOS (Instituto de Tecnologia em Fármacos/FIOCRUZ), le SENAI (Serviço Nacional da Indústria) et le SEBRAE (Serviço Brasileiro de Apoio às Micro e Pequenas Empresas). Le pays a ainsi établi avec les autorités haïtiennes des coopérations aussi diverses que le perfectionnement des systèmes de production agricole (maïs, riz, haricots, manioc, plantes maraîchères), la production d'éthanol, la formation de techniciens pour la reforestation de l'île, la consolidation de systèmes de captation de l'eau pluviale, ou encore la formation professionnelle consacrée au secteur tertiaire[3].

Le Brésil est aussi à l'origine de la mise en place d'une « coopération triangulaire Sud-Sud[4] » en Haïti. Parmi les initiatives illustrant cette coopération figurent : le projet de combat contre la violence faite aux femmes, avec le soutien financier des Nations unies ; le programme pour la scolarisation des enfants, en collaboration avec la Banque mondiale ; le

---

[1] Gabriela Daou Verenhitach, *A MINUSTAH e a política externa brasileira...*, *op. cit.*, p. 67.

[2] *Ibidem.*, p. 83.

[3] Agência Brasileira de Cooperação, *Coopération technique entre le Brésil et les pays d'Amérique du Nord, d'Amérique centrale et des Caraïbes*, Brasilia, 2010, p. 41-52.

[4] Coopération comprenant deux pays en développement et un pays développé ou une organisation internationale.

projet de combat contre le travail des enfants, avec l'Organisation internationale du travail (OIT) ; la construction d'un barrage hydroélectrique dans la région du Plateau central (d'une capacité de 32 mégawatts), avec la Banque internationale de développement (BID) ; et le projet de collecte et de traitement des déchets, avec la participation du groupe IBAS (Inde, Brésil, Afrique du Sud) et du Programme des Nations unies pour le développement (PNUD). Ce dernier projet a d'ailleurs obtenu, en 2006, un prix de la part des Nations unies pour représenter « un modèle de coopération entre pays en développement[1] ».

Parallèlement, et toujours dans le but de construire une relation de confiance avec le peuple haïtien, le Brésil a pris d'autres initiatives plus originales comme l'organisation par l'*Itamaraty* d'un match amical de football (Brésil-Haïti), intitulé « match pour la paix », réalisé le 18 août 2004 à Port-au-Prince. D'après un article publié dans le journal *O Estado do São Paulo* le jour du match :

> Le football est traditionnellement connu pour être un sport caractérisé par la présence d'un ballon et de 22 joueurs courant derrière lui. Depuis aujourd'hui, la sélection brésilienne a donné un nouveau sens à ce sport. Elle a prouvé que des actions simples comme un match sont capables de faire ce qu'aucun gouvernement n'a été capable de faire jusqu'à présent en Haïti. Simplement donner plus de joie à des millions d'Haïtiens[2].

De fait, nous pouvons considérer que le sentiment d'empathie mutuelle constaté lors des premières années de l'action brésilienne sur place a largement contribué à l'efficience du mandat de la MINUSTAH. Naturellement, ce climat de confiance subit l'usure du temps et le commandement brésilien devra faire en sorte, à l'avenir, que les Casques bleus ne soient pas perçus comme une force d'occupation.

Bilan provisoire de la mission

La MINUSTAH a obtenu des résultats significatifs en termes de sécurité et de stabilité en Haïti, ce qui a permis la réalisation d'élections démocratiques. Les principaux foyers de violence ont été neutralisés par la

---

[1] Gabriela Verenhitach et Marc Antoni Deiros « O Brasil e a cooperação triangular Sul-Sul para o desenvolvimento: o caso do Haiti », *I Simpósio em Relações Internacionais do programa de pós-graduação em Relações Internacionais San Tiago Dantas (UNESP, UNICAMP e PUC-SP)*, São Paulo, 12-14 novembre 2007.

[2] « Haitianos fazem festa para a seleção », *O Estado do São Paulo*, 18 août 2004.

force de paix, notamment dans les grands bidonvilles de Port-au-Prince (Bélair, Cité soleil et Cité militaire)[1].

Afin de concrétiser les objectifs stratégiques de la mission, les principales activités opérationnelles de la force militaire sur place ont consisté, dans les premiers temps, à effectuer des patrouilles, à mettre en place des *check-points*, à occuper les zones les plus sensibles, à protéger les autorités (haïtiennes ou étrangères en visite dans le pays), à veiller à la sécurité des installations et à protéger les manifestations publiques. L'une des principales causes d'insécurité en Haïti repose sur les activités des gangs armés, responsables d'assassinats, de viols et d'enlèvements. Le conflit violent opposant les gangs pro-Aristide (« les Chimères ») et ceux soutenant le départ du dirigeant a continué de faire de nombreuses victimes malgré la présence de la MINUSTAH. Cette violence a des origines politiques, mais elle est aussi favorisée par des facteurs économiques et sociaux, qui ont pris de l'importance avec l'absence de l'autorité de l'État.

Mais les Casques bleus ont progressivement repris le contrôle du territoire haïtien et ont fait diminuer le niveau de violence. Selon le général Augusto Heleno Ribeiro Pereira, commandant de la force militaire de la MINUSTAH entre mai 2004 et août 2005 :

> La MINUSTAH a contribué de manière décisive à réduire le niveau de violence dans l'île. Il existe encore des groupes qui visent à déstabiliser le pays, mais ces derniers sont sous contrôle. Le désarmement d'Haïti s'effectue de manière progressive. Le soutien de la population a permis d'obtenir d'importantes informations sur les gangs, ce qui a facilité notre travail pour les démanteler[2].

Bien que les soldats de la MINUSTAH aient réussi à rétablir une certaine stabilité dans le pays, l'action des gangs peut ressurgir à tout moment, ce qui rend la présence des forces internationales vitale pour la sécurité de la population. Les trafics de drogue et d'armes constituent encore les principaux problèmes du pays et d'importants vecteurs de violence. La propre résolution 1780 du CSNU, de 2007, aborde d'ailleurs ce thème :

> La MINUSTAH doit travailler avec le gouvernement haïtien pour déployer des efforts dans le combat contre le trafic illicite de drogue, d'armes et

---

[1] Précisons toutefois qu'au moment de la rédaction cet ouvrage, la MINUSTAH devait encore affronter d'innombrables défis, les rapports d'évaluation de la mission mettant en évidence le fait que divers objectifs restaient encore à atteindre. Voir les différents rapports de la mission sur le site de la MINUSTAH : http://www.un.org/Depts/dpko/missions/MINUSTAH/reports.html (consulté le 23 juin 2011).

[2] Gabriela Daou Verenhitach, *A MINUSTAH e a* política externa*brasileira*..., *op. cit.*, p. 86.

d'autres activités illégales transfrontalières, et pour contribuer au renforcement de la capacité d'action de la police nationale haïtienne dans ces domaines[1].

L'une des principales fonctions de la MINUSTAH est précisément de former, d'entraîner et de conseiller les policiers haïtiens de la PNH (Police nationale d'Haïti) afin que ces derniers puissent, à moyen terme, remplacer les Casques bleus dans les opérations de maintien de l'ordre. Lorsque la MINUSTAH a commencé sa mission en 2004, la PNH était une force de police qui ne bénéficiait d'aucune confiance de la part de la population civile. Les Haïtiens considéraient qu'une grande partie des policiers étaient corrompus et violents. La PNH représentait alors l'un des facteurs à l'origine de la déstabilisation du pays. La pratique de la torture, de mauvais traitements et d'exécutions extrajudiciaires était monnaie courante. La MINUSTAH a alors proposé aux autorités haïtiennes de mettre en place, en août 2006, un plan de réforme de la PNH prévoyant un encadrement plus strict de l'action de la police et la formation urgente de nouveaux policiers[2].

D'une manière générale, la MINUSTAH a contribué au rétablissement de l'ordre public, à la démocratisation et à la promotion des droits de l'homme en Haïti, ce qui a évité au pays de retomber dans la spirale de l'autoritarisme et de l'extrême violence. L'île, en pleine reconstruction, reste extrêmement fragile et peut basculer à tout moment dans un nouveau chaos. La présence brésilienne, et son expérience acquise depuis 2004 sur le terrain sont donc essentielles pour maintenir une relative stabilité et contribuer au succès de la mission. Le tremblement de terre meurtrier du 12 janvier 2010[3] a néanmoins bouleversé les activités des Casques bleus sur place, qui ont alors commencé à privilégier leur action en matière d'assistance humanitaire.

***

Pour les autorités brésiliennes, le commandement de la MINUSTAH obéit à deux objectifs. D'une part, il s'agit à travers cette initiative de consolider le leadership régional brésilien, à travers une large participation des pays sud-américains à cette mission. D'autre part, la MINUSTAH doit permettre au Brésil de peser davantage sur le plan international dans sa quête d'un statut d'acteur global.

La participation au processus de stabilisation et de reconstruction d'Haïti a confirmé, en outre, la réorientation de la politique extérieure brésilienne, qui, en observant le principe de non-indifférence, a octroyé de nouvelles

---

[1] Conseil de sécurité de l'ONU, *Résolution 1780*, New York, 15 octobre 2007.
[2] Gabriela Daou Verenhitach, *op. cit.*, p. 33.
[3] Plus de 230 000 morts, dont 18 militaires brésiliens de la MINUSTAH.

responsabilités au Brésil, notamment vis-à-vis des pays les plus fragiles en situation de crise. Les gouvernements pétistes ont ainsi souhaité faire de leur intervention en Haïti un exemple de solidarité Sud-Sud. En plus de l'aspect militaire de la mission qui lui a été confiée, le Brésil a pris en compte les facteurs sociaux et économiques responsables de l'instabilité sur l'île. L'accent a donc aussi été mis sur les actions de coopération visant le développement du pays caribéen.

In fine, cette mission de l'ONU a incontestablement renforcé le poids du Brésil sur la scène internationale et a resserré ses liens avec les pays de la région. La MINUSTAH a de ce fait constitué un gain positif pour l'accroissement de l'influence du pays au sein des Nations unies, en particulier dans l'optique de la réforme du Conseil de sécurité. Mais la nouvelle responsabilité qu'assume le Brésil sur l'île a mis à l'épreuve l'image du géant sud-américain. Aujourd'hui, le pays ne peut envisager un retrait de ses troupes à court terme, sans compromettre sa crédibilité aux niveaux régional et mondial.

CONSIDÉRATIONS FINALES

La politique étrangère du Brésil de cette dernière décennie a donné la priorité à l'affirmation régionale, ainsi qu'à la création d'un pôle de stabilité politique et de prospérité économique sud-américain, favorable à sa projection internationale. Il est en effet essentiel pour le géant lusophone d'assurer ses assises dans son espace géopolitique immédiat pour lui permettre d'agir plus efficacement sur le plan mondial. Nous avons pu observer que sans la consolidation de son leadership régional, l'action internationale de Brasilia pouvait être fortement limitée. Les difficultés que rencontrent les Brésiliens pour l'obtention d'un appui unanime de leur région à leur candidature à un siège de membre permanent du Conseil de sécurité de l'ONU illustrent l'importance des relations régionales pour un pays qui a une vocation mondiale. Le régionalisme sud-américain constitue donc pour Brasilia un cadre stratégique nécessaire à la construction et à l'exercice de son influence à l'extérieur.

Dès lors, le Brésil entend se comporter comme une puissance soucieuse d'apporter à tout son espace régional les bénéfices de son rayonnement international. Le pays sud-américain agit certes, dans une certaine mesure, comme un acteur hégémonique en Amérique du Sud, mais les gouvernements brésiliens œuvrent pour que cette hégémonie ne soit pas perçue négativement par les voisins régionaux. On comprend mieux dès lors le pragmatisme et le ton coopératif adoptés en toutes circonstances par les autorités de Brasilia.

Le Brésil a notamment renforcé son rôle de *paymaster* régional pour répondre aux accusations de ceux qui qualifient le pays de puissance dominatrice et prédatrice. Brasilia a ainsi cherché à réduire les asymétries régionales, aussi bien à travers la diminution des déséquilibres commerciaux qu'au moyen des financements d'infrastructures. Cette « politique de la générosité » participe à la construction du leadership brésilien sur des bases consensuelles, en agissant contre la méfiance traditionnelle des partenaires régionaux vis-à-vis de l'action du géant lusophone. En outre, les gouvernements brésiliens ont stratégiquement fait le choix de ne pas nourrir les tensions régionales lorsque les États sud-américains les plus modestes ont défié la puissance brésilienne. Brasilia donne en effet la priorité au dialogue et à la négociation pour régler les différends, malgré parfois des critiques sur le plan domestique découlant de cette attitude jugée trop conciliatrice et qui remet en cause les intérêts immédiats du pays.

Pour asseoir son leadership, le Brésil fait également en sorte de renforcer l'intégration du sous-continent à un haut niveau intergouvernemental, sans pour autant développer de manière démesurée et incontrôlée l'institutionnalisation des différents processus intégrationnistes. L'essentiel est d'approfondir le dialogue et la coopération sud-américaine sous l'égide brésilienne, tout en affaiblissant l'influence historique des acteurs extérieurs.

Dès les premiers temps de l'ère Lula, les autorités brésiliennes ont cherché à revitaliser le MERCOSUL, notamment en élargissant l'agenda de coopération aux domaines politique et social. Toutefois, l'approfondissement de l'organisation se heurte à la fois aux souverainismes exacerbés dans la région (notamment de la part du Brésil lui-même) et aux asymétries structurelles entre les pays membres. Découlant de cette situation de profonds déséquilibres intra-groupe, les partenaires mercosuliens craignent le « sous-impérialisme » *auriverde* et au fait que les objectifs autonomistes brésiliens ne se transforment en politique anti-américaine. Ces craintes ont été accentuées à l'occasion de l'appui brésilien à l'adhésion au MERCOSUL du Venezuela, dont le régime est de tendance anti-impérialiste. Mais le principal obstacle au développement de l'organisation réside dans le protectionnisme excessif argentin. Buenos Aires a réagi de manière particulièrement défensive lorsque la balance commerciale entre l'Argentine et le Brésil a commencé à devenir largement favorable aux Brésiliens, à partir de 2004. Face au risque d'une accentuation des déséquilibres du commerce bilatéral, le gouvernement argentin a préféré freiner le processus intégrationniste.

En plus du MERCOSUL, les décideurs brésiliens donnent une importance particulière à l'Union des nations sud-américaines. La création de l'UNASUL permet de donner corps au projet des stratèges de Brasilia de réunir l'ensemble des pays sud-américains dans un bloc politique sous leadership brésilien. L'UNASUL est rapidement devenue la plate-forme privilégiée des Brésiliens pour organiser le dialogue intra-régional et assurer la stabilité en Amérique du Sud, malgré certaines difficultés tenant principalement au développement de l'axe bolivarien et à la concurrence (aujourd'hui limitée) du Venezuela chaviste sur le plan idéologique. C'est par le biais de cette nouvelle initiative intégrationniste que le Brésil a renforcé son rôle de puissance régionale en développant l'intégration physique du sous-continent et en s'affichant comme le principal médiateur dans les crises sud-américaines. La création de cette organisation contribue également à l'autonomisation de l'Amérique du Sud en faisant en sorte de marginaliser l'action de l'OEA dans le sous-continent, ce qui concourt à mettre fin au droit de regard historique des États-Unis sur les affaires sud-américaines.

Par ailleurs, la construction de la confiance étant un élément de la stratégie de l'« hégémonie consensuelle » mise en œuvre par les gouvernements pétistes, les Brésiliens se sont particulièrement investis dans la mise en place du Conseil de défense sud-américain de l'UNASUL. Il s'agit de véhiculer l'image d'une puissance soucieuse de défendre la transparence dans les domaines de la sécurité et de la défense, autrement dit des secteurs traditionnellement stratégiques et sensibles. Ainsi, c'est avant tout la cohésion régionale qui est recherchée par Brasilia à travers l'intégration sud-américaine, un facteur qui doit en outre faciliter la projection internationale brésilienne. L'UNASUL est en effet perçue comme un espace de référence pour l'affirmation des intérêts brésiliens et la création d'un pôle régional multiplicateur de puissance.

Avec les avancées en termes de régionalisation, certains signes montrent les balbutiements d'une reconnaissance de l'exercice du leadership régional brésilien. Ainsi, les propositions de médiation de Brasilia dans les crises régionales sont généralement bien accueillies et son rôle de *paymaster* est largement encouragé par les voisins sud-américains. Par ailleurs, malgré certains désaccords sur le plan idéologique, des pays bolivariens comme la Bolivie et le Venezuela ont exprimé leur soutien à la candidature du Brésil à un siège de membre permanent au CSNU. Les partenaires sud-américains saluent par ailleurs les initiatives du géant lusophone visant à intégrer la région dans sa stratégie internationale, à travers notamment les sommets Amérique du Sud – Afrique (ASA) et Amérique du Sud – Pays arabes (ASPA). Si ces rencontres sont avant tout symboliques, sans réel impact dans les relations interrégionales, elles sont nécessaires pour construire l'image d'un Brésil porte-parole régional et du monde en développement dans son ensemble.

Toujours dans le cadre de la construction du leadership régional brésilien, il convient de faire référence à la stratégie du *smart power* adoptée par le Brésil. Celle-ci s'est révélée ces dernières années lorsque les décideurs de Brasilia ont fait le choix de soutenir leur rhétorique diplomatique par l'utilisation des forces armées. Cela s'illustre en termes capacitaires avec la modernisation de l'appareil militaire national (à travers en particulier le volet défense du partenariat stratégique franco-brésilien), mais aussi avec l'action du Brésil dans les missions de maintien de la paix de l'ONU. Le commandement brésilien de la MINUSTAH en Haïti, et la forte implication des autres pays sud-américains dans cette mission, sont les signes de la volonté de Brasilia d'agir en tant que meneur et acteur stabilisateur régional. Pour les gouvernements brésiliens, il est par ailleurs essentiel de montrer que la projection politique et économique du Brésil peut s'accompagner d'une projection militaire (un critère de puissance de surcroît important dans le cadre d'une candidature au Conseil de sécurité).

Malgré les difficultés, les gouvernements brésiliens ont continué de promouvoir leur pays en tant que moteur intégrationniste et principal médiateur dans les conflits régionaux. Bien que le leadership brésilien soit loin d'être une réalité, la priorité pour Brasilia est de maintenir un dialogue permanent avec les pays sud-américains pour consolider une identité régionale autonome, reposant sur des liens culturels et un corpus de valeurs communes. Le leadership étant un processus social dynamique, dépendant grandement des interactions entre le leader et ses suiveurs, le Brésil devra à l'avenir poursuivre son action coopérative et assumer de manière plus prononcée les responsabilités et les coûts qui incombent à un chef de file, et cela afin de façonner un bloc régional efficient favorable à la projection de l'influence brésilienne sur le plan mondial. Le Brésil, au même titre que les autres *monster countries*, pourra en effet difficilement échapper à son rôle d'acteur ayant des responsabilités sur le plan régional et, dans le même temps, ayant une vocation de régulateur du système mondial.

Les pays sud-américains doivent certes participer à la projection internationale du Brésil pour favoriser son ascension en tant qu'acteur global. Mais ce que l'on a effectivement observé, c'est avant tout une instrumentalisation de la région sud-américaine. Ainsi, si les Brésiliens s'appuient ponctuellement sur leurs partenaires régionaux pour donner plus de visibilité à certaines de leurs initiatives diplomatiques, il est clair qu'ils adoptent une stratégie individualiste dès lors que les voisins constituent plus un poids qu'un véritable soutien pour l'insertion internationale de leur pays. Finalement, dans un difficile jeu d'équilibriste, il s'agit de prendre en compte aussi bien la nécessité d'affirmer la puissance régionale brésilienne, et la construction d'un leadership consensuel en Amérique du Sud, que la capacité du Brésil à agir individuellement dans le contexte extra-régional.

Le grand défi pour le Brésil réside précisément dans cette nécessité de rendre compatible son aspiration au leadership régional et sa volonté de consolider son rôle d'acteur global au sein du système multipolaire. De fait, l'expérience récente a prouvé qu'il s'agit d'un exercice difficile, les deux stratégies cumulées pouvant paraître contradictoires et au final, contreproductives. Le géant sud-américain n'a donc d'autre choix que de rendre plus convergentes ses politiques régionale et mondiale, ce qui se traduit nécessairement par le développement des processus intégrationnistes à un plus haut degré d'institutionnalisation et une atténuation du profil souverainiste du Brésil.

TABLE DES ILLUSTRATIONS

LISTE DES ABREVIATIONS ET DES SIGLES

ABC = Agence brésilienne de coopération
ALCOPAZ = Association latino-américaine des centres d'entraînement pour les opérations de paix
ACM = Action civilo-militaire
ALBA = Alliance bolivarienne pour les Amériques
ALBAN = América Latina bolsas de estudo de alto nível
ALADI = Association latino-américaine d'intégration
ALFA = América Latina formação acadêmica
ALCSA = Zone de libre-échange sud-américaine
ASA = Sommet Amérique du Sud - Afrique
ASPA = Sommet Amérique du Sud - pays arabes

BASIC = Brésil-Afrique du Sud-Inde-Chine
BIRD = Banque internationale pour la reconstruction et le développement
BM = Banque mondiale
BNDES = Banque Nationale de développement économique et social
BRIC = Brésil-Russie-Inde-Chine

CAECOPAZ = Centro Argentino de Entrenamiento Conjunto para Operaciones de Paz
CAN = Communauté andine des nations
CARICOM = Marché commun de la Communauté du bassin des Caraïbes
CCG = Conseil de coopération du Golfe
CECOPAC = Centro Conjunto para Operaciones de Paz de Chile
CCMAS = Commission de coordination des ministres des Affaires sociales du MERCOSUL
CCM = Commission du commerce du MERCOSUL
CDS = Conseil de défense sud-américain
CELAC = Communauté des États latino-américains et caribéens
CI Op Paz = Centre d'instruction aux opérations de paix
CMC = Conseil du marché commun
CND = Conseil de Défense nationale
COHA = Council on Hemispheric Affairs
CPC = Commission parlementaire commune
CRPM = Commission des représentants permanents du MERCOSUL
CSN/CASA = Conseil sud-américain des nations (rebaptisé Union des nations sud-américaines – UNASUL)
CSNU = Conseil de sécurité des Nations unies
CUT = Central Única dos Trabalhadores

DPKO = Département des opérations de maintien de la paix des Nations unies

END = Stratégie nationale de défense

FCCP = Forum de consultation et de coordination politique
FOCEM = Fonds de convergence structurelle du MERCOSUL
FMI = Fonds monétaire international
FCES = Forum consultatif économique et social

G20 = groupe de 19 pays (Afrique du Sud, Allemagne, Arabie saoudite, Argentine, Australie, Brésil, Canada, Chine, Corée du Sud, États-Unis, France, Inde, Indonésie, Italie, Japon, Mexique, Royaume-Uni, Russie, Turquie) plus l'Union européenne dont les ministres, les chefs des banques centrales et les chefs d'État se réunissent pour traiter des questions économiques et financières
G20+ = groupe de pays en développement pour les négociations commerciales à l'OMC
G7/G8 = groupe de discussion et de partenariat économique de sept à huit pays parmi les plus puissants du monde économiquement : États-Unis, Japon, Allemagne, France, Royaume-Uni, Italie, Canada et Russie
GMC = Groupe du marché commun

IBAS / G3 = Forum de dialogue « Inde-Brésil-Afrique du Sud »
IDE = Investissements directs étrangers
IDH = Indice de développement humain
IIRSA = Initiative pour l'infrastructure régionale sud-américaine
IMEF = Institut MERCOSUL de la formation
IAPTC = International Association for Peace Training Centers
ISM = Institut social du MERCOSUL

MAC = Mécanisme d'adaptation productive
MERCOSUR/MERCOSUL = Marché commun du Sud
MINUHA = Mission des Nations unies en Haïti
MINUSTAH = Mission des Nations unies pour la stabilisation en Haïti
MST = Mouvement des sans-terres
MDIC = Ministère du Développement, de l'industrie et du commerce
MRE = Ministère des Relations extérieures

OCHA = Bureau de la coordination des affaires humanitaires
ODM = Observatoire de la démocratie du MERCOSUL
OEA = Organisation des États américains
ONG = Organisations non gouvernementales

ONU = Organisation des Nations unies
OTAN = Organisation du traité de l'Atlantique nord
OTCA = Organisation du traité de coopération en Amazonie

PDVSA = Petróleos de Venezuela S.A.
PEAS = Plan stratégique d'action sociale
Petrobras = Petróleo Brasileiro S.A
PIB = Produit intérieur brut
PNH = Police nationale haïtienne
PNUD = Programme des Nations unies pour le développement
PT = Parti des Travailleurs

SAM = Secrétariat administratif du MERCOSUL
SECEX = Secrétariat au commerce extérieur
SIPRI = Institut international de recherche pour la paix de Stockholm

TEC = Tarif extérieur commun

UNASUR/UNASUL = Union des nations sud-américaines
UNEF = United Nations Emergency Force
UNFICYP = Force des Nations unies chargée du maintien de la paix à Chypre

YPFB = Yacimientos Petrolíferos Fiscales Bolivianos

ZLEA/ALCA/FTAA = Zone de libre-échange des Amériques (Área de Livre Comércio das Américas / Free Trade Area of the Americas)

BIBLIOGRAPHIE

1) Théories des relations internationales et de l'intégration régionale

- **Ouvrages et chapitres d'ouvrages**

ANDERSON, Benedict, *Comunidades Imaginadas : Reflexões sobre a Origem e a Difusão do Nacionalismo*, São Paulo : Companhia das Letras, 2008, 336 p.
ARON, Raymond, *Paix et guerre entre les nations*, Paris : Calmann-Lévy, 2004, 794 p.
BADIE, Bertrand, *La diplomatie de la connivence*, Paris : Cahiers libres, 2011, 276 p.
BATTISTELLA, Dario, *Théories des relations internationales,* Paris : Sciences Po Les Presses, 2006, 512 p.
CHARILLON, Frédéric, *Politique étrangère. Nouveaux regards*, Paris : Presses de Science Po, 2002, 437 p.
CHECKEL, Jeffrey, « International Institutions and Socialization in Europe: Introduction and Framework », dans Jeffrey Checkel (org.), *International Institutions and Socialization in Europe,* Cambridge : Cambridge University Press, 2007, 292 p.
DE SENARCLENS, Pierre, ARIFFIN, Yohan, *La politique internationale. Théories et enjeux contemporains*, Paris : Armand Colin, 2006, 286 p.
DESFARGES, Philippe, *Relations internationales*, Paris : Seuil, 2010, 312 p.
DEUTSCH, Karl, *Political Community and the North Atlantic Area*, Princeton : Princeton University press, 1957, 228 p.
DUROSELLE, Jean-Baptiste, *Tout empire périra : Théorie des relations internationales*, Paris, Armand Colin, 1992, 346 p.
ETZIONI, Amitai, *Political unification: a comparative study of leaders and forces*, New York : Praeger Co., 1965, 368 p.
FUKUYAMA, Francis, *La Fin de l'histoire et le Dernier Homme*, Paris : Flammarion, 1992, 452 p.
GILL, Stephen, *Gramsci, Historical Materialism and International Relations*, Cambridge: Cambridge University Press, 1994, 336 p.
GILPIN, Robert, *War and Change in World Politics*, Cambridge, Cambridge University Press, 1983, 272 p.
HAAS, Ernst, *The Uniting of Europe: Political, Social and Economic Forces 1950-1957*, Stanford : Stanford University Press, 1968, 552 p.
HALL, Stuart, « Who Needs Identity », dans Paul du Gay, Jessica Evans et Peter Redman, *Identity : A Reader*, Londres : Sage, 2000, p. 15-30.
JERVIS, Robert, *International Politics : enduring concepts and contemporary issues*, New York : Pearson Education Inc, 2005, 608 p.
KENNAN, Georges, *Around The Cragged Hill: A Personal And Political Philosophy*, New York : W. W. Norton and Company, 1994, 276 p.

KUBALKOVA, Vendulka, ONUF, Nicholas, KOWERT, Paul, *International relations in a constructed world*, New York : M.E. Sharpe, 1998, 214 p.
MACHIAVEL, Nicolas, *Le Prince* (1513), Paris : Gallimard, 2008, 201 p.
MEARSHEIMER, John, *The Tragedy of Great Power Politics*, New York : W. W. Norton & Company Inc., 2001, 576 p.
MITRANY, David, *A Working Peace System*, Chicago : Quadrangle Books, 1966 (2ème éd.), 221 p.
MORGENTHAU, Hans, *Politics Among Nations: The Struggle for Power and Peace*, New York : Alfred A. Knopf, 1948, 489 p.
NARDIN, Terry, *Lei, moralidade e as relações entre os Estados*, Rio de Janeiro : Forense-Universitária, 1987, 344 p.
NYE, Joseph, *Soft Power : The Means to Success in World Politics*, New York : Public Affairs U.S., 2005, 208 p.
RISSE-KAPPEN, Thomas, *A Community of Europeans?: Transnational Identities and Public Spheres*, Ithaca : Cornell University Press, 2010, 287 p.
TALIAFERRO, Jeffrey, RIPSMAN, Norrin, LOBELL, Steven (org.), *Neoclassical Realism, the State, and Foreign Policy*, Cambridge : Cambridge University Press, 2009, 300 p.
VIZENTINI, Paulo Fagundes, WIESEBRON, Marianne, *Neohegemonia americana ou multipolaridade? Polos de poder e sistema internacional*, Porto Alegre : Editora de UFRGS, 2006, 240 p.
WALT, Stephen, *The Origins of Alliances*, New York, Cornell University Press, 1987, 321 p.
WALTZ, Kenneth, *Theory of International Politics*, New York : McGraw Hill Higher Education, 1979, 256 p.

- **Articles et « *working papers* »**

DABENE, Olivier, « Approches théoriques. Intégrations régionales », Observatoire politique de l'Amérique latine et des Caraïbes – SciencePo, juin 2009. Disponible sur : http://www.sciencespo.fr/opalc/content/approches-theoriques
DABENE, Olivier, « intégrations régionales », Observatoire politique de l'Amérique latine et des Caraïbes – SciencePo, juin 2009. Disponible sur http://www.sciencespo.fr/opalc/content/definitions
HERMANN, Margaret, « Leaders, Leadership, and Flexibility: Influences on Heads of Government as Negotiators and Mediators », *Annals of the American Academy of Political and Social Science*, vol. 542, 1995, p. 148-167.
HURELL, Andrew, « Hegemony, liberalism and global order: what space of would-be great powers? », *International Affairs*, n°82, 2006, p. 1-19.
IKENBERRY, John, « The Future of International Leadership », *Political Science Quarterly*, vol. 111, n° 3, 1996, p. 385-402.
MARIANO, Marcelo, MARIANO, Karina, « As teorias de integração regional e os Estados subnacionais », *Impulso*, n° 31 2002, p. 47-69.
MORACVSIK, Andrew, « Preferences and Power in the European Community: A Liberal Intergovernmentalist Approach », *Journal of Common Market Studies*, vol. 31, 1993, p. 473-524.
NOLTE, Detlef, « How to compare regional powers: analytical concepts and research topics », *Review of International Studies*, vol. 36, 2010, p. 881-901.

NOSSEL, Suzanne, « Smart Power », *Foreign Affairs*, mars-avril 2004.
PAPE, Robert, « Soft Balancing Against the United States », *International Security*, vol. 30, n° 1, p. 7-45.
PEDERSON, Thomas, « Cooperative hegemony: power, ideas and institutions in regional integration », *Review of International Studies*, vol. 28, n° 4, 2002, p. 677-696.
SCHWELLER, Randall, « Neorealism's Status-Quo Bias: What Security Dilemma? », *Security Studies*, vol. 5, 1996, p. 90-121.
SCHWELLER, Randall, PRIESS, David, « A Tale of Two Realisms: Expanding the Institutions Debate », *Mearshon International Studies Review*, vol. 41, n° 1, 1997, p. 1-32.
WALT, Stephen, «Alliances in a Unipolar World », *World Politics*, vol. 61, n° 1, janvier 2009, p. 86-120.
WALTZ, Kenneth, « Structural realism after the Cold War », *International Security*, vol. 25, n° 1, 2000, p. 5-41.

2) Politique extérieure brésilienne

- **Documents officiels et textes juridiques**

MINISTERE DES RELATIONS EXTERIEURES, *Balanço de Política Externa 2003/2010,* Brasilia, janvier 2011.

- **Ouvrages et chapitres d'ouvrages**

ACIOLY, Luciana, CINTRA, Marcos Antonio Macedo, *Inserção Internacional Brasileira: temas de politica externa*, Brasilia : Instituto de Pesquisa Econômica Aplicada (IPEA), Livre 3, vol. 1, 2010, 538 p.
BECARD,Danielly Silva Ramos, *Relações exteriores do Brasil contemporâneo*, Petropolis : Editora Vozes, 2009, 223 p.
CERVO, Amado Luiz, *Inserção internacional : formação dos conceitos brasileiros*, São Paulo, Saraiva, 2008, 297p.
DABENE, Olivier, LOUAULT, Frédéric, *Atlas du Brésil*, Paris : Éditions Autrement, 2013, 96 p.
DE SOUSA, Amaury, *A agenda internacional do Brasil*, Rio de Janeiro :Elsevier – CEBRI, 2009, 191 p.
DINIZ, Eli, *Globalização, Estado e desenvolvimento: dilemas do Brasil no novo milênio*, Rio de Janeiro : FGV, 2007, 326 p.
FUNDACAO FERNANDO GUSMAO, *Repertório de Política Externa: posições do Brasil*, Brasilia : FUNAG, 2007, 26 p.
_, *Brazilian foreign policy handbook*, Brasilia : FUNAG, 2008, 348 p.
GIAMBIAGI, Fabio, REIS, José Guilherme,URANI, André, *Reformas no Brasil : Balanço e Agenda*, Rio de Janeiro : Nova Fronteira, 2004, 543 p.
GUIMARAES, Samuel Pinheiro, *500 anos de periferia*, Porto Alegre : Editora Universidade, Contraponto, 1999, 166 p.
MONCLAIRE, Stéphane, DELUCHEY, Jean-François, *Gouverner l'intégration,* Paris : Éditions Pepper, 2006.

PECEQUILO, Cristina Soreanu, *A Política Externa dos EUA: Continuidade ou Mudança?*, Porto Alegre : Ed. UFRGS, 2005.
PINHEIRO, Letícia, *Politica externa brasilieira*, Rio de Janeiro, Jorge Zahar Editor, 2004, 82 p.
ROLLAND, Denis, LESSA, Antônio Carlos, *Relations internationales du Brésil : Les Chemins de La Puissance,* Paris : L'Harmattan, vol. 1, 2010, 322 p.
ROUQUIE, Alain, *Le Brésil au XXIe siècle : naissance d'un nouveau grand*, Paris : Fayard, 2006, 406 p.

- **Articles et « *working papers* »**

AMORIM, Celso, « Conceitos e estratégias da diplomacia do governo Lula », *DEP-Diplomacia, Estratégia e Politica*, n° 1, octobre-novembre 2004.
CERVO, Amado Luiz, « Os objetivos da politica exterior de Lula », *Meridiano47*, juin 2004.
DAUDELIN, Jean, « Le Brésil comme puissance : portée et paradoxes », *Diploweb*, 8 octobre 2010.
DE ALMEIDA, Paulo Roberto, « A política internacional do Partido dos Trabalhadores: da fundação do partido à diplomacia do governo Lula », *Sociologia e Política*, n° 20, 2003, p. 87-102.
_, « Uma nova arquitetura diplomática?: interpretações divergentes sobre a política externa do Governo Lula (2003-2006) », *Revista Brasileira de Política Internacional*, n° 1, 2006, p. 1-25.
_, « O Brasil como ator regional e como emergente global. Estratégias de política externa e impacto na nova ordem internacional », *Cena Internacional*, vol. 9, n° 1, 2007, p. 7-36.
DE LIMA, Maria Regina Soares, « A economia política da política externa brasileira: uma proposta de análise », *Contexto Internacional*, n° 12, janvier 1990, p. 7-28.
_, « Autonomia, Não-Indiferença e Pragmatismo : Vetores Conceituais da Politica Exterior », *Revista Brasileira de Comércio Exterior*, n° 83, 2005, p. 16-20.
MAIOR, Luiz Souto, « A ordem mundial e o Brasil », *Revista Brasileira de Política Internacional*, vol. 46, n° 2, 2003, p. 26-48.
MOCKLI, Daniel, « Le Brésil : puissance économique à se profiler en politique étrangère », *Analyses du CSS*, n° 93, mai 2011.
PECEQUILO, Cristina Soreanu, « A Política Externa do Brasil no Século XXI: Os Eixos Combinados de Cooperação Horizontal e Vertical », *Revista Brasileira de Política Internacional*, vol. 51, n°2, 2008, p. 136-153.
PINHEIRO, Letícia, « Traídos pelo desejo: um ensaio sobre a teoria e a prática da política externa brasileira contemporânea », *Contexto Internacional,* vol. 22, n° 2, 2000, p. 305-335.
ROCHA, Antônio Jorge Ramalho, « Política Externa e política de defesa no Brasil: civis e militares, prioridades e a participação em missões de paz », E-cadernos CES (Online), vol. 6, 2009, p. 142-158.
SANTISO, Carlos, « Promoção e Proteção da Democracia na Política Externa Brasileira. », *Contexto Internacional*, vol. 24. n° 2, 2002, p. 297-341.

SARAIVA, Miriam Gomes, «A Diplomacia Brasileira e as Visões Sobre a Inserção Externa do Brasil : Institucionalismo Pragmatico e Autonomistas », Real Instituto El Cano, mars 2010.
SEITENFUS, Ricardo, « O Brasil e suas relações internacionais », *Carta Internacional*, São Paulo, Nupri-USP, vol. 2, n° 1, janvier-mars 2007, p. 11-21.
VIGEVANI, Tullo, CEPALUNI, Gabriel, « A Política Externa de Lula da Silva: A Estratégia da Autonomia pela Diversificação », *Contexto Internacional*, vol. 29, n°2, 2007, p. 273-333.

- **Thèses et mémoires**

CAZALAA, Arnaud, *La mondialisation du Brésil*, mémoire de géopolitique, Collège interarmées de défense, Paris, mars 2006, 155 p.
RODRIGUEZ, Júlio César Cossio, *Os efeitos de limitadas capacidades materiais na política externa de potências intermediárias do sistema internacional:o caso do Brasil*, Thèse en Relations internationales, Universidade de Lisboa, 2013, 195 p.

- **Communications à des colloques et conférences**

BELANGER, Louis, « Puissances émergentes, Institutions Globales et Gestion de Crise », Congrès de l'Association française de science politique, 2013.

3) Enjeux régionaux

- **Discours officiels**

AMORIM, Celso, *Discurso na III Reunião de chanceleres da Comunidade Sul-Americana de Nações*, Santiago du Chili, 24 novembre 2006.
DA SILVA, Luiz Inácio Lula, *Discurso do Senhor Presidente da República na Sessão de Posse, no Congresso Nacional*, Brasilia, 1er janvier 2003.
_, *Discurso do Senhor Presidente da República na Cerimônia de Transmissão do Cargo de Diretor-Geral Brasileiro da Itaipu Binacional, do Engenheiro Antônio José Correia Ribas para o Engenheiro Jorge Miguel Samek*, Curitiba, 23 janvier 2003.
_, *Discurso do presidente da República na 59ª Assembléia-Geral da ONU*, New York, 21 septembre 2004.
_, *Discurso do Presidente da República, Luiz Inácio Lula da Silva, na cerimônia de formatura da turma 2004-2006 do Instituto Rio Branco*, Brasilia, 2 mai 2007.

- **Ouvrages et chapitres d'ouvrages**

ODDONE, Carlos Nahuel, *La red de mercociudades: globalización, integración regional y desarrollo local*, Valencia, Instituto de Iberoamérica y el Mediterráneo (IBM) - Universidad Politécnica de Valencia (UPV), 2008, 223 p.
WIGHT, Martin, *A política do poder*, Brasilia, Editora da UnB, 2002, 382 p.

- **Articles et « working papers »**

AMORIM, Celso, « Brasil tem opções diferenciadas para a integração », *Gazeta Mercantil*, 3 septembre 2003.
_, « Política Externa do Governo Lula: os dois primeiros anos », *Análise de Conjuntura (OPSA)*, mars 2005, 14 p.
BANDEIRA, Luiz Alberto Moniz, « O Brasil como potência regional e a importância estratégica da América do Sul na sua Política exterior », *Espaço Academico*, 24 août 2010.
BARROS, Pedro Silva, RAMOS, Felippe, « O Novo Mapa da Integração Latino-Americana: balanço e perspectiva da estratégia da política externa brasileira para a região (2003-2013) », *Revista do IMEAUNILA*, vol. 1, n° 2, 2013, p. 7-20.
BURGES, Sean, « Bounded by the reality of trade: practical limits to a South American region », *Review of International Affairs*, vol. 18, n° 3, octobre 2005, p.437-454.
_, « Without Sticks or Carrots: Brazilian Leadership in South America During the Cardoso Era, 1992–2003 », *Bulletin of Latin American Research*, vol. 25, n° 1, janvier 2006, p. 23-42.
_, « Consensual Hegemony : Theorizing Brazilian Foreign Policy after the Cold War », *International Relations*, vol. 22, n° 1, 2009, p. 65-84.
COUTINHO, Marcelo, « A América do Sul na política externa brasileira », *Valor Econômico*, 17 août 2009.
COUTO, Leandro Freitas, « Política externa brasileira para a América do Sul. As diferenças entre Cardoso e Lula», *Civitas*, vol. 10, n° 1, janvier-avril 2010, p. 23-44.
DABENE, Olivier, « Les Amériques - Le retour du latino-américanisme », *Le Devoir*, 15 mai 2012.
DA SILVA, Francisco Carlos Teixeira, « Amazônia: região-pivot da integração sulamericana », *Análise de Conjuntura (OPSA)*, n° 7, janvier 2006, 10 p.
DE FARIA, Carlos Aurélio Pimenta, « A Política Sul-Americana do Brasil: Razões e percalços do "institucionalismo da semiperiferia" », *Análise de Conjuntura (OPSA*), n° 4, avril 2007, 13 p.
DE LIMA, Maria Regina Soares, COUTINHO, Marcelo Vasconcelos, « Globalização, regionalização e America do Sul », *Análise de Conjuntura (OPSA*), n° 6, mai 2005, 10 p.
DUARTE, Bernardo Pestana Mello, SARAIVA, Thiago Carvalho,BONE, Rosemarie Bröker, « Impacto na relação Brasil-Bolívia, com a nacionalização dos hidrocarbonetos bolivianos em 2006 », *Indicadores Econômicos FEE*, vol. 36, n° 1, 2008, p. 97-95.
GALVAO, Thiago Gehre, « América do Sul: construção pela reinvenção (2000-2008) », *Revista Brasileira de Política Internacional*, n° 52, 2009, p. 63-80.
GUIMARAES, Samuel Pinheiro, « O desafio da integração: o mundo multipolar e a integração sul-americana », *Carta Maior*, 2008.
L'HEUREUX-FOURNIER, Valérie, « Relation Brésil-Paraguay : la montée des tensions », *La Chronique des Amériques*, n° 5, Juin 2009, 8 p.
LAMARQUE, Cécile, « Le traité d'Itaipú entre le Paraguay et le Brésil : un scandale qui a trop duré », Comité pour l'annulation de la dette du Tiers Monde, 17 décembre 2008.

LUCE, Mathias, « Le sous-impérialisme brésilien en Bolivie et en Amérique latine », *Boletin del Servicio de Noticias Ambientales*, n° 83, octobre 2010.
MALAMUD, Carlos, « Potenciales focos de conflicto bélico en América del Sur », Real Instituto Elcano, mars 2008.
MARINI, Ruy Mauro, « La acumulación capitalista mundial y el subimperialismo », *Cuadernos Politicos*, n° 12, avril-juin 1977, p. 20-39.
MOURO, Jessica Domingues, « La diplomatie de l'énergie et l'intégration sud-américaine à la croisée des chemins », *RISAL*, août 2007.
OSAVA, Mario, « La nationalisation des hydrocarbures : le "sous-impérialisme" brésilien », *Dial*, mai 2006.
ROCHA, Antônio Jorge Ramalho, « Stabilité et implication internationale do Brésil »,*Revue Défense nationale*, vol. 1, 2011, p. 31-36.
SARAIVA, Miriam Gomes, « Brazilian foreign policy towards South America during the Lula administration: caught between South America and Mercosur », *Revista Brasileira de Política Internacional*, vol. 53, 2010, p. 151-168.
_, « Integração regional na America do Sul: processos em aberto », *Análise de Conjuntura(OPSA)*, n° 7, juillet 2010, 18 p.
SPEKTOR, Matias, « Ideias de ativismo regional : a transformação das leituras brésileiras da região », *Revista Brasileira de Política Internacional*, n° 53, octobre 2010, p. 25-44.
VARAGAS, João Augusto, « Persuadir e legitimar: a argumentação brasileira em favor da reforma do Conselho de Segurança ». *Cena Internacional*, vol. 10, n° 2, 2008, p. 119-138.

- **Thèses et mémoires**

DE CARVALHO, Adilson Santana, *A evolução da politica brasileira de integração regional: do MERCOSUL à UNASUL*, mémoire en Relations internationales, Universidade de Brasília, 2009, 75 p.
DOMINGUES, Reinaldo Alencar, *O perfil do Brasil como potência regional sul-americana no governo Lula (2003-2010)*, mémoire de master en Relations internationales, Universidade de Brasília, 2013, 108 p.
DREGER, Fabricio Brugali, *Integração na América do Sul : A UNASUL e o Conselho de Defesa Sul-Americano*, mémoire en Relations internationales, Universidade Federal do Rio Grande du Sul, 2009, 102 p.
KUNRATH, Bruna, *A construção da liderança brasileira e a integração regional sul-americana no século XXI : subimperialismo ou cooperação*, mémoire en Relations internationales, Universidade Federal do Rio Grande do Sul, 2010, 76 p.
LUCE, Mathias, *O subimperialismo brasileiro revisitado: a política de integração regional do governo Lula (2003-2007)*, mémoire en Relations internationales, Universidade Federal do Rio Grande do Sul, 2007, 136 p.

- **Communications à des colloques et conférences**

DE MIRANDA, Samir Perrone, « A integração da América do Sul como prioridade da política externa brasileira: uma análise do discurso do governo Lula », Congrès de l'Association des études latino-américanistes (LASA), Rio de Janeiro, juin 2009.

4) Marché commun du Sud (MERCOSUL)

- **Discours officiels**

AMORIM, Celso, *Discurso do Ministro Celso Amorim na XXVI Sessão Plenária do Parlamento do Mercosul*, Montevideo, 18 octobre 2010.

- **Documents officiels et textes juridiques**

CONSEIL DU MARCHE COMMUN, *Decisión N° 27/2003 : Fondos Estructurales*, 2003.
_, *Decisión N° 18/2005 : Integración y funcionamiento del Fondo para la convergencia y fortalecimiento de la estructura institucional del MERCOSUR*, 2005.
_, *Decisión N° 38/2006 : Transacciones comerciales en monedas locales*, 2006.
KIRCHNER, Néstor, DA SILVA, Luiz Inácio Lula, *Consenso de Buenos Aires*, 16 octobre 2003.
_, *Compromisso de Puerto Iguazú – Desenvolvimento, Justiça e Integração*, 30 novembre 2005.
MARCHÉ COMMUN DU SUD, *Tratado de Asunción*, Asunción, 1991.

- **Rapports et documents d'analyse**

FONDS MONÉTAIRE INTERNATIONAL, *World Economic Outlook*, Washington, 2010, 212 p.

- **Ouvrages et chapitres d'ouvrages**

GIORDANO, Paulo, *Asymmetries in regional integration and local development*, Washington, Banque interaméricaine de développement, 2005, 272 p.
VAZ, Alcides Costa, Cooperação*, integração e processo negociador: a construção do Mercosul*, Brasilia : IBRI, 2002, 306 p.

- **Articles et « working papers »**

CAMPOS, Taiane, VADELL, Javier, « A encruzilhada regional do Mercosul: Brasil e Argentina na procura de um relacionamento estavel para o século XXI », *Analise de Conjuntura (OPSA)*, n° 6, juin 2009, 24 p.
DE LIMA, Maria Regina Soares, « Na trilha de uma política externa afirmativa », Observatório da Cidadania, 2003.
DE OLIVEIRA, Amâncio Jorge, ONUKI, Janina, « Brasil, Mercosul e a segurança regional », *Revista Brasileira de Política Internacional*, vol. 43, n° 2, 2000, p. 108-129.
HOFFMANN, Andrea Ribeiro, « A representação do Mercosul nas Organizações Internacionais », *Radar do Sistema Internacional*, 2007.
HOFFMANN, Andrea Ribeiro, COUTINHO, Marcelo, KFURI, Regina, « Indicadores e análise multidimensional do processo de integração do Cone Sul », *Revista Brasileira de Política Internacional*, n° 52, 2008, p. 98-116.

JOLY, Philippe, « Échec de la ZLÉA et renaissance du Mercosur : vers une polarisation des relations Nord-Sud dans les Amériques? », 9 avril 2009.
LAMPREIA, Luiz Felipe, « Seminário sobre Mercosul », *Resenha de Política Exterior do Brasil,* n° 76, septembre 1995, p. 135-139.
LOPES, Rodrigo Herrero, « A politica externa de Chavez e Lula na América do Sul: integração regional ou consolidação de liderança? », Fundação Escola de Sociologia e Política de São Paulo, 2008.
PAMPLONA, João Batista, DA FONSECA, Julia Fernanda Alves, « Avanços e recuos do Mercosul: um balanço recente dos seus objetivos e resultados », *CadernosProlam*, vol. 1, 2008, p. 7-23.
SARAIVA, Miriam Gomes, BRICENO, José Ruiz, « Argentina, Brasil e Venezuela: As diferentes percepções sobre a construção do Mercosul », *Revista Brasileira de Política Internacional*, vol. 52, n° 1, 2009, p. 149-166.
SARAIVA, Miriam Gomes, « A Diplomacia Brasileira e as Visões Sobre a Inserção Externa do Brasil: Institucionalismo Pragmático x Autonomistas », Real Instituto El Cano, août 2010.
_, « Brazilian foreign policy towards South America during the Lula administration: caught between South America and Mercosur », *Revista Brasileira de Política Internacional*, vol. 53, décembre 2010, p. 151-168.
STURARO, George Wilson dos Santos, « Mercosul aos 20 anos: a evolução dos papéis do bloco e a inserção internacional do Brasil », *Mundorama*, novembre 2010.
VIGEVANI, Tullo, FAVARON, Gustavo de Mauro, RAMANZINI, Haroldo,CORREIA, Rodrigo Alves, « O papel da integração regional para o Brasil: universalismo, soberania e percepção das elites », *Revista Brasileira de Política Internacional*, vol. 51, n° 1, 2008, p. 5-27.

- **Thèses et mémoires**

LOPES, Lucyene, *A política externa brasileira no governo Lula com relação ao Mercosul*, mémoire de master en Relations internationales, Universidade de Piracicaba, 2006, 57 p.

5) Union des nations sud-américaines (UNASUL)

- **Discours officiels**

DA SILVA, Luiz Inácio Lula, *Discurso do Presidente da República durante a Reunião Extraordinária de Chefes de Estado e de Governo da União de Nações Sul-Americanas - UNASUL*, Brasilia, 23 mai 2008.

- **Documents officiels et textes juridiques**

COMMUNAUTE SUD-AMERICAINE DES NATIONS, *Declaración del Cusco sobre la Comunidad Sudamericana de Naciones III Cumbre Presidencial Sudamericana*, Cuzco, 8 décembre 2004.
_, *Declaración Presidencial y Agenda Prioritaria. Primera Reunión de Jefes de Estado de la Comunidad Sudamericana de Naciones*, Brasilia, 30 septembre 2005.

_,*Declaración de Cochabamba Colocando la Piedra Fundamental para una Unión Sudamericana II Cumbre de Jefes de Estado de la Comunidad Sudamericana de Naciones*, Cochabamba, 9 décembre 2006.
_, *Documento final de la Comisión Estratégica de Reflexión Un Nuevo Modelo de Integración de América del Sur Hacia la Unión Sudamericana de Naciones. II Cumbre de Jefes de Estado de la Comunidad Sudamericana de Naciones,* Cochabamba, 9 décembre 2006.
UNION DES NATIONS SUD-AMERICAINES, *Tratado Constitutivo da União de Nações Sul-americanas*, Brasilia, 23 mai 2008.
_, *Declaración de La Moneda*, Santiago du Chili, 15 septembre2008.
_, *Declaración de Bariloche*, San Carlos de Bariloche, 28 août 2009.
_, *Declaración de Buenos Aires sobre la situación en Ecuador*, Buenos Aires, 1er octobre 2010.
_, *Protocolo Adicional al Tratado Constitutivo de UNASUR sobre compromiso con la democracia*, Georgetown, 26 novembre 2010.

- **Rapports et documents d'analyse**

INITIATIVE POUR L'INTÉGRATION RÉGIONALE SUD-AMÉRICAINE, *IIRSA 10 años después : Sus logros y desafíos*, Buenos Aires, 2011.

- **Articles et « working papers »**

CARDONA, Diego, « Integración regional y estrategias de reinserción internacional en América del Sur », *Nueva Sociedad*, 2009, p. 157-172.
DABENE, Olivier, « L'Union des Nations sud-américaines (UNASUL). Le nouveau visage pragmatique du régionalisme sud-américain », OPALC, 2011.
JACOME, Francine, « Regional responsibilities : the role of Unasur », Friedrich-Ebert-Stiftung, septembre 2009, 15 p.
MEUNIER, Isabel, MEDEIROS, Marcelo de Almeida, « Construindo a América do Sul: Identidades e Interesses na Formação Discursiva da Unasul », *Revista de Ciências Sociais*, vol. 56, n° 3, 2012, p. 673-712.
SERBIN, Andrés, « La Organización de Estados Americanos, las Naciones Unidas, la sociedad civil, y la prevención de conflictos », Coordinadora Regional de Investigaciones Económicas y Sociales, 2009.
_, « Multipolaridad, liderazgos e instituciones regionales: los desafíos de la UNASUR ante la prevención de crisis regionales », *Anuario CEIPAZ*, n° 3, 2009-2010, 41 p.
TORRES, Heitor Figueiredo Sobral, « O imbroglio das bases militares na Colombia », *Mundorama*, septembre 2009.
VALLADAO, Alfredo, « Brésil-Amérique du Sud : partenariat ou leadership ? », *Politorbis*, n° 41, décembre 2009, p. 26-31.
VELAZQUEZ, Arturo Sotomayor, « ¡Nos vemos en la Corte! El arreglo judicial de disputas en América Latina y sus implicaciones para el sistema interamericano », *Foreign Affairs Latinoamérica*, novembre 2008.

- **Thèses et mémoires**

DREGER, Fabricio Brugali, *Integração na América do Sul : A UNASUL e o Conselho de Defesa Sul-Americano*, mémoire de Relations internationales, Universidade Federal do Rio Grande do Sul, 2009, 102 p.
LEPAGE, Mélanie, *Vers le développement d'une communauté de sécurité pluraliste en Amérique du Sud avec la mise en place de l'Union des nations sud-américaines (UNASUR) : l'adoption de normes par l'UNASUR ainsi que l'établissement de mécanismes et de sanctions visant à les renforcer*, essai de maîtrise en Études internationales, Université de Laval, avril 2011, 107 p.

- **Communications à des colloques et conférences**

BEIRAO, André Panno, « Há perspectivas de integração em Defesa na América do Sul? A postura brasileira à luz das Política e Estratégia Nacionais de Defesa », Congrès de l'association des études latino-américanistes, Toronto, octobre 2010.
SERRANO, Lorena Oyarzún, « Debilidades en los procesos de "integración" latinoamericanos: una aproximación al caso de UNASUL », Congrès de l'Association des études latino-américanistes, 2009.

6) Conseil de Défense sud-américain (CDS) et enjeux en matière de sécurité

- **Documents officiels et textes juridiques**

MINISTERE DE LA DEFENSE, *Estratégia Nacional de Defesa*, Brasilia, 18 décembre 2008, 72 p.
UNION DES NATIONS SUD-AMERICAINES, *Estatuto do Conselho de Defesa Sul-Americano da UNASUL,* Santiago du Chili, 11 décembre 2008.
_, *Solidariedade da UNASUL com o Haiti*, Quito, 9 février 2010.

- **Rapports et documents d'analyse**

PRESIDENCE DE LA REPUBLIQUE, *Projeto Brasil 3 tempos: 50 temas estratégicos*, 2004, 36 p.
STOCKHOLM INTERNATIONAL PEACE RESERCH, *The SIPRI yearbook 2011*, Oxford : Oxford University Press, juin 2011, 28 p.

- **Ouvrages et chapitres d'ouvrages**

DEUTSCH, Karl, *Political Community and the North Atlantic Area: International Organization in the Light of Historical Experience*, Princeton : Princeton University Press, 227 p.

- **Articles et « working papers »**

ABREU, Sergio, « The South American Defense Council Initiative », Consejo Uruguayo para las Relaciones Internacionales (CURI), n° 01/08, juin 2008.

ALSINA, João Paulo Soares, « Corrida armamentista na América do Sul: falácia conceitual e irritante político », *Meridiano47*, n° 73, août 2006, p. 2-3.

_, « O poder militar como instrumento da política externa brasileira contemporânea », *Revista Brasileira de Política Internacional*, n° 52, 2009, p. 173-191.

COVARRUBIAS, Jaime Garcia, « A transformação da defesa nos EUA e sua aplicação na América Latina », *Military Review*, mai-juin 2005.

DE OLIVEIRA, Andréa Benetti Carvalho, « Plano de ação 2009 do Conselho de défesa sul-americano (CDS) da UNASUL: um balanço, *Mundorama*, avril 2010.

DONADIO, Marcela, *Atlas comparatif de la Défense en Amérique latine*, RESDAL, 2008.

GENEST, Philippe, « Le Conseil sud-américain de la défense et la nouvelle donne géostratégique en Amérique du Sud », Centre d'études interaméricaines de l'Université de Laval, avril 2009, 13 p.

GRATIUS, Susanne, « ¿Hacia una OTAN sudamericana? Brasil y un Consejo de Defensa Sudamericano », Fundación para las Relaciones Internacionales y el Dialogo Exterior (FRIDE), avril 2008, 6 p.

GUARESCHI, Roberto, « Monroe No More? », *Berkeley Review of Latin American Studies*, 2009.

JUNIOR, Augusto Wagner Menezes Teixeira, « Segurança sul-americana e a centralidade do Conselho de defesa sul-americano para a ordem regional », *Meridiano47*, avril 2010.

LEMOINE, Maurice, « Basus belli en Colombie », *Le Monde diplomatique*, février 2010.

MARRA, Teresinha Mendes, « Brasil and the integration of South-America at the beginning of the 21st century », *Estudios Internacionales*, Universidad de Chile, n° 59, 2008.

MARTINOT, Pierre, « Les exportations d'armes vers l'Amérique du Sud », *Recherches internationales*, n° 84, octobre 2008, p. 29-51.

ROCHA, Antônio Jorge Ramalho, « Stabilité et implication internationale do Brésil », *Revue Défense nationale*, vol. 1, 2011, p. 31-36.

SENHORAS, Eloi Martins, « Securitização internacional e o Conselho de defesa sul-americano », *Mundorama*, août 2009.

VARAS, Augusto, « Brazil in South America: from indifference to hegemony », Fundación para las Relaciones Internacionales y el Dialogo Exterior (FRIDE), mai 2008, 7 p.

VILLA, Rafaël, « Corrida armamentista ou modernização de armamentos na América do Sul », *Estudo e Cenarios*, décembre 2008, 56 p.

- **Thèses et mémoires**

FILHO, Oscar Medeiros, *Entre a cooperação e a dissuasão : politicas de defesa e percepções militares na América do Sul* , thèse en Relations internationales, Universidade de São Paulo, 2010, 240 p.

7) **Mission des Nations unies pour la stabilisation en Haïti (MINUSTAH)**

- **Discours officiels**

AMORIM, Celso, *Palestra do Ministro das Relações Exteriores no CEBRI*, Rio de Janeiro, 13 décembre 2004.
_, *Discurso do ministro das Relações Exteriores durante a 35° Assembléia Geral da OEA*, Washington, 5 juin 2005.
_, *Discurso na sessão de abertura da reunião internacional de alto nível sobre Haiti*, Brasilia, 23 mai 2006.
DA SILVA, Luiz Inácio Lula, *Discurso proferido na cerimônia de embarque das tropas militares para a missão de paz no Haiti*, Brasilia, 31 mai 2004.
_, *Discurso do Presidente na cerimônia de formatura da Turma "Celso Furtado" (2002) do Instituto Rio Branco*, Brasilia, 1er septembre 2005.
_, *Discurso de abertura da 62ª Assembléia Geral da ONU*, New York, 25 septembre 2007.
_, *Discurso do Presidente durante cerimônia em comemoração ao Dia do Diplomata,* Brasilia, 29 avril 2008.

- **Documents officiels et textes juridiques**

CONGRES NATIONAL, *Decreto legislativo n° 207 que autoriza o envio de contingente brasileiro para a Missão de Estabilização das Nações Unidas no Haiti (MINUSTAH)*, Brasilia, 19 mai 2004.
CONSEIL DE SÉCURITÉ DES NATIONS UNIES, *Résolution 940*, New York, 31 juillet 1994.
_, *Résolution 1529*, New York, 29 février 2004.
_, *Résolution 1780*, New York, 15 octobre 2007.
_, *Résolution 1908*, New York, 19 janvier 2010.
PRESIDENCE DE LA REPUBLIQUE, *Decreto federal n° 5.484 que aprova a Política de Defesa Nacional*, Brasilia, 30 juin 2005.
PRESIDENCE DE LA REPUBLIQUE, *Decreto federal n° 6.703 que aprova a Estratégia Nacional de Defesa*, Brasilia, 18 décembre 2008.

- **Rapports et documents d'analyse**

AGENCE BRÉSILIENNE DE COOPÉRATION, *Coopération technique entre le Brésil et les pays d'Amérique du Nord, d'Amérique centrale et des Caraïbes*, Brasilia, 2010, 92 p.
Organisation des Nations unies, *An Agenda for Peace : Preventive Diplomacy, Peacemaking and Peace-keeping*, New York, 1992, 23 p.
_, *Supplement to An Agenda for Peace: Position Paper of the Secretary-General on the Occasion of the Fiftieth Anniversary of the United Nations*, New York, ONU, 1995.

- **Ouvrages et chapitres d'ouvrages**

FISHEL, John, SAENZ, Andrés, *Capacity Building for Peacekeeping – The case of Haiti*, Washington : Potomac Books Inc., 2007, 224 p.
TULCHIN, Joseph, MANUAT, Raul Benitez, DIAMINT Rut, *El rompecabezas. Conformando la seguridad hemisférica en el siglo XXI*, Buenos Aires : Bononiae Libros, 2005, 534 p.

- **Articles et « working papers »**

AMORIM, Celso, « A ONU aos 60 », *Revista Política Externa*, vol. 14, n° 2, 2005.
DIAMINT, Rut, « El 2x9 uma incipiente comunidad de seguridad em América Latina? », *Friedrich-Ebert-Stiftung paper*, n° 18, décembre 2007.
GAUTHIER, Amélie, SOUSA, Sarah, « Brasil en Haïti : el debate respecto a la mision de paz», FRIDE Working Paper, 2008, 6 p.
GOES, Fernanda Lira, JUNIOR, Almir Oliveira, « A presença brasileira nas operações de paz das Nações unidas », Instituto de Pesquisa Econômica Aplicada (IPEA), décembre 2010, 45 p.
GRATIUS, Susanne, « O Brasil nas Américas: Potência regional pacificadora? »,FRIDE Working Paper, n° 35, 2007, 40 p.
HIRST, Monica, « A intervenção Sul-Americana no Haiti », *Análise de Conjuntura (OPSA),* n° 6, juin 2007, 16 p.
LETOURNEAU, Charles, « Génération d'opérations de paix », Réseau de recherche sur les opérations de paix, octobre 2010.
NETO, Danilo Marcondes de Souza, « Operações de Paz e Cooperação Regional: O Brasil e o Envolvimento Sul-americano na MINUSTAH », *Revista da Escola de Guerra Naval*, n° 15, 2010.
ROCHA, Antônio Jorge Ramalho, « Política Externa e política de defesa no Brasil: civis e militares, prioridades e a participação em missões de paz », E-cadernos CES (Online), vol. 6, 2009, p. 142-158.
_, « Stabilité et implication internationale do Brésil », *Revue Défense nationale*, vol. 1, 2011, p. 31-36.
SEITENFUS, Ricardo, « De Suez à Haïti : a participação brasileira nas Operações de Paz ». Article disponible sur le site internet personnel de l'auteur : http://www.seitenfus.com.br/arquivos/Seitenfus_De_Suez_ao_Haiti.pdf

- **Thèses et mémoires**

FACANHA, Luisa Café Figueiredo, *As motivações da politica externa brasileira para participar das missões de paz das Nações Unidas: o caso do Haiti*, Pontifícia Universidade Católica do Rio de Janeiro, 2009, 12 p.
VERENHITACH, Gabriela, *A MINUSTAH e a politica externa brasileira: motivações e conseqüências*, mémoire en Relations internationales, Universidade Federal de Santa Maria, juillet 2008, 123 p.

- **Communications à des colloques et conférences**

HIRST, Monica, LLENDERROZAS, Elsa, « La dimensión política de la presencia en Haití: los desafíos para el ABC+U », *La reconstrucción de Haití. Fortaleciendo las capacidades de Argentina para una cooperación efectiva*, FLACSO, Buenos Aires, 7-8 juillet 2008.

VERENHITACH, Gabriela, DEIROS, Marc Antoni, « O Brasil e a cooperação triangular Sul-Sul para o desenvolvimento : o caso do Haiti », I Simpósio em Relações Internacionais do programa de pós-graduação em Relações Internacionais San Tiago Dantas (UNESP, UNICAMP e PUC-SP), São Paulo, 12-14 novembre 2007.

ANNEXES

Annexe I : Le Brésil en chiffres (estimations 2012)

Superficie : 8 514 400 mètres carrés

Frontières : 16 88585 5 5 km (Argentine 1 261 km, Bolivie 3 423 km, Colombie 1 644 km, Guyane française 730 km, Guyana 1 606 km, Paraguay 1 365 km, Pérou 2 995 km,

Suriname 593 km, Uruguay 1 068 km, Venezuela 2 200 km)

Littoral : 7 491 km

Ressources naturelles : bauxite, or, fer, manganèse, nickel, phosphates, platine, étain, terres rares, uranium, pétrole, ressources hydriques, bois

Population : 199 321 413 millions

Produit intérieur brut :: 2 362 milliards US$

PIB/hab : 12 000 US$

Part du PIB par secteur : agriculture (5,4 %), industrie (27,4 %), services (67,2 %)

Population active : 107,1 millions

Population active par secteur : agriculture (20 %), industrie (14 %), services (66 %)

Taux de chômage : 6,2 %

Population sous le seuil de pauvreté : 21,4 %

Taux d'urbanisation : 84,4 %

Espérance de vie : 73 ans

Taux d'analphabétisme : 9,7 %

IDH : 0,72

GINI : 0,53

Dette publique : 54,9 % du PIB

Inflation : 5,5 %

Exportations : 256 milliards US$

Principaux produits exportés : matériel de transport, minerai de fer, soja, chaussures, café, automobiles

Principales destinations : Chine (17,3 %), États-Unis (10,1 %), Argentine (8,9 %)

Importations : 238 milliards US$

Principaux produits importés : pièces de machines et de transports, produits chimiques, pétrole raffiné, produits électroniques

Principales provenances : États-Unis (15,1 %), Chine (14,5 %), Argentine (7,5%), Allemagne (6,7 %), Corée du Sud (4,5 %)

Réserves de devises et d'or : 371 milliards US$

Dette extérieure : 405 milliards US$

Stock d'IDE entrants : 595 milliards US$

Stock d'IDE sortants : 176 milliards US$

Production électrique : 489 milliards kWh (74,7 % provenant de l'énergie hydroélectrique, 17,1 % des énergies fossiles, 1,9 % du nucléaire, 6,3 % des énergies renouvelables)

Consommation électrique : 438 milliards kWh

Production de pétrole brut : 2,6 millions de barils par jour

Réserves pétrolières prouvées : 26 milliards de barils

Production de gaz naturel : 24 milliards de mètres cubes

Réserves prouvées de gaz naturel : 416 milliards de mètres cubes

Émissions de CO2 provenant de la consommation énergétique : 453 millions de tonnes

Utilisateurs réguliers d'internet : 75,9 millions

Nombre d'aéroports : 713

Ports industriels et terminaux pétroliers : 10 (Ilha Grande, Paranagua, Rio Grande, Santos, São Sebastião, Tubarão, Itajai, Gegua, Guaiba, Guamare)

Dépenses militaires : 35,4 milliards US$

Source : Élaboré par l'auteur suivant les données de la CIA. Cf. CIA, *The world factbook*, Washington, 2012.

Annexe II : Liste des grandes entreprises brésiliennes par secteur d'activité

Agroalimentaire
Ambev ; Brasil Foods ; Copacol ; Garoto ; ; Grupo Schincariol ; JBS S.A. ; M. Dias Branco ; Queiroz Galvão
Banques, assurances, services financiers
Amil ; BMG ; Bradesco ; Banco do Brasil ; Banco Mercantil do Brasil ; Safra ; Banestes ; Banpara ; Banrisul ; BTG Pactual ; Caixa Econômica Federal ; Cielo ; Golden Cross ; Itaú Unibanco ; Redecard
BTP, infrastructures, immobilier
Ampla ;Andrade Gutierrez ; Autoban ; BM&F Bovespa ; Camargo Corrêa ; CEG ; Celesc ; CEMIG ; CESP ; Comgás ; Copel ; CPFL ; Eletrobras Furnas ; Eletrosul ; Gafisa ; Infraero ; Light ; Mendes Júnior ; MRV Engenharia ; Net ; Odebrecht ; Rossi Residencial ; Transmissão Paulista
Textiles, chaussures
Arezzo ; Azaleia ; Grendene ; Grupo Guararapes ; Hering
Édition, médias, publicité
Grupo Abril ; Grupo Folha ; Grupo RBS ; Rede Globo ; Rede Record ; RedeTV! ; TV Cultura
Énergie, chimie, sidérurgie, exploitation minière et forestière
Acesita ; Braskem ; Camargo Corrêa, Cosan, Companhia Siderúrgica Nacional ; Cyrela Brazil Realty ; Duratex ; EBX ; Eletrobrás ; Gerdau ; Petrobras ; Petróleo Ipiranga ; Queiroz Galvão ; Telequartz ; Ultrapar ; Usiminas ; Vale do Rio Doce
Télécommunications
Brasil Telecom ; Embratel ; GVT ; Intelbras ; Oi ; Tectoy ; TIM ; Universo Online ; Vivo
Électronique, informatique
Bravox ; Britânia Eletrodomésticos ; Gradiente ; Metaltex ; Positivo Informática
Transports
Agrale ;América Latina Logística ; Avibras ; Azul Linhas Aéreas Brasileiras ; Busscar ; Dafra ; Fabral ; Gol Transportes Aéreos ; Helibrás ; Iochpe-Maxion ; Localiza ; Marcopolo ; Metrô Rio ; MRS Logística S.A. ; OceanAir ; Pantanal Linhas Aéreas ; Rico Linhas Aéreas ; TAM Airlines ; Telequartz ; Troller ; WebJet Linhas Aéreas
Autres
Aracruz Celulose ; B2W Varejo ; Bob's ; Bombril ;Bompreço ; DERSA ; Drogasil ; Estrela ; Fibria ; Fleury S.A. ; Grupo Pão de Açúcar ; Habib's ; Hoteis Othon ; Hypermarcas ; Insinuante ; Klabin ; Lojas Americanas ; Lojas Renner ; Lojas Riachuelo ; Natura ; O Boticário ; Ricardo Eletro ; Taurus ; Tectoy ; TRIP Linhas Aéreas ; Votorantim ; WEG Indústrias ; Companhia Zaffari

Source : Élaboré par l'auteur suivant les données du ministère du Développement, de l'Industrie et du Commerce.

Annexe III : Les déplacements réalisés par le président Lula par région

	2002	2003	2004	2005	2006	2007	2008	2009	2010	Total
Réunions multilatérales	0	9	7	7	6	14	13	21	11	**88**
Amérique du Sud	2	7	6	10	5	8	9	7	8	**62**
Amérique Centrale	0	1	2	1	0	4	5	3	3	**19**
Amérique du Nord	2	2	1	0	0	2	0	2	0	**9**
Europe	0	6	1	5	2	6	8	10	1	**39**
Afrique	0	5	2	5	4	3	1	2	6	**28**
Asie	0	0	2	2	0	1	3	2	1	**11**
Moyen-Orient	0	5	0	0	0	0	0	1	4	**10**
Antarctique	0	0	0	0	0	0	1	0	0	**1**
Total	**4**	**35**	**21**	**30**	**17**	**38**	**40**	**48**	**34**	**267**

Source : Élaboré par l'auteur suivant les données du ministère des Relations extérieures. Cf. ministère des Relations extérieures, *Visitas internacionais do Presidente Lula e visitas ao Brasil de Chefes de Estado e de Chefes de Governo*, Brasilia, 2011, p. 8.

Annexe IV : Les déplacements du président Lula par pays

	Rencontres Bilatérales	Rencontres multilatérales
Venezuela	13	3
Argentine	12	8
Bolivie	7	2
États-Unis	6	10
Paraguay	6	3
Colombie	6	1
Uruguay	5	4
Espagne	5	2
France	6	1
Chili	4	4
Pérou	4	3
Royaume-Uni	4	2
Cuba	4	0
Portugal	3	4
Mexico	3	3
Afrique du Sud	3	2
Allemagne	3	2
Équateur	3	1
El Salvador	3	1
Guatemala	3	0
Haïti	3	0
Lybie	3	0
Pays-Bas	3	0
Italie	2	4
Russie	2	2
Chine	2	1
Inde	2	1
Angola	2	0
Mozambique	3	0
Turquie	2	0
Ukraine	2	0
Vatican	2	0
Japon	1	2
Danemark	1	2
Guyana	1	2
Belgique	1	1
Cap-Vert	1	1
Qatar	1	1
Corée du Sud	1	1
Ghana	1	1
Nigéria	1	1
São Tomé-et-principe	1	1

Suède	1	1
Arabie Saoudite	1	0
Algérie	1	0
Autriche	1	0
Bénin	1	0
Botswana	1	0
Burkina Faso	1	0
Cameroun	1	0
Kazakhstan	1	0
Congo	1	0
Costa Rica	1	0
Égypte	1	0
Émirats arabes unis	1	0
Finlande	1	0
Gabon	1	0
Guinée-Bissau	1	0
Guinée équatoriale	1	0
Honduras	1	0
Indonésie	1	0
Iran	1	0
Israël	1	0
Jamaïque	1	0
Jordanie	1	0
Liban	1	0
Namibie	1	0
Nicaragua	1	0
Norvège	1	0
Palestine	1	0
Panama	1	0
Kenya	1	0
République dominicaine	1	0
République Tchèque	1	0
Sénégal	1	0
Syrie	1	0
Tanzanie	1	0
Timor oriental	1	0
Vietnam	1	0
Zambie	1	0
Suisse	0	7
Suriname	0	1
Trinité-et-Tobago	0	1

Nombre de pays visités	**83**

Source : Élaboré par l'auteur suivant les données du ministère des Relations extérieures. Cf. ministère des Relations extérieures, *Visitas internacionais do Presidente Lula e visitas ao Brasil de Chefes de Estado e de Chefes de Governo*, Brasilia, 2011, p. 9.

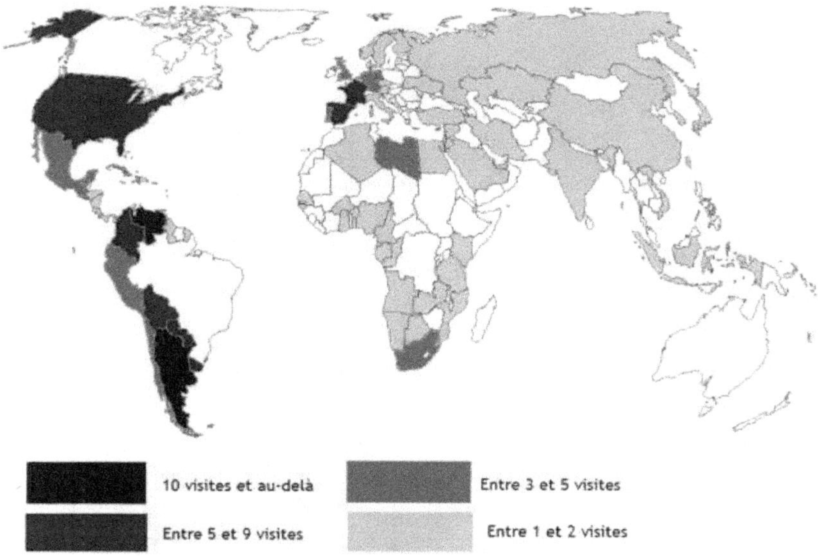

Source : Élaboré par Bruna Schausteck Le Prioux suivant les données du ministère des Relations extérieures. Cf. ministère des Relations extérieures, *Visitas internacionais do Presidente Lula e visitas ao Brasil de Chefes de Estado e de Chefes de Governo*, Brasilia, 2011, p. 12.

Annexe V : Les déplacements réalisés par le ministre des Relations extérieures, Celso Amorim, par région

	2003	2004	2005	2006	2007	2008	2009	2010	Total
Réunions multilatérales	28	26	33	26	30	20	27	21	**211**
Amérique du Sud	9	7	11	10	5	6	10	7	**65**
Amérique Centrale	0	5	5	1	6	5	1	2	**25**
Amérique du Nord	0	0	1	0	6	2	3	2	**14**
Europe	11	2	6	4	9	10	13	15	**70**
Afrique	14	1	15	3	3	9	13	9	**67**
Asie	0	3	3	0	4	10	3	2	**25**
Moyen-Orient	5	0	8	1	0	6	6	7	**33**
Océanie	0	0	0	0	0	2	0	0	**2**
Total	**67**	**44**	**82**	**45**	**63**	**70**	**76**	**65**	**512**

Élaboré par l'auteur suivant les données du ministère des Relations extérieures. Cf. ministère des Relations extérieures, *Visitas internacionais e nacionais do Ministro Celso Amorim e visitas de Ministros de Negócios Estrangeiros ao Brasil - 2003 a 2010*, Brasilia, 2011, p. 6.

Annexe VI : Les déplacements du ministre des Relations extérieures, Celso Amorim, par pays

	Rencontres Bilatérales	Rencontres multilatérales
France	11	14
Argentine	11	10
États-Unis	10	24
Bolivie	9	2
Venezuela	8	2
Royaume-Uni	7	6
Turquie	7	1
Haïti	7	0
Uruguay	6	14
Paraguay	6	4
Russie	6	3
Israël	6	0
Syrie	6	0
Équateur	5	5
Chili	5	3
Pérou	5	3
Cap-Vert	5	2
Colombie	5	1
Japon	5	1
Jordanie	5	1
Lybie	5	0
Mozambique	5	0
Palestine	5	0
Égypte	4	1
Pays-Bas	4	1
Guinée-Bissau	4	0
Iran	4	0
Suisse	3	40
Inde	3	5
Portugal	3	5
Italie	3	4
Afrique du Sud	3	2
Angola	3	2
Chine	3	2
Algérie	3	1
Guyana	3	1
São Tomé-et -Principe	3	1
Arabie Saoudite	3	0
Gutemala	3	0
Guinée Équatoriale	3	0
Liban	3	0

Tunisie	3	0
Vatican	3	0
Mexique	2	4
République dominicaine	2	2
Cuba	2	1
El Salvador	2	1
Espagne	2	1
Indonésie	2	1
Jamaïque	2	1
Maroc	2	1
Suède	2	1
Barbade	2	0
Cameroun	2	0
Éthiopie	2	0
Ghana	2	0
Grèce	2	0
Namibie	2	0
Nigéria	2	0
Norvège	2	0
Sénégal	2	0
Suriname	2	0
Timor Oriental	2	0
Vietnam	2	0
Zambie	2	0
Zimbabwe	2	0
Belgique	1	6
Canada	1	2
Qatar	1	2
Allemagne	1	1
Autriche	1	1
Danemark	1	1
Honduras	1	1
Kenya	1	1
Tanzanie	1	1
Australie	1	0
Bénin	1	0
Bosnie	1	0
Botswana	1	0
Bulgarie	1	0
Burkina Faso	1	0
Kazakhstan	1	0
Singapour	1	0
Corée du Sud	1	0
Émirats arabes unis	1	0
Slovénie	1	0
Estonie	1	0

Finlande	1	0
Gabon	1	0
Koweït	1	0
Mali	1	0
Nicaragua	1	0
Nouvelle-Zélande	1	0
Oman	1	0
Panama	1	0
Pakistan	1	0
Pologne	1	0
RDC	1	0
République tchèque	1	0
Roumanie	1	0
Serbie	1	0
Togo	1	0
Grenade	0	1
Ile Maurice	0	1
Trinité-et-Tobago	0	1

Élaboré par l'auteur suivant les données du ministère des Relations extérieures. Cf. ministère des Relations extérieures, *Visitas internacionais e nacionais do Ministro Celso Amorim e visitas de Ministros de Negócios Estrangeiros ao Brasil - 2003 a 2010*, Brasilia, 2011, p. 6.

Annexe VII : Le nombre d'accords bilatéraux signés par le Brésil entre 2003 et 2010 par pays

	2010	2009	2008	2007	2006	2005	2004	2003	Total
Pérou	12	18	11	0	27	0	5	15	**88**
Mozambique	17	10	14	12	2	1	7	14	**77**
Argentine	5	7	15	3	2	25	1	11	**69**
Venezuela	16	10	12	10	0	11	0	0	**59**
Bolivie	0	13	6	19	1	2	3	14	**58**
Cuba	13	3	6	6	7	3	6	13	**57**
Uruguay	9	6	6	5	13	7	4	3	**53**
Paraguay	3	4	3	18	11	4	2	3	**48**
Angola	9	4	2	8	0	7	0	14	**44**
Colombie	8	8	9	6	0	10	0	3	**44**
Allemagne	4	10	9	2	2	10	1	4	**42**
Chine	5	4	0	0	3	4	22	1	**39**
El Salvador	18	0	3	6	5	1	1	0	**34**
Équateur	1	0	0	14	1	5	6	4	**31**
Haïti	16	1	6	0	5	0	3	0	**31**
São Tomé-et-Principe	6	5	1	6	0	1	1	9	**29**
Timor oriental	2	7	8	1	2	7	0	2	**29**
Cap-Vert	2	2	9	4	3	4	3	1	**28**
Suriname	8	9	1	1	1	6	2	0	**28**
Chili	8	4	0	5	3	0	6	0	**26**
Mexique	1	19	0	4	0	0	0	2	**26**
France	1	4	9	1	5	5	0	0	**25**
Guatemala	0	8	7	0	1	7	2	0	**25**
Costa Rica	6	1	10	0	6	1	0	0	**24**
Guyana	1	9	5	0	0	6	0	3	**24**
Italie	7	0	7	2	0	3	5	0	**24**
Nicaragua	3	3	0	13	4	1	0	0	**24**
République dominicaine	12	0	0	2	3	1	0	6	**24**
Inde	0	0	7	4	7	0	4	1	**23**
Zambie	21	0	0	0	1	0	0	0	**22**
Guinée-Bissau	9	1	3	6	1	1	0	0	**21**
Russie	4	0	4	0	4	1	7	1	**21**
Espagne	1	1	1	6	2	7	1	1	**20**
États-Unis	6	0	4	4	2	0	1	3	**20**
Kenya	12	0	4	1	0	3	0	0	**20**

Portugal	3	0	0	0	1	10	3	3	**20**
Algérie	3	2	6	0	4	4			**19**
Union européenne	2	1	1	5	6	1	3	0	**19**
Indonésie	0	1	7	1	9	0	0	0	**18**
Nigéria	4	3	1	0	0	9	1	0	**18**
Sénégal	3	2	0	5	0	7	0	0	**17**
Royaume-Uni	3	2	0	1	6	2	1	1	**16**
Burkina Faso	1	3	0	8	0	1	0	1	**14**
Cameroun	7	0	0	1	0	4	2	0	**14**
Congo	2	1	1	8	0	2	0	0	**14**
Panama	0	0	1	12	0	1	0	0	**14**
Bénin	0	6	0	2	3	2	0	0	**13**
Botswana	3	6	0	0	3	1	0	0	**13**
Honduras	0	0	0	9	1	1	2	0	**13**
Ukraine	1	7	0	0	0	0	0	5	**13**
Ghana	1	0	4	0	3	4	0	0	**12**
Jamaïque	4	0	0	4	1	3	0	0	**12**
Namibie	0	1	1	0	0	0	0	10	**12**
Tanzanie	6	0	4	0	2	0	0	0	**12**
Belize	7	1	0	0	0	3	0	0	**11**
Israël	0	4	3	1	2	1	0	0	**11**
Ouzbékistan	0	11	0	0	0	0	0	0	**11**
Afrique du Sud	2	4	1	0	0	0	0	3	**10**
Iran	5	5	0	0	0	0	0	0	**10**
Jordanie	1	0	9	0	0	0	0	0	**10**
Liban	2	0	0	0	1	0	2	5	**10**
Maroc	0	0	8	0	0	0	2	0	**10**
Pays-Bas	1	0	5	2	0	0	2	0	**10**
Syrie	5	1	0	0	0	0	0	4	**10**
Turquie	7	0	0	0	2	0	0	1	**10**
Guinée équatoriale	5	3	0	0	0	1	0	0	**9**
Palestine	7	1	1	0	0	0	0	0	**9**
Qatar	9	0	0	0	0	0	0	0	**9**
Vietnam	0	0	5	1	0	0	2	1	**9**
Barbade	4	0	0	0	0	2	2	0	**8**
Sainte-Lucie	8	0	0	0	0	0	0	0	**8**
Belgique	0	6	0	0	0	1	0	0	**7**
Égypte	0	4	0	0	0	1	0	2	**7**
Japon	2	2	2	0	0	0	0	1	**7**
Libéria	6	1	0	0	0	0	0	0	**7**
Lybie	0	6	0	0	0	0	0	1	**7**
Corée du Sud	1	0	1	0	2	0	2	0	**6**
Gabon	1	0	0	0	0	0	5	0	**6**

Grenade	4	0	0	0	2	0	0	0	**6**
Koweït	5	0	0	0	0	1	0	0	**6**
Togo	0	6	0	0	0	0	0	0	**6**
Zimbabwe	4	0	0	0	2	0	0	0	**6**
Grèce	0	4	0	0	0	0	0	1	**5**
Mali	1	4	0	0	0	0	0	0	**5**
Philippines	0	4	0	0	1	0	0	0	**5**
Saint-Vincent et les G.	5	0	0	0	0	0	0	0	**5**
Suisse	0	2	1	1	0	0	1	0	**5**
Australie	4	0	0	0	0	0	0	0	**4**
Bulgarie	0	0	0	0	0	3	0	1	**4**
Kazakhstan	0	0	0	4	0	0	0	0	**4**
Pakistan	0	0	0	0	0	0	4	0	**4**
Roumanie	2	0	0	0	0	0	1	1	**4**
Serbie	3	0	0	0	0	0	0	1	**4**
Sierra Leone	0	3	1	0	0	0	0	0	**4**
Suède	0	2	0	2	0	0	0	0	**4**
Trinité-et-Tobago	0	0	4	0	0	0	0	0	**4**
Canada	0	0	1	0	1	0	1	0	**3**
Corée du Nord	2	0	0	0	1	0	0	0	**3**
Croatie	1	0	0	0	0	1	1	0	**3**
Gambie	0	0	0	0	0	3	0	0	**3**
Hongrie	1	0	0	0	1	1	0	0	**3**
La Dominique	3	0	0	0	0	0	0	0	**3**
Norvège	0	0	1	1	0	0	0	1	**3**
République tchèque	1	0	1	0	0	0	1	0	**3**
Saint-Christophe-et-N.	3	0	0	0	0	0	0	0	**3**
Singapour	0	0	3	0	0	0	0	0	**3**
Thaïlande	0	0	0	0	0	0	3	0	**3**
Antigua-et-Barbuda	2	0	0	0	0	0	0	0	**2**
Arabie Saoudite	0	2	0	0	0	0	0	0	**2**
Autriche	0	0	0	0	0	2	0	0	**2**
Azerbaïdjan	0	0	0	0	2	0	0	0	**2**
Bosnie-Herzégovine	1	1	0	0	0	0	0	0	**2**
Burundi	0	1	0	0	0	0	0	1	**2**
Danemark	0	0	0	2	0	0	0	0	**2**

Irlande	1	0	0	0	1	0	0	0	**2**
Lettonie	1	0	1	0	0	0	0	0	**2**
Mongolie	0	0	0	2	0	0	0	0	**2**
Monténégro	2	0	0	0	0	0	0	0	**2**
Nouvelle-Zélande	0	0	2	0	0	0	0	0	**2**
Pologne	1	0	0	0	1	0	0	0	**2**
Soudan	2	0	0	0	1	1	0	0	**2**
Tunisie	0	0	0	0	2	0	0	0	**2**
Afghanistan	0	0	0	0	1	0	0	0	**1**
Albanie	0	0	0	0	0	0	1	0	**1**
Bahamas	1	0	0	0	0	0	0	0	**1**
Biélorussie	0	0	0	0	0	0	1	0	**1**
Chypre	1	0	0	0	0	0	0	0	**1**
Émirats arabes unis	0	1	0	0	0	0	0	0	**1**
Éthiopie	0	0	0	0	0	1	0	0	**1**
Finlande	0	0	0	1	0	0	0	0	**1**
Hong-Kong	0	0	0	0	0	1	0	0	**1**
Kiribati	1	0	0	0	0	0	0	0	**1**
Lesotho	1	0	0	0	0	0	0	0	**1**
Lituanie	0	0	1	0	0	0	0	0	**1**
Malawi	0	1	0	0	0	0	0	0	**1**
Monaco	1	0	0	0	0	0	0	0	**1**
Nauru	0	0	0	0	1	0	0	0	**1**
RDC	1	0	0	0	0	0	0	0	**1**
République centrafricaine	1	0	0	0	0	0	0	0	**1**
Rwanda	0	0	0	1	0	0	0	0	**1**
Seychelles	0	0	1	0	0	0	0	0	
Slovaquie	0	0	0	0	0	0	0	1	
Slovénie	0	1	0	0	0	0	0	0	
Sri Lanka	0	0	1	0	0	0	0	0	
Swaziland	0	0	1	0	0	0	0	0	
Vatican	0	0	1	0	0	0	0	0	

Source : Élaboré par l'auteur suivant les données du ministère des Relations extérieures.

Annexe VIII : Le nombre d'accords bilatéraux signés par le Brésil entre 2003 et 2010 par région

	Amérique latine et Caraïbe	Afrique	Asie	Europe	Amérique du Nord	Océanie
Nombre d'accords signés	851	492	270	265	23	8

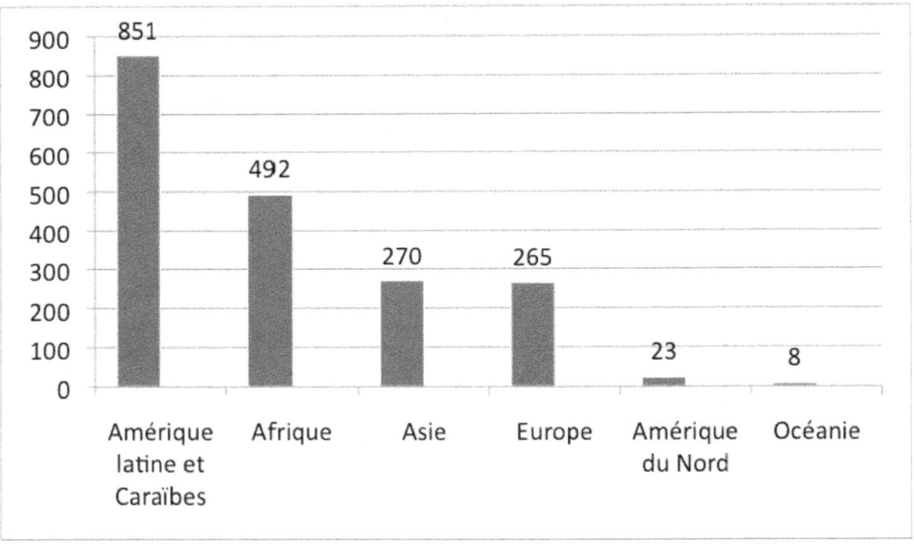

Source : Élaboré par l'auteur suivant les données du ministère des Relations extérieures.

Annexe IX : La participation du Brésil aux missions de l'ONU (1957-2010)

Les quatre générations des missions de l'ONU[1]	Noms et lieux des missions
Première génération	UNEF I (Egypte-Israël) ; ONUC (Congo) ; UNSF (Nouvelle-Guinée) ; UNFICYP (Chypre) ; DOMREP (République dominicaine) ; UNIPOM (Inde-Pakistan)
Deuxième génération	UNAVEM I (Angola) ; ONUCA (Amérique centrale) ; UNAVEM II (Angola) ; ONUSAL (El Salvador); UNPROFOR (ex-Yougoslavie) ; ONUMOZ (Mozambique) ; UNOMUR (Ouganda-Rwanda) ; UNOMIL (Liberia)
Troisième génération	UNAVEM III (Angola) ; UNCRO (Croatie) ; UNPREDEP (Macédoine) ; UNTAES (Croatie) ; UNMOP (Croatie-Montenegro) ; MINUGUA (Guatemala) ; MONUA (Angola) ; UNTAET (Timor oriental) ; UNMISET (Timor oriental) ; UNMIL (Libéria) ; UNOCI (Côte d'Ivoire) ; MINUSTAH (Haïti) ; UNMIS (Soudan) ; MINURCAT (Tchad)
Quatrième génération	UNMIS (Soudan) ; UNMIL (Libéria) ; UNOCI (Côte d'Ivoire) ; MINUSTAH (Haïti) ; UNMIT (Timor oriental) ; UNFICYP (Chypre) ; MINURSO (Sahara occidentale) ; MINURCAT (Tchad) ; UNMIN (Népal)

Source : Élaboré par l'auteur suivant les données du Département des Opérations de Maintien de la Paix de l'ONU.

[1] L'expression « génération d'opérations de paix » sert à distinguer les différents types de missions de paix. La « première génération » fait référence aux missions de maintien de la paix dites traditionnelles ou classiques. Ces opérations sont généralement autorisées par le Conseil de sécurité de l'ONU et visent à faire respecter un accord de cessez-le-feu préalablement signé entre les parties belligérantes. Les opérations de paix de « deuxième génération » font leur apparition à la suite de l'effondrement du Mur de Berlin. Puisqu'aucune mission de paix n'a été autorisée par le Conseil de sécurité entre 1978 et 1988, on utilise généralement cette période pour différencier les deux générations. Les opérations de « troisième génération » sont relativement récentes et désignent les missions de paix aux tâches diverses et complexes, allant de la supervision d'élections au désarmement de combattants, mais excluant l'imposition de la paix. La « quatrième génération » reprend les caractéristiques de la troisième mais admet l'imposition de la paix lorsque des circonstances exceptionnelles l'exigent. Voir Charles Létourneau, « Génération d'opérations de paix », Réseau de recherche sur les opérations de paix, octobre 2010.

Annexe X : Les principales avancées du MERCOSUL

Document	Lieu et date de signature
Traité d'Asunción qui crée le MERCOSUL	Asunción - 26 mars 1991
Protocole d'Ouro Preto qui définit la structure institutionnelle du MERCOSUL	Ouro Preto - 17 décembre 1994
Protocole d'Ushuaia sur l'engagement démocratique	Ushuaia – 24 juillet 1998
Protocole d'Olivos pour le règlement des différends	Olivos – 18 février 2002
Création du Fonds de convergence structurelle du MERCOSUL (décision du CMC)	Puerto Iguazu – 7 juillet 2004
Protocole constitutif du Parlement du MERCOSUL	Montevideo – 9 décembre 2005
Protocole d'adhésion de la République Bolivarienne du Venezuela au MERCOSUL	Caracas – 4 juillet 2006

Source : Élaboré par l'auteur suivant les données du secrétariat général du MERCOSUL.

Annexe XI : L'action normative du MERCOSUL

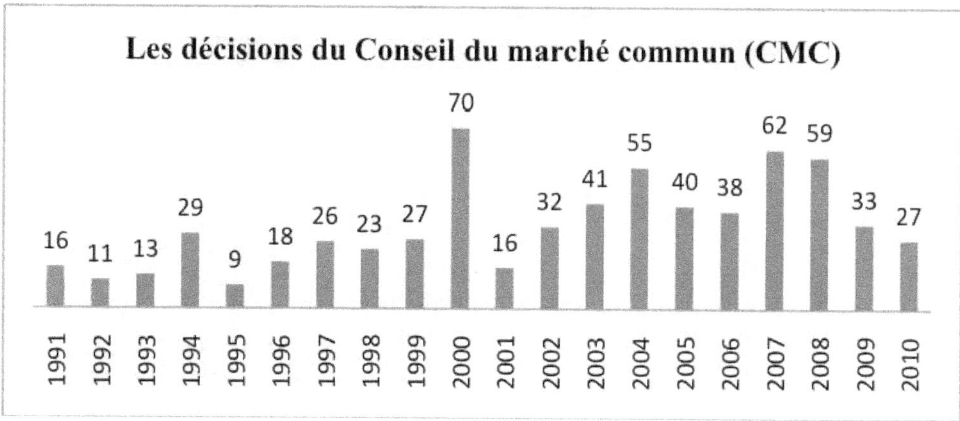

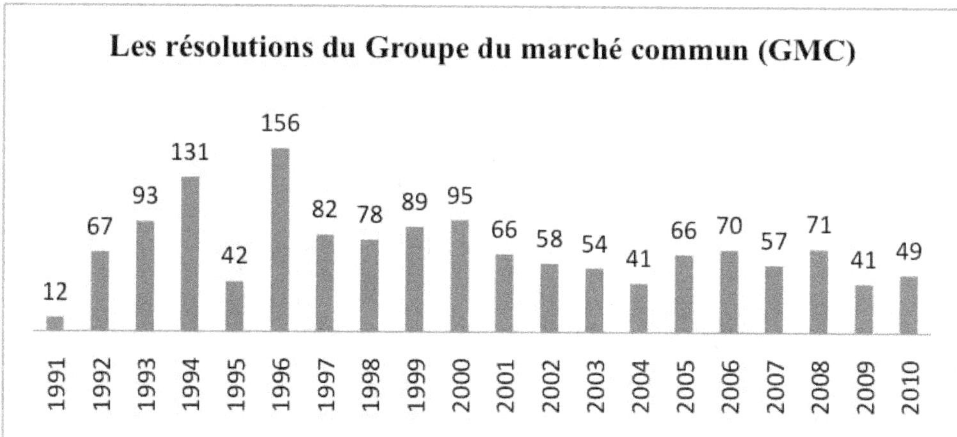

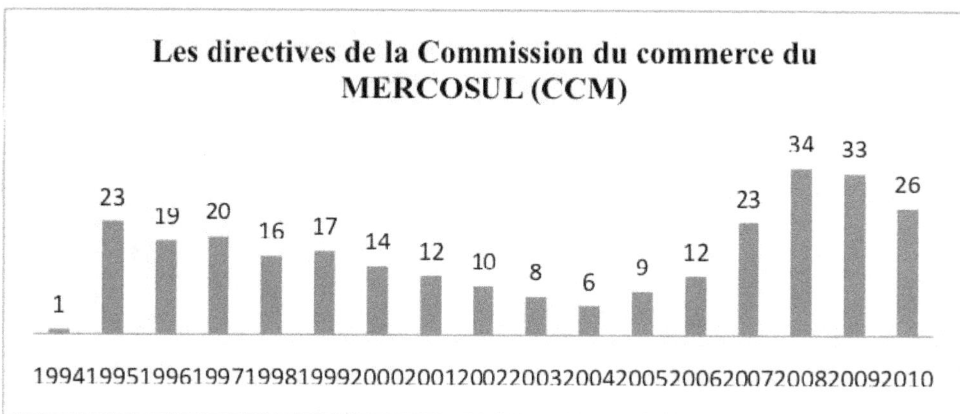

Source : Élaboré par l'auteur suivant les données du Secrétariat général du MERCOSUL.

Annexe XII : Les premiers pas de l'UNASUL (anciennement Communauté sud-américaine des nations – CSN)

Date	Réunion - lieu	Observations
1er septembre 2000	Première réunion des présidents sud-américains – Brasilia	« Déclaration de Brasilia » : la continuité géographique et des valeurs communes conduisent à la nécessité d'élaborer un agenda commun d'opportunités et de défis
26 et 27 juillet 2002	Deuxième réunion des présidents sud-américains - Guayaquil	« Consensus de Guayaquil » : volonté d'impulser des actions de coordination et de coopération pour la création d'un espace commun sud-américain
8 décembre 2004	Troisième réunion des présidents sud-américains – Cuzco	« Déclaration de Cuzco » : création de la Communauté sud-américaine des nations

30 septembre 2005	Premier sommet des chefs d'État de la CSN - Brasilia	Agenda prioritaire et plan d'action : (1) dialogue politique ; (2) intégration physique ; (3) environnement ; (4) intégration énergétique ; (5) mécanismes financiers ; (6) promotion de la cohésion sociale et de la justice sociale ; (7) télécommunications
décembre 2005	Première réunion extraordinaire de la CSN - Montevideo	Création de la Commission stratégique de réflexion, constituée de hauts représentants des pays sud-américains, afin de penser au futur de l'intégration sud-américaine

9 décembre 2006	Deuxième sommet des chefs d'État de la CSN – Cochabamba	Document final de la Commission stratégique de réflexion qui établit le modèle d'intégration à suivre : (1) solidarité et coopération pour une meilleure équité régionale ; (2) respect de la souveraineté, de l'intégrité territoriale et de l'autodétermination des peuples ; (3) paix et résolution pacifique des conflits ; (4) démocratie, pluralisme et respect des droits de l'homme ; (5) universalité et indivisibilité des droits de l'homme ; (6) développement durable
16 avril 2007	Deuxième réunion extraordinaire de la CSN et premier sommet énergétique sud-américain – Isla Marguerita	La CSN devient l'UNASUL ; création du Conseil énergétique sud-américain ; la Commission stratégique de réflexion devient le Conseil des délégués
23 mai 2008	Réunion extraordinaire des chefs d'État de l'UNASUL - Brasilia	Résolution du conflit opposant la Colombie à l'Équateur, et renonciation de la Colombie de la présidence tournante de l'UNASUL ; adoption du traité constitutif de l'UNASUL ; proposition brésilienne de la création d'un Conseil de défense sud-américain

15 septembre 2008	Réunion extraordinaire des chefs d'État de l'UNASUL – Santiago du Chili	Résolution de la crise interne en Bolivie opposant le gouvernement central d'Evo Morales aux régions autonomistes ; « déclaration de la Moneda » qui donne un soutien ferme de l'UNASUL au président bolivien et à l'ordre institutionnel
16 et 17 décembre 2008	Réunion extraordinaire des chefs d'État de l'UNASUL – Salvador de Bahia	Création du Conseil de défense sud-américain (CDS) et du Conseil de la santé sud-américain
10 août 2009	Troisième sommet des chefs d'État de l'UNASUL – Quito	Création des conseils sud-américains pour la lutte contre le narcotrafic, les infrastructures, le développement social et le Conseil sud-américain de l'éducation, culture, sciences, technologies et innovation (CONSECCTI)
29 août 2009	Réunion extraordinaire des chefs d'État de l'UNASUL – San Carlos de Bariloche	Discussions sur le cas des bases militaires américaines en Colombie ; établissement d'une « Zone de paix sud-américaine »

9 février 2010	Réunion extraordinaire des chefs d'État de l'UNASUL – Quito	« Déclaration de solidarité de l'UNASUL envers Haïti » à la suite du tremblement de terre du 12 janvier 2010
4 mai 2010	Réunion extraordinaire des chefs d'État de l'UNASUL – Los Cardales	Néstor Kirchner devient secrétaire général de l'UNASUL ; discussions sur le coup d'État au Honduras ; création du Secrétariat technique UNASUL-Haïti pour l'aide en termes d'infrastructure, de sécurité alimentaire et de renforcement institutionnel
1er octobre 2010	Réunion extraordinaire des chefs d'État de l'UNASUL – Buenos Aires	Condamnation de la tentative de coup d'État en Équateur ; « déclaration de Buenos Aires » qui réaffirme la volonté de l'UNASUL de lutter contre toutes les actions visant à remettre en cause l'ordre constitutionnel

26 novembre 2010	Quatrième sommet des chefs d'État de l'UNASUL - Georgetown	Élection d'un nouveau secrétaire général après la mort de Néstor Kirchner ; adoption d'un protocole additionnel au traité de l'UNASUL prévoyant une clause démocratique pour la région ; création du Conseil de l'économie et des finances

Source : Élaboré par l'auteur suivant les données du Secrétariat général de l'UNASUR.

Annexe XIII : Les principaux marchés du commerce extérieur brésilien (en %)

	Asie		Union européenne		Amérique latine		États-Unis		Afrique		Moyen-Orient	
	Exp.	Imp.	Exp.	Imp.	Exp.	Imp.	Exp.	Imp.	Exp.	Imp.	Exp.	Imp.
2008	18,9	27,2	25,9	20,9	23,4	16,4	14	14,9	5,1	9,1	4,1	3,6
2009	26,3	28,3	23,3	22,9	22,2	17,8	10,3	15,8	5,7	6,6	4,9	2,5
2010	27,9	30,9	23,8	21,5	23,8	17	9,6	15	4,6	6,2	5,2	2,6

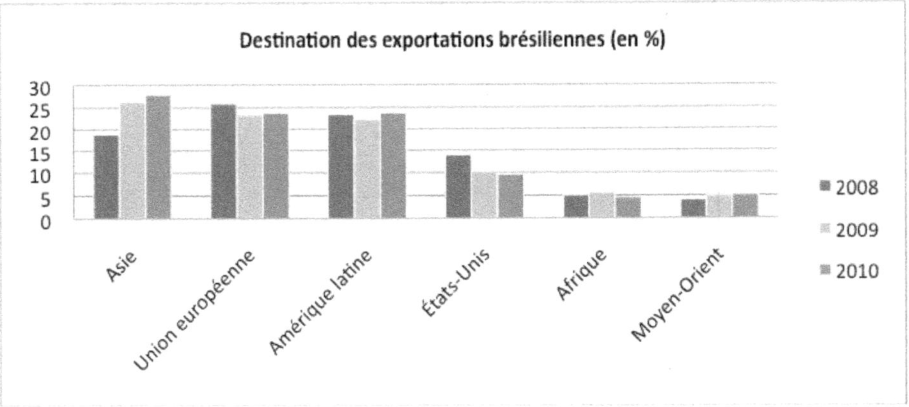

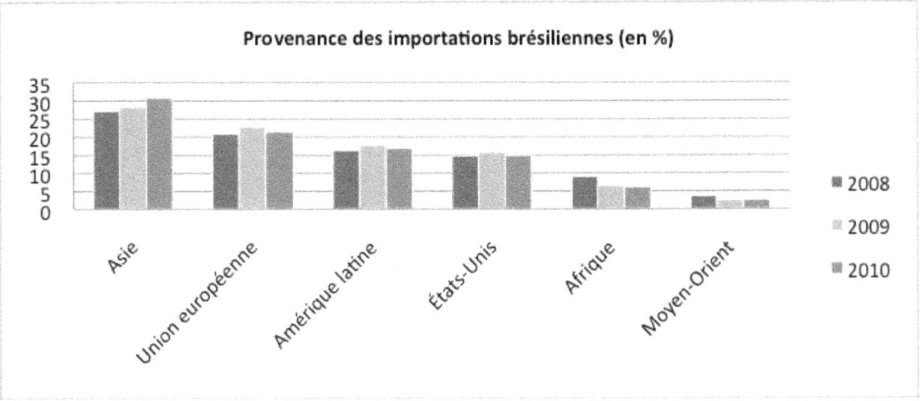

Source : Élaboré par l'auteur suivant les données du ministère du Développement, de l'Industrie et du Commerce.

TABLE

Amérique latine aux éditions L'Harmattan

Dernières parutions

CHILI 1973-2013
Mémoires ouvertes
Sous la direction de Hélène Finet et Francis Desvois
Le coup d'État militaire du 11 septembre 1973 contre Salvador Allende a fortement divisé la société chilienne. Les tensions entre les différents partis politiques accompagnent les divergences entre «ceux de l'intérieur» et les exilés. Pour ces derniers, le conflit de générations produit une dialectique inédite entre la fidélité à l'avant et là-bas des parents et un ici et maintenant occidentalisé. Cet ouvrage questionne un pays sur lequel planent l'ombre omniprésente du président Salvador Allende et le souvenir de Pablo Neruda, mort quelques jours après le coup d'État.
(Coll. Recherches Amériques latines, 17.50 euros, 176 p.)
ISBN : 978-2-343-05407-0, ISBN EBOOK : 978-2-336-36768-2

ADOPTIONS, DONS ET ABANDONS AU MEXIQUE ET EN COLOMBIE
Des parents vulnérables
Sous la direction de Françoise Lestage et Maria-Eugenia Olavarria
Depuis les années 1990, les études sur la parenté ont connu un nouvel essor en Europe et aux États-Unis tout en empruntant d'autres voies que celles de l'anthropologie «classique» : le genre, la sexualité ou les représentations de la conception et du corps. Les textes de ce volume participent de ce renouveau et affirment également l'intérêt de relier deux champs de l'anthropologie : la parenté d'une part, la migration et les études interethniques de l'autre. L'étude est conduite au Mexique et en Colombie.
(Coll. Recherches Amériques latines, 22.00 euros, 220 p.)
ISBN : 978-2-343-05147-5, ISBN EBOOK : 978-2-336-36509-1

RYTHMES BRÉSILIENS
Musique, philosophie, histoire, société
Sous la direction de Zélia Chueke
Depuis le début du XIXe et surtout au XXe siècle, les échanges musicaux entre la France et le Brésil ont connu un développement ponctué par des coups de cœur : des compositeurs, des styles, des rythmes ont laissé des empreintes profondes de part et d'autre. Les auteurs explorent les composantes de la «brésilité» et de l'ouverture au monde de l'autre côté de l'Atlantique à l'aune des influences et confluences réciproques et sous plusieurs angles : historiques, éducatifs, cognitifs.
(Coll. L'univers esthétique, 38.00 euros, 380 p.)
ISBN : 978-2-343-04819-2, ISBN EBOOK : 978-2-336-36548-0

HISTOIRES (LES) DE VIE EN AMÉRIQUE LATINE HISPANOPHONE
Entre formation, mémoire historique et témoignage
Sous la direction de José Gonzalez Monteagudo
Cet ouvrage donne un regard pluriel, engagé et actuel sur la recherche biographique, l'histoire orale, la mémoire historique, les identités, les histoires de vie en formation et les récits de témoignage

en Amérique latine hispanophone. Il montre clairement la richesse, la variété et le dynamisme du champs biographique-narratif dans ces contextes sociaux et éducatifs de l'Amérique latine.
(Coll. Histoire de vie et formation, 29.00 euros, 290 p.)
ISBN : 978-2-343-01994-9, ISBN EBOOK : 978-2-336-36816-0

AMÉRIQUE (L') ESPAGNOLE (1492-1700)
Textes et documents
Sous la direction de Bernard Grunberg et Julian Montemayor
Avec la collaboration d'Éric Echivard, Josiane Grunberg, Éric Roulet
L'histoire de l'Amérique espagnole de 1492 à 1700 comporte trois grandes périodes : celle des découvertes de 1492 à 1516, celle de la conquista de 1516 à 1568/73 et celle de la colonisation. Le présent ouvrage propose un certain nombre de textes et de documents très variés pour permettre à tout un chacun de mieux comprendre l'histoire de l'Amérique espagnole. On y trouvera les documents fondateurs, souvent cités en référence mais plus rarement mis à la portée des lecteurs français.
(46.00 euros, 460 p.)
ISBN : 978-2-343-03886-5, ISBN EBOOK : 978-2-336-36386-8

BAKARI II (1312) ET CHRISTOPHE COLOMB (1492)
À la rencontre de Tarana ou l'Amérique
Diagne Pathé
Bakari II, empereur du Mali, a accompli en 1312 le voyage transatlantique d'exil dont il ne devait pas revenir. Ce voyage de découverte et de conquête est rapporté par l'historien arabe El Omari en 1324, dans son Kitaab. Bakari II ouvre ainsi la voie à la navigation européenne et à Christophe Colomb, familier de la navigation africaine. Ils ont ainsi ouvert les portes de la mondialisation amorcée par l'expansion des conquêtes musulmanes et l'essor des sciences.
(29.00 euros, 282 p.)
ISBN : 978-2-343-04116-2, ISBN EBOOK : 978-2-336-36377-6

PETITS (LES) CULTIVATEURS DE COCA ET DE PAVOT EN COLOMBIE – Entre illusion et misère
Alvarez Clara - Préface de Maria Eugenia Cosio Zavala
À travers une série d'entretiens, de récits de vie, de portraits, l'auteur «retrace l'histoire de la production de drogues en Colombie, l'organisation de cette filière et ses conséquences sur les conditions de vie des populations impliquées dans la culture de coca et de pavot. [...] La lecture de cet ouvrage permettra de comprendre bien des blocages, en Colombie et dans d'autres régions du monde dont les situations sont comparables, entre drogue, violence et souffrances à tous les niveaux.» M.E. Cosio
(Coll. Documents Amériques latines, 17.00 euros, 174 p.)
ISBN : 978-2-343-04986-1, ISBN EBOOK : 978-2-336-36358-5

JEUNESSE ET PAUVRETÉ EN ARGENTINE
Identités et trajectoires subjectives des jeunes des classes populaires
Kossoy Alicia
Cet ouvrage analyse la construction de l'identité sociale au début du XXIe siècle des jeunes urbains issus des classes populaires de la grande banlieue de Buenos Aires. A partir de la déconstruction de la notion de «jeune pauvre», cette étude explore les enjeux existants entre trois éléments : les conditionnements sociaux (capital culturel, social et économique des familles d'origine), l'identité attribuée au sein des institutions et les identités visées par ces jeunes.
(Coll. Recherches Amériques latines, 26.00 euros, 256 p.)
ISBN : 978-2-343-04327-2, ISBN EBOOK : 978-2-336-35969-4

MEXIQUE (LE) CARDÉNISTE DANS LA PRESSE RÉGIONALE FRANÇAISE : *LE PETIT MARSEILLAIS* (1934-1940)
Falconi Alejandro Luis – Préface de Gérard Gomez
À travers le prisme journalistique, ce livre nous emmène au coeur du Mexique de Lazaro Cardenas dont le mandat est marqué par une série de réformes et de moments forts que l'on retrouve dans

les colonnes du *Petit Marseillais*. La politique mise en œuvre par le nouveau président mexicain ne manquera pas d'entraîner des répercussions pour les intérêts économiques de la France, générant des tensions dont la presse, une des sources privilégiées d'information de l'époque, se fait l'écho.
(20.00 euros, 206 p.)
ISBN : 978-2-343-04122-3, ISBN EBOOK : 978-2-336-35727-0

HABITER UNE ANCIENNE USINE À RIO DE JANEIRO
Les invasoes de l'avenida Brasil
Machado-Martins Maira – Préface d'Alain Bourdin
Depuis 2000, une nouvelle forme d'habitat populaire et spontané surgit aux abords d'une ancienne autoroute industrielle de Rio de Janeiro. Il s'agit de l'occupation par des habitants des favelas d'anciens terrains d'usines abandonnées. À partir d'une recherche ethnographique, l'auteur dégage des aspects importants qui définissent ce type d'habitat : les formes d'appropriation et de régulation de l'espace, les caractéristiques de *leadership*, les conflits et pratiques des habitants.
(Coll. Habitat et Sociétés, 16.50 euros, 162 p.)
ISBN : 978-2-343-04079-0, ISBN EBOOK : 978-2-336-35725-6

CULTURE DU GENRE ET DE LA SEXUALITÉ EN AMÉRIQUE LATINE
Cultura del género y de la sexualidad en América latina
Sous la direction de Milagros Palma
Cet ouvrage est composé de 22 communications présentées au Colloque international «Amérique latine : construction, déconstruction et perspectives du genre féminin/masculin». Ce colloque, résolument transdisciplinaire, se voulait un lieu de rencontre et d'échange entre des chercheurs venus de différentes universités françaises, espagnoles et latino-américaines. La question du genre a été traitée sous les angles les plus variés : l'art et la littérature, l'histoire, la sociologie et l'anthropologie. (Articles en français et en espagnol.)
(Coll. Sexualité et genre : fiction et réalité, 28.00 euros, 288 p.)
ISBN : 978-2-343-03651-9, ISBN EBOOK : 978-2-336-35363-0

PENSER LES PÉRIPHÉRIES UNE EXPÉRIENCE BRÉSILIENNE
Pour un nouveau type de politique publique de construction du commun
Ozorio Lucia – Préface de Benyounès Bellagnech
«Les favelas dont tout le monde se fait une idée, synonyme de pauvreté, de mal logement et de misère généralisée, ont dans cet ouvrage une traduction réelle, concrète et positive, représentée par la Communauté du Parque Royal. Le lecteur se familiarise avec les habitants de cette favela, avec leur mode de vie, leur histoire, leur rêve, leur peine et leur joie et surtout leur mode d'action, social et politique, sur le plan de l'éducation, de la santé et de l'habitat». (Benyounès Bellagnech)
(Coll. Recherches Amériques latines, 17.00 euros, 172 p.)
ISBN : 978-2-343-04017-2, ISBN EBOOK : 978-2-336-35336-4

ARGENTINE (L'), UNE RÉPUBLIQUE DÉSOLÉE
Bouleversements politiques (2001-2009)
Quiroga Hugo - Traduit de l'espagnol par Coline Chevrin
En décembre 2001, le système politique argentin était au bord de l'abîme. Presque neuf ans plus tard, on a tourné la page de cette crise pour en affronter une autre, d'une singulière complexité. Bien que règne la liberté, l'équilibre des pouvoirs subit une forte pression. L'auteur analyse ici le processus de reconstruction politique de l'Argentine tout en soulignant ses dangers.
(Coll. La philosophie en commun, 20.00 euros, 196 p.)
ISBN : 978-2-343-00872-1, ISBN EBOOK : 978-2-336-35591-7

CONVERSION (LA) À L'ÉVANGÉLISME
Le cas du Pérou
Lecaros Véronique - Préface de Fidel Tubino
En quelques décennies, l'Église catholique qui exerçait un quasi-monopole sur la vie religieuse en Amérique latine est devenue une Église majoritaire en décroissance. Les fidèles ont migré vers les groupes évangéliques (les chrétiens non catholiques). La clé du succès des évangéliques s'éclaire

en ce qu'ils offrent un processus de reconnaissance permettant à des exclus, des marginalisés, de devenir des missionnaires valorisés au service d'un Dieu tout puissant.
(Coll. Recherches Amériques latines, 19.00 euros, 178 p.)
ISBN : 978-2-336-29895-5, ISBN EBOOK : 978-2-296-53761-3

ROUTES (LES) INCAS DE MACHU PICCHU ET VILCABAMBA
Pouvoir et mémoire dans les Andes péruviennes
Duffait Erwan - Préface de Thérèse Bouysse-Cassagne
Un voile de légendes et d'inexactitudes recouvre encore aujourd'hui la cordillère de Vilcabamba, située sur le piémont oriental des Andes péruviennes à l'ouest de Cusco : trésors cachés par les derniers Incas, cités perdues oubliées ou inconnues des Espagnols... Les fonctions des établissements incas de la région suscitent aussi des débats : étaient-ce des forteresses destinées à protéger Cusco d'incursions des populations amazoniennes, des centres de pouvoir régionaux ou des sites cérémoniels ?
(Coll. Recherches Amériques latines, 20.00 euros, 206 p.)
ISBN : 978-2-336-29894-8, ISBN EBOOK : 978-2-296-53958-7

PAYSANS DU BRÉSIL
Paysans sans terre, esclaves de la terre
Farrugia Julien
Paysans sans terre (2006, 52 minutes). Au Brésil, des paysans occupent des terres immenses délaissées par leurs propriétaires. Ils luttent afin d'obtenir du gouvernement le droit de les cultiver et sortir ainsi d'une extrême pauvreté. *Esclaves de la terre* (2006, 53 minutes). Brésil, portes de l'Amazonie. Des travailleurs sont maintenus en esclavage dans des propriétés rurales éloignées de toute civilisation. Le ministère du Travail lutte contre cette forme moderne d'esclavage.
(20.00 euros)
ISBN : 978-2-336-29426-1

QUAND LA SCÈNE ARTISTIQUE CONTEMPORAINE ROMPT LES TABOUS HISTORIQUES
Le cas du Guatemala post-conflit (1996-2011)
Chirouze M. Christina
L'art contemporain peut-il se faire l'écho d'une histoire collective, non vécue directement par les créateurs et passée sous silence ? Les jeunes artistes peuvent-ils contribuer au processus de démocratisation ? A travers une étude de cas sur le Guatemala actuel, à quinze ans des «Accords de Paix Ferme et Durable» qui ont mis un point final à la guerre civile, cet ouvrage se penche sur la question de la mémoire de l'Autre intégrée par la nouvelle génération d'artistes.
(Coll. Logiques sociales, 17.50 euros, 176 p.)
ISBN : 978-2-336-29120-8, ISBN EBOOK : 978-2-296-53623-4

VILLE (LA) COMME PAYSAGE DU SENTIMENT
Le sentiment urbain à Buenos Aires aux XIXe et XXe siècles
Bidinost Marcelo - Préface de Martin Steinmann
Sur la base de souvenirs d'enfance et des représentations de l'espace urbain de Buenos Aires, la ville est ici analysée en tant qu'espace vécu. Elle est lue à travers de nombreuses sources artistiques dans un contexte historique. Le sentiment que ces représentations produisent permet de saisir non seulement la manière dont la ville est perçue, mais aussi l'effet qu'elle produit, sous trois angles. Voici intégrés les aspects sensibles de la forme dans la conception architecturale et paysagère.
(Coll. Questions contemporaines, 24.00 euros, 246 p.)
ISBN : 978-2-336-29143-7, ISBN EBOOK : 978-2-296-53555-4

L'HARMATTAN ITALIA
Via Degli Artisti 15; 10124 Torino

L'HARMATTAN HONGRIE
Könyvesbolt ; Kossuth L. u. 14-16
1053 Budapest

L'HARMATTAN KINSHASA
185, avenue Nyangwe
Commune de Lingwala
Kinshasa, R.D. Congo
(00243) 998697603 ou (00243) 999229662

L'HARMATTAN CONGO
67, av. E. P. Lumumba
Bât. – Congo Pharmacie (Bib. Nat.)
BP2874 Brazzaville
harmattan.congo@yahoo.fr

L'HARMATTAN GUINÉE
Almamya Rue KA 028, en face
du restaurant Le Cèdre
OKB agency BP 3470 Conakry
(00224) 657 20 85 08 / 664 28 91 96
harmattanguinee@yahoo.fr

L'HARMATTAN MALI
Rue 73, Porte 536, Niamakoro,
Cité Unicef, Bamako
Tél. 00 (223) 20205724 / +(223) 76378082
poudiougopaul@yahoo.fr
pp.harmattan@gmail.com

L'HARMATTAN CAMEROUN
BP 11486
Face à la SNI, immeuble Don Bosco
Yaoundé
(00237) 99 76 61 66
harmattancam@yahoo.fr

L'HARMATTAN CÔTE D'IVOIRE
Résidence Karl / cité des arts
Abidjan-Cocody 03 BP 1588 Abidjan 03
(00225) 05 77 87 31
etien_nda@yahoo.fr

L'HARMATTAN BURKINA
Penou Achille Some
Ouagadougou
(+226) 70 26 88 27

L'HARMATTAN SÉNÉGAL
10 VDN en face Mermoz, après le pont de Fann
BP 45034 Dakar Fann
33 825 98 58 / 33 860 9858
senharmattan@gmail.com / senlibraire@gmail.com
www.harmattansenegal.com

L'HARMATTAN BÉNIN
ISOR-BENIN
01 BP 359 COTONOU-RP
Quartier Gbèdjromèdé,
Rue Agbélenco, Lot 1247 I
Tél : 00 229 21 32 53 79
christian_dablaka123@yahoo.fr

Achevé d'imprimer par Corlet Numérique - 14110 Condé-sur-Noireau
N° d'Imprimeur : 120056 - Dépôt légal : juillet 2015 - *Imprimé en France*

www.ingramcontent.com/pod-product-compliance
Lightning Source LLC
LaVergne TN
LVHW010932061026
849535LV00007B/2364
* 9 7 8 2 3 4 3 0 6 4 5 9 8 *